“十 三 五” 国 家 重 点 图 书 出 版 规 划 项 目

行政治理扶贫

对精准扶贫实践逻辑的案例考察

EXECUTIVE-LED POVERTY ALLEVIATION GOVERNANCE:

A Case Study Approach to the Logic of Targeted Poverty Alleviation

许汉泽 / 著

《中国减贫研究书系》出版说明

消除贫困是人类自古以来的理想，是人类的共同使命，也是当今世界面临的最大全球性挑战。中国的消除贫困行动取得了举世瞩目的成就，为全球减贫事业做出了重大贡献。党的十八大以来，新一届中央领导集体高度重视扶贫开发工作，明确了“到2020年现行标准下农村贫困人口全部脱贫，贫困县全部摘帽，解决区域性整体贫困”的目标，召开中央扶贫开发工作会议，对打赢脱贫攻坚战进行了全面部署。目前，全国上下全面实施精准扶贫、精准脱贫方略，中国迎来了与贫困作战的新一轮浪潮。

在这种大背景下，社会科学文献出版社希望通过减贫与发展主题作品的出版，搭建减贫研究的资源共享和传播平台，向社会和政策界传递学界的思考和分析，探索和完善中国减贫和发展的模式，并通过学术成果“走出去”，丰富国际减贫经验，为人类消除贫困贡献中国模式。

《中国减贫研究书系》和“中国减贫数据库”是社会科学文献出版社自主策划的出版项目，项目策划之初就获得了中国社会科学院李培林副院长、蔡昉副院长的肯定和支持。图书项目目前已被列入“十三五”国家重点图书出版规划。依托于该书系以及社会科学文献出版社历史上已出版图书的“中国减贫数据库”业已入选“十三五”重点电子出版物出版规划。

中文版书系将全面梳理新中国成立以来，特别是改革开放40年来我国减贫政策演变进程及历史经验；系统分析现阶段我国减贫工作所面临的突出问题并探索相应的解决方式与途径，为减贫工作提供理论资源和智识支持；总结政府、社会、市场协同推进的大扶贫格局，跨地区、跨部门、跨单位、全社会共同参与的多元主体社会扶贫体系的优势；探索区域合作、国际合作在减贫问题上的实践路径，为全球减贫事业贡献中国智慧。

“中国减贫数据库”旨在全面整合社会科学文献出版社30年来出版的减贫研究学术成果，数据库设有减贫理论、政府减贫、市场减贫、国际减贫、区域减贫、金融减贫、社会救助、城市减贫、减贫政策（战略）、社会减贫、减贫案例等栏目。我们希望以此为基点，全面整合国内外相关学术资源，为中国减贫事业的开展、学术研究、国际合作提供数据平台支持。

基于中文版书系及数据库资源而成的“走出去”项目，将以多语种展现中国学术界在贫困研究领域的最新成果，展现减贫领域的中国模式并为其他国家的减贫事业提供中国镜鉴，增强中国发展模式的国际话语权。

作为人文社会科学专业学术出版机构，社会科学文献出版社长期关注国内外贫困研究，致力于推动中外减贫研究领域的学术交流与对话，出版了大批以减贫与发展为主题的学术著作。在新时期中央有关减贫战略思想的指导下，我们希望通过《中国减贫研究书系》这个平台，多维度、多层次展现中国减贫研究的优秀学术成果和成功的中国经验，为中国减贫事业、为全面实现小康贡献出版界的力量。

《中国减贫研究书系》
编辑委员会

（以姓氏笔画为序）

摘　要

不同于西方反贫困战略认为市场导向的经济增长是解决贫困问题的主要方法，中国的扶贫实践首先强调的是国家行政力量的主导与政府的作用。“精准扶贫”正是在行政力量主导之下自上而下发起的一场综合性的贫困治理运动，并在短短的几年时间内取得了举世瞩目的减贫效果。本书通过对武陵山连片特困地区A县茶乡精准扶贫政策实施的详细考察，深入研究了这种国家主导的行政治理扶贫模式的运行机制与实践逻辑。

通过对中国农村贫困治理进行长时段的分析，我们可以将其划分为通过制度变革与经济增长减贫阶段、农村大规模开发式贫困治理阶段、“开发式扶贫”与“保护式扶贫”共同作用的综合性贫困治理阶段以及全面建成小康社会下的脱贫攻坚阶段。历史的逻辑突出了以下两条主线：第一，国家开始利用市场对贫困个体进行激励，进而提高其收入水平，但是随着经济滴漏效应的减弱，贫困人口不能够在市场中获得收益；第二，在行政方面，扶贫领域被纳入行政体系，国家也开始集中统一配置资源，但是完全依靠行政体制，扶贫资源并不能被有效分配给贫困户，出现了扶贫瞄准困境。扶贫领域的市场与行政的双重失灵，需要国家行政力量主导的精准扶贫政策出台。

首先，对于科层制本身，行政治理扶贫表现出的是科层化与逆科层化的双重逻辑。第一，上级政府将行政问题政治化，在压力型体制之下，扶贫工作上升为地方政府的中心任务；第二，地方政府部门负责人挂帅“高位推进”来打破科层制内部“条块”的界限，设立临时性攻坚指挥部门，动员科层内部各种力量投入脱贫攻坚之中；第三，对于村庄社会层面，国家则通过包村干部、驻村工作队以及“第一书记”等形式嵌入村庄中，同时加强管理考核，推动了村级组织与村干部向行政科层化转型。

其次，行政治理扶贫表现为行政对于市场发挥的整合作用。行政整合市场是行政工具化的表达，其手段主要包括：第一，各级政府在目标责任制的要求下，采用“行政包干”的方式，从主导产业的选择、典型产业的打造以及市场主体的组织等各方面进行干预；第二，在脱贫的行政压力之下建立了“利益捆绑、责任连带”的利益联结机制及“打包”发展和示范带动机制，有效地保证了贫困人口从市场中获益；第三，在具体经营主体的选择上，加大对资本“内生－内向”型企业/合作社的扶持力度，产业扶贫的扶贫济困功能凸显。

最后，作为一种资源分配的精准扶贫政策在乡土社会落地之后容易出现社会治理困境。行政治理扶贫在社会治理方面的困境主要体现在：第一，从宏观结构层面来讲，基层治理结构对于精准扶贫产生了很大的影响，不合理、不稳定的基层治理消解了精准扶贫政策的实施效果；第二，从微观层面来看，自上而下输入的扶贫资源进入村庄社会之后面临分配难题，如果处理不好可能会使农民上访行为增多，地方政府遭遇治理困境；第三，完全依靠农民自主参与的民主化的决策形式又会在乡土逻辑的影响之下出现失效的结果。所以在精准管理的过程中，需要加强国家行政力量的主导与干预，在有效应对以上困境的同时最终实现国家治理能力的提升。

Abstract

Different from the western anti-poverty strategy where the market-oriented economic growth is the most important way to solve the poverty problem, in the practice of poverty alleviation in China, the leading role of the state and the role of the government are the main emphasis. "Precision poverty alleviation" is a comprehensive anti-poverty governance campaign launched from top to bottom under the leadership of the country, and has achieved remarkable poverty reduction effect in a few years. Through the detailed investigation on the implementation of the policy of precision poverty alleviation in a poverty-stricken county of Wuling Mountain, this book deeply studies the operational mechanism and practical logic of this state-led administrative governance model of poverty alleviation.

Through analysis of a long-term historical period of poverty alleviation in China's rural areas, we can divide it into four stages: the poverty reduction stage of institutional reform and economic growth, the stage of large-scale development-oriented poverty alleviation for the rural areas, the stage of comprehensive poverty alleviation, with the joint function of "development-oriented poverty alleviation" and "protection-oriented poverty alleviation", and the stage of breaking out poverty and assaulting difficulties. The logic of history highlights two main lines: first, the country began to use the market to stimulate poor individuals, and then improve their income level, but with the weakening of the economic trickle-down, the poor population can not gain incomes in the market; second, in the area of administration, the field of poverty alleviation has been brought into a formal administrative system, and the state has begun to centralize and unify the allocation of resources. However, depending on the administrative system of poverty alleviation, poverty alleviation resources can not be effectively transferred to the poor. There is a poverty alleviation dilemma. In the face of the dual failure of the market and administration in the field of poverty alleviation, it is necessary for the emergence of the state-led precision poverty alleviation policy.

First of all, for the administrative layer itself, executive-led poverty alleviation governance shows the dual logic of stratification and inverse stratification. First, the upper level of the government politicizes the administrative issues, and under the pressure system, the poverty alleviation work is transmitted layer by layer and raised to the central task of the local government. Second, as far as the middle level of the government is concerned, it is necessary to employ the responsible persons of local departments to take charge of the "high position propulsion" to break the boundaries of the "item" within the hierarchy system and to set up temporary command departments to assault difficulties, mobilize various forces within the hierarchy system to overcome poverty; third, for the social level of villages, the state has embedded them into the villages through the form of village cadres, village teams and "first secretary". At the same time, it has strengthened the management assessment and promoted the transformation of village level organizations and village cadres to administrative hierarchy.

Secondly, executive-led poverty alleviation governance performs in the integration role of administration to the market. The administrative integration of the market is the expression of administrative instrumentalization, which mainly includes: first, under the request of the target responsibility system, the governments at all levels should intervene through the way of "administrative responsibility of complete implementation" in the following aspects: the choice of leading industries, the creation of typical industries and the organization of market main body. Secondly, under the administrative pressure of poverty alleviation, the interest linkage mechanism of "interest binding, joint responsibilities" and the mechanism of "packaging" development and demonstration drives are established, which can effectively ensure the benefits of the poor in the market; third, as for the specific choice of the main body of business, we should strengthen the support to capital "endogenous-introverted" type of enterprises/cooperatives, highlighting industry poverty alleviation function.

Finally, as a kind of resource allocation, the policy of precision poverty alleviation is easy to get predicament of social governance after reaching the rural areas. The predicaments of executive-led poverty alleviation governance are mainly reflected in: first, from the macro-structure level, the grass-root level governance structure has a great impact on the precision poverty alleviation, unreasonable and unstable grass-root level governance has eliminated the effect of the precision poverty alleviation policy. Second, from the micro-point of view, the top-down transmission of poverty alleviation resources into the village society will face difficulties of distribution, which without proper handling, can cause the increase of farmers' applying for help from higher authorities, or local governments encounters of governance difficulties; thirdly, the democratic decision-making form which totally depends on the farmers' independent participation will lead to the result of invalidation under the influence of the local rural logic. Therefore, in the process of administrative governance of society, we need to strengthen the national leadership and intervention, in order to effectively deal with the above difficulties and finally achieve the improvement of governance capacity.

序

李小云

欠发达地区的现代化转型和社会的不平等一直是发展研究关注的重点，而解决社会不平等问题的关键就是消除贫困。贫困问题几乎是全世界所有国家和地区在向现代化转型过程中所遭遇的共同难题。然而，贫困的性质和形势也在不断发生变化。在贫困的定义上，从最初生存意义上的绝对贫困转向偏整体结构性的相对贫困，再到基于缺失维度所理解的能力贫困等，就本质而言，贫困永远不会被消除，而是会长期存在下去，即使目前在西方发达国家也存在很大数量的贫困人口，消费贫困、工作贫困等新贫困（new poor）问题不断出现。国际上的贫困治理模式大致有以下两种：一种是以美国为代表的强调“个人进取模式”的个体主义脱贫模式；另一种是北欧和西欧的福利国家模式。一方面，由于贫困文化理论并不能对同一文化背景国家的内部社会分化给出有效解释，出于对个人进取模式的修正，有学者提出了“贫困陷阱理论”，并指出外部力量的发展干预是摆脱贫困的必备条件。另一方面，福利国家模式由于其带来的“福利依赖”问题而受到批评质疑。在实践层面，消除贫困成为世界上所有负责任政府的共同行动，无论是美国总统林登·约翰逊的“向贫困宣战”（War on Poverty）、英国的《贝弗里奇报告》，还是世界银行和国际货币基金组织所推行的“减贫战略计划”（Poverty Reduction Strategy Plans）等，其共同特点都是强调外部干预对减贫的重要性。

与西方国家不同，我国的贫困治理呈现的是一种“政府行政主导”的逻辑。中国的行政主导比任何西方国家的政府干预都要强化得多，并展现出了对于传统科层行政的超越。从时间上看，在经历了基于市场的发展型贫困治理阶段、基于权利的保护型贫困治理阶段，尤其是党的十八大之后，中国开启了脱贫攻坚的治国理政新实践。精准扶贫是一种“超越行政”的贫困治理，在贫困治理体制、机制方面，采取政府行政主导、“五级书记挂帅抓扶贫”、第一书记驻村、定点帮扶、对口协作等方式，打破了部门壁垒，促进了扶贫资源向贫困地区与贫困人口集中，在短短的五六年内使得近一亿贫困人口实现脱贫，精准扶贫是新中国成立以来规模最大、强度最大的一场民生运动，这同时也充分体现了社会主义制度的制度优势。作为一种整体性的治理实践，精准扶贫关注贫困人口经济上的脱贫，其政策影响包括对地方政府的形塑、对农村社会秩序的重构以及对自由市场的反向影响等。中国的精准扶贫实践正是一场全国范围的贫困治理运动和试验，为研究者观察贫困治理与国家治理提供了一个极佳的窗口。而对于以精准扶贫为代表的中国扶贫模式的研究不仅具有十分重要的政策层面的现实意义，而且在理论层面有助于中国本土化扶贫理论的建构与发展。中国的扶贫经验是道义性、技术性和革命性的三重交织，所以对于精准扶贫的研究需要基于扎实的田野调研而非简单的统计数据，才能够准确把握其内在复杂的多重逻辑。

我从 20 世纪 80 年代末在原中共中央农村政策研究室从事政策研究期间就开始关注农村扶贫领域，当时我写的一个关于农业技术增产减贫的调研报告还得到了杜老的高度评价。再后来搞参与式扶贫、参与式村级规划和国际发展援助研究，以及精准扶贫之后我在云南勐腊县开展“河边扶贫试验”，到现在已经有三十多年的时间。随着研究的不断深入，我更加认识到贫困问题以及贫困治理的复杂性和综合性。贫困在中国不仅仅是一个经济问题，更是一个社会治理问题和发展问题，并且随着社会形势的变化而不断发生变化。而我们在政策制定与实施的过程中也只有对贫困产生的根源、历史及其不同的表现形式、多重的社会影响进行深入理解和阐释之后，才能够针对贫困问题形成解决方案。我所指导的博士研究生在入学之后，一般我会根据其学术兴趣和学科背景差异，为他们指定国内农村发展研究和国际发展研究两个大方向。国际发展研究注重全球治理与比较发展知识等领域的训练，回应的是全球化进程中中国逐渐从“客体”向“主体”的身份转变，及由此带来的发展理论与话语的重塑。而国内农村发展研究主要以农村减贫和贫困治理为主要抓手，关注的则是中国转型过程中贫困农村与贫困群体在纵深维度上的变化，以及在这一过程中国家发展干预与农村社会内生自主性之间的交织互动问题。

汉泽是我指导的博士研究生，他秉性敦厚、勤奋好学，在读博之前就开始关注城乡贫困关联问题，并跑到北京郊区的城中村进行社会调研，后来参与了“河边扶贫试验”，之后在我的指导下他又到全国多个贫困地区开展田野调查。在他身上，我看到了一个年轻学者的蓬勃生气。还记得每次调研之后他发给我的调研报告，他总是第一时间汇报他的发现，这些并不是以完成具体项目为目的的调研才能够真正有助于学生对农村发展形成整体性的认知以及自身学术能力的提升。读博期间，他对我国当下进行的以“精准扶贫”为代表的贫困治理进行了深入调研，他在贫困村长期蹲点调研和参与观察的基础之上尝试从国家治理角度对精准扶贫政策的基层实践进行学术叙事与理论阐释，并就此主题发表了不少高水平学术论文。

这是汉泽在博士论文的基础上修改而成的一部学术著作。此书虽然在概念使用和具体行文中还有很多稚嫩与不足之处，但是就其回应的研究问题和论证基础来看实为难得，从中可以看出他的学术志向和扎实的学术功底，因此这也不失为一项优秀的学术研究。总的来看，《行政治理扶贫：对精准扶贫实践逻辑的案例考察》一书详细阐释了党政主导下的行政治理扶贫逻辑，呈现了精准扶贫科层化与逆科层化的双重影响，并从微观上说明了贫困治理从目标到效果保障的制度性机制，详细描述了党政主导下的贫困治理与乡村社会之间的调适及其治理再造的过程，不仅对中国扶贫也对中国发展模式的运行机制进行了总结。此书在农村发展、政治社会学、经济管理等领域均有十分重要的创新，特此向大家推荐！

李小云
2020 年 3 月 26 日于中国农业大学

目　录

第一章　导论 …………………………………………………………… 1

一　研究缘起与研究问题 ……………………………………………… 1

二　主要的研究内容 …………………………………………………… 8

三　研究方法和资料说明 ……………………………………………… 13

四　章节构成 …………………………………………………………… 17

第二章　文献回顾与述评 ……………………………………………… 19

一　在治理研究之中找回国家 ………………………………………… 19

二　关于中国国家治理的研究 ………………………………………… 23

三　关于中国贫困治理的研究 ………………………………………… 25

四　关于精准扶贫政策的研究 ………………………………………… 28

五　对当前研究的总结与评析 ………………………………………… 30

第三章　历史视野下的中国农村贫困治理及其转型 ………………… 33

一　中国减贫的历史基础：一段被忽略的扶贫史 …………………… 33

二　制度变革与经济增长背景下的发展式扶贫阶段
（1978—1985 年）：不是为了扶贫的快速减贫阶段 ………………… 39

三　农村大规模开发式贫困治理阶段（1986—2000 年）：
从扶贫救济到扶贫开发 ………………………………………………… 42

四　综合性贫困治理阶段（2001—2011 年）：开发式扶贫与保护式扶贫共同作用 …… 45
五　全面建成小康社会下的脱贫攻坚阶段（2012—2020 年）：从扶贫瞄准到精准扶贫 …… 49
六　小结 …… 55

第四章　精准扶贫的科层化与逆科层化逻辑 …… 59
一　精准扶贫对科层体系的重构 …… 59
二　科层化与逆科层化逻辑在精准扶贫中的表现 …… 79
三　技术治理遭遇乡土逻辑 …… 91
四　精准扶贫与基层党建的耦合 …… 100
五　进一步的讨论 …… 111

第五章　行政整合市场：产业扶贫、合作社与精准帮扶 …… 113
一　产业扶贫的谱系：历史脉络与概念分析 …… 114
二　地方政府主导打造扶贫产业的实践逻辑 …… 117
三　几种产业扶贫模式的比较分析 …… 139
四　行政工具化表达：对市场与资本的双重规制 …… 159

第六章　精准管理、分配政治与地方政府治理困境 …… 164
一　国家资源分配下的精准扶贫 …… 164
二　治理消解扶贫：基层治理对精准扶贫的影响 …… 167
三　资源反哺背景下地方政府的治理困境 …… 175
四　精准管理过程中的动态调整与村民评议 …… 185
五　资源输入下的分配政治与道德农民的理性化 …… 203

第七章　结论与讨论 …… 206
一　研究的主要发现和结论 …… 206
二　精准扶贫与国家治理能力的提升 …… 209

三　贫困治理与反贫困的中国经验 …… 211
四　研究不足与延展讨论 …… 214

参考文献 …… 217

附　录 …… 235
驻村帮扶单位及驻村工作队责任考核表 …… 235

后　记 …… 241

第一章
导论

一　研究缘起与研究问题

（一）研究缘起

党的十八大以来，在全面建成小康社会的背景之下，扶贫工作被党中央提升到了前所未有的高度。2013 年习近平总书记在湘西州花垣县十八洞村考察时，首次提出“精准扶贫”重要理念，指出“扶贫要实事求是，因地制宜。要精准扶贫，切忌喊口号，也不要定好高骛远的目标”。[①] 2014 年中央进一步提出了要对扶贫对象实行精细化管理以及建立精准扶贫工作机制的表述。2015 年《中共中央、国务院关于打赢脱贫攻坚战的决定》明确指出，到 2020 年要实现“两不愁、三保障”，确保我国现行标准下农村贫困人口实现脱贫，贫困县全部摘帽，解决区域性贫困的总体目标，精准扶贫不仅成为我国扶贫工作的基本方略，而且逐渐上升到了治国理政的高度，成为一项国家战略。如要使 7000 多万名贫困人口（2014 年数据）按期脱贫、完成上述目标任务，每年要减贫 1170 万人，平均每月要减贫 100 万人。[②] 这样目标任务就被逐级分解、细化，并以“军令状”（邢成举，2016）的形式作为一项政治任务分配给贫困地区的各级地方政府。在限期脱贫的压力之下，精准扶贫于是上升为各个地方政府的中心任务，一场脱贫攻坚行动在全国各地轰轰烈烈地开展起来。

---

① 《习近平总书记提出“精准扶贫”》，人民网，http://zj.people.com.cn/GB/n2/2019/1129/c186327-33589613.html，2019 年 11 月 29 日。

② 《国务院扶贫办：2020 年农村全脱贫 每月减 100 万》，人民网，http://politics.people.com.cn/n/2015/1013/c1001-27689712.html，2015 年 10 月 13 日。

2015 年 3 月初笔者跟随导师李小云教授去云南省西双版纳傣族自治州勐腊县参与学校扶贫实践点和公益组织“小云助贫中心”的创建工作。由于该县是国家级贫困县，在工作与调研过程中恰巧又参加了全省扶贫动员大会以及全县脱贫攻坚大会，目睹了地方政府动员全部力量进行贫困治理的壮观图景。在原先成立的扶贫开发整乡推进工作领导小组基础上，勐腊县成立了扶贫开发与基层党建整乡“双推进”工作领导小组，由县委书记任组长，县长任常务副组长，县委副书记、组织部部长、副县长任副组长，相关部门单位负责人担任成员，组建相应工作机构。该县明确 19 名处级领导挂钩联系到村，38 个县直机关党支部一对一结对到贫困乡镇的 38 个农村党支部，形成了省、州、县、乡四级领导分片挂钩联系帮扶体系，坚持从上到下“一套机制、一套班子、一股力量、一个声音”，充分整合省、州、县、乡四级人力资源，集中投入重点片区，攥成一个拳头，形成工作合力，达到“各炒一盘菜，共办一桌席”的目的。为了确保服务项目的顺利运行，该县配备了一名专职副科级组织委员，配齐了党政班子成员，选派了新农村建设指导员、第一书记、大学生村官、边防民警村干部“四支队伍”。贫困地区的地方政府自上而下由此被动员起来，投入精准扶贫、脱贫攻坚这场战役之中，来自田野的观察给了笔者很大的震撼，亲身经历了脱贫攻坚工作在基层的开展与推进，引发了笔者对于精准扶贫与贫困治理的思考。自此之后以精准扶贫与贫困治理作为主题，笔者赴全国多个贫困地区开展了十余次调研，并在 2017 年 3 月至 6 月间在武陵山连片特困地区的 H 省 A 县茶乡[①]开展了田野调研，对于精准扶贫与贫困治理的理解更加深入。

在国际社会上，反贫困一直被世界各国政府作为其重要的工作而备受重视，联合国《2030 年可持续发展议程》首要的目标就是“在世界各地消除一切形式的贫穷”，并具体指出到 2030 年要“在世界所有人口中消除极端贫穷”。根据最近的统计数据，全世界的贫困人口较之 1990 年减少了将近 35%，但是世界银行的数据显示，截至 2013 年，全世界仍然有 10.7%（7.67 亿人）的人口生活在人均 1.9 美元/天的贫困线之下。近年来对于绝对贫困人口减少的主要贡献来自东亚和太平洋地区，中国和印度尼西亚的

① 为符合学术伦理和规范，本书中调研地名、所涉及人名、公司名等均已做学术匿名化处理。

贡献尤为显著。[①] 但是宣称贫困的终结还尚早，在反贫困的路上仍然有很多的挑战。随着时间推移，反贫困的难度越来越大，这一方面是因为剩下的绝对贫困人口往往生活在边远地区和脆弱的环境之中，我们难以触及；另一方面，对于那些即使已经脱贫的贫困人口，其中很大一部分也只是暂时性脱贫，可能面临经济危机、食品安全以及气候灾害等各种威胁，进而使他们返贫。

消除贫困、改善民生、逐步实现共同富裕，是社会主义的本质要求，也是中国共产党的重要使命。如果说改革开放前三十年中国主要追求的是生产力的发展以及地方经济层面的增长，遵循的是传统的发展主义思路，并由此而衍生出“地方公司主义”（Oi，1999）、“锦标赛模式”（周黎安，2007）等发展模式。但是长期片面追求 GDP 的同时也带来了发展的不平衡、不充分问题[②]，其中最突出的表现就是大量贫困人口的存在，他们并没有享受到发展所带来的红利。按照 2800 元的贫困线标准，截至 2014 年中国还有 7017 万名贫困人口。[③]

综上所述，由于长期经济增长优先的经验路径依赖，如果仅仅按照一般的常规要求，地方政府的行为很难发生转变。因此，中央运用了超常规的制度性手段，建立了中央统筹、省负总责、市县抓落实的工作机制，形成了“五级书记挂帅抓扶贫”、全党动员促攻坚的工作格局，县级党政一把手抓扶贫，贫困村派驻第一书记、驻村工作队，组织有保障，同时出台了最为严格的目标考核评估办法。目前，这种制度性压力开始层层传递，并出现明显的正向政治效益（李小云，2016）。

对于精准扶贫，我们可以把它理解为是基于社会公平原则并在国家行政力量的干预下对于广大贫困地区的资源投入和财富的再分配。但是政府行政主导的、如此大规模的全国性的反贫困行动在全世界范围之内也实属罕见。有学者明确指出，也只有中国共产党能够有如此的行动力做这样的事情，所以作为一项政治议程的精准扶贫不仅意味着国家行动逻辑的转变，

① 《世界银行关于贫困研究综述》，http://www.worldbank.org/en/topic/poverty/overview，2017 年 5 月 20 日。

② 党的十九大报告明确指出，中国特色社会主义进入新时代，我国社会主要矛盾已经转化为人民日益增长的美好生活需要和不平衡不充分的发展之间的矛盾。

③ 《7017 万贫困人口将在 6 年内脱贫》，http://zjnews.china.com.cn/Business/9232.html，2017 年 5 月 3 日。

打赢脱贫攻坚战在某种程度上也展现出了中国的制度优势（郑永年，2019；林毅夫，2017）。

目前开展的精准扶贫行动，不同于对口扶贫、定点扶贫、企业扶贫、社会组织扶贫、国际机构扶贫和个人扶贫等社会扶贫模式（李周，2016）。首先，其呈现出来的最主要的特征就是政府主导下行政力量的直接干预和规划，我们当然不否认在整个脱贫攻坚过程之中的其他社会力量的参与和贡献，但是就狭义的精准扶贫政策实施本身来讲，建档立卡精准识别、到村到户的精准帮扶、农户信息和扶贫项目的精准管理以及各层级部门的督查、考核等各个环节无不是在政府的主导之下具体开展的。其次，精准扶贫已经超越了传统意义上的就扶贫谈扶贫的局限，目前已经形成专项扶贫、行业扶贫、社会扶贫等多方力量和多种举措有机结合互为支撑的“三位一体”大扶贫格局。[①] 并且以精准扶贫作为抓手，整合了大量的涉农资金和项目，精准扶贫实践的过程也可以说是对于农村进行社会建设的过程。最后，作为一项政策的精准扶贫的执行过程涉及不同层级政府以及多个行为主体，虽然扶贫工作有着其特殊性，但是本质和其他农村公共政策的执行一样，精准扶贫作为一个绝佳的窗口，可以透视地方政府本身与多元主体之间不同的行为逻辑，有助于揭开政策执行过程的“黑箱”，为以后类似农村政策的更好执行提供经验和理论基础。

（二）研究问题

对于广大农村来说，贫困不仅仅是一个经济层面的问题，更是一个治理制度的问题（郑永年，2019）。精准扶贫，顾名思义，就是在扶贫工作上要更加精细化、精准化。精准扶贫是国家治理现代化在扶贫领域的突出表现，也在考验国家的治理能力和地方政府的执行能力。因此，研究精准扶贫不仅仅要关注具体方法和技术层面，更要与国家治理和农村基层社会治理相结合重新考虑扶贫问题，跳出扶贫谈扶贫。精准扶贫工作对于当下的农村基层治理会产生何种影响，二者之间是如何互动与相互形塑的？所以，本书的核心问题是：在资源反哺农村的背景之下，这种行政主导的精准扶

① 《习近平：坚持“三位一体”大扶贫格局》，光明网，http://news.cyol.com/content/2015-06/19/content_11456126.htm，2015 年 6 月 19 日。

贫政策的运行机制与实践逻辑是什么？

为对以上核心问题做出详尽解释，研究过程中可能会将核心问题转换为以下具体问题：政府行政主导的精准扶贫行动如何在短期内实现强有力的社会动员？科层制内部的各级政府尤其是地方政府如何进行调适以面对如此艰巨的脱贫任务？作为一项政治任务的精准扶贫又是怎样通过各级行政力量"一竿子插到底"式地将各种福利政策传递到一个个原子化的贫困户身上的？政府行政力量如何整合、组织市场主体参与到脱贫攻坚之中进而产生益贫性的效果？大量扶贫资源和扶贫项目短期内输入贫困地区后又会产生怎样的矛盾与冲突以及应该如何治理？这些都是我们需要关注和引起重视、思考的问题。

（三）研究意义

无论是从学理分析还是从具体的政策实践角度出发，探讨这种行政治理扶贫模式都具有重要的研究意义。

首先，探讨贫困治理过程的行政主导型贫困治理模式对于构建中国本土化扶贫理论具有直接的理论意义。改革开放以来，中国减贫对世界做出了巨大贡献。按照世界银行 2011 年购买力平价 1 天 1.9 美元的贫困标准，1981 年至 2012 年全球贫困人口减少了 11 亿人，同期中国贫困人口减少了 7.9 亿人，占全球减少全部贫困人口的 71.82%。[①] 中国在减贫领域取得了举世瞩目的成就，但是在扶贫理论方面却非常滞后，没能够跟上实践的发展。在反贫困的理论方面主要是在西方福利经济学和发展经济学的理论脉络的指导下开展相关的扶贫实践，但是西方的相关理论并不一定与发展中国家的实际情况相适应，比如西方国家对于非洲地区的发展援助减贫实践，主要还是在新自由主义思想的指导下进行的反贫困战略，最终取得的成效甚微。如果说 20 世纪八九十年代中国减贫取得成就的主要原因在于经济的快速增长，那么在 2000 年以后贫困人口的快速减少则主要归因于政府主导的一系列减贫政策和扶贫行动，中国脱贫攻坚取得的显著成就也为全球减贫治理贡献了中国方案（黄承伟，2017）。中国扶贫的经验是国家主导的行

---

① 《中国减贫对世界做出巨大贡献 30 年减贫人口占全球逾七成》，《经济日报》，http://www.clssn.com/html1/report/17/6290-1.htm，2017 年 6 月 5 日。

政治理扶贫，而非新自由主义思想指导下所谓“善治”导致贫困的减少。从根本上讲，西方的贫困治理的前提假设是在个体主义原则之上“国家－社会”的对立，所以才会强调贫困人口的参与、个体能动性以及民主制度的建设，而他们认为只有建立一个良好的治理体系才能够促进发展减少贫困。但是中国农村社会与西方社会有着不同的社会性质，“差序格局”“伦理本位”等经典表述都强调中国农村社会之中权威和等级的重要影响，这就需要贫困治理在行政力量主导之下发挥“有为政府”的作用。正如瑞典学者冈纳·缪尔达尔（2001）说的那样：“唯有利用国家计划整合的作用才能把分散的个体经济推向进步并摆脱低水平的困境，国家机器是第三世界寻求发展的动力源泉。”在扶贫理论方面中国的贫困治理呈现迥异于西方的特色，溢出于任何西方的扶贫理论之外，而精准扶贫实践恰恰是对西方扶贫理论的挑战，有助于超越西方扶贫范式而生成中国本土化的扶贫理论。

其次，贫困治理是一个综合性的治理领域，精准扶贫的实施对于国家治理能力有很大的提升作用。精准扶贫政策的实施不仅仅是就扶贫瞄准、扶贫资源传递方面进行调整和改进的技术层面问题，更体现出国家在发展的过程中开始向追求平衡、公平转型，也是国家能力建设和国家政权建设的问题。党的十八届三中全会指出，“全面深化改革，适应国家现代化总进程，推进国家治理体系和治理能力现代化”。作为全面深化改革与治国理政的重要实践，精准扶贫正是治理能力现代化在扶贫领域的集中体现。在精准扶贫思想提出后，从中央到地方各级政府部门对于脱贫攻坚高度重视，在中央政府“高位推进”，脱贫压力层层传递，围绕脱贫攻坚的任务整合了各项涉农政策，扶贫成效逐渐凸显。国务院相关领导表示，“从 2001 年到 2010 年十年里，每年减少贫困人口 673 万。十八大以来，每年减贫 1300 万以上”[①]。在精准扶贫的脱贫攻坚阶段，扶贫不仅仅是扶贫领域的事情，早已超越了扶贫部门本身，以精准扶贫作为抓手，已经统合了各个部门和各个领域的涉农资源，投入贫困地区的广大农村，大大提高了政府的统筹能力。在资金投入方面，尤其是扶贫资金“四到县”之后，地方政府在资金和项目的分配方面有了很大的主动权。与此同时，贫困地区省、市、县各

① 《扶贫也创新！十八大以来年均减贫人数超 1300 万 获历史突破》，http://news.163.com/17/1011/10/D0F84FIB00018AOQ.html，2017 年 5 月 12 日。

级政府开始成为扶贫财政投入的重要来源，省、市、县级扶贫资金投入已经远远超过中央财政投入，不再完全依靠中央，极大地提升了地方政府的治理能力。在组织领导方面，精准扶贫实行的是中央统筹、省负总责、县级抓落实的管理体制，各级党政领导签订脱贫攻坚责任书，并实施严格的考核评估。与此同时，大量扶贫工作队（因为扶贫工作队也驻村，有时也称驻村工作队）和扶贫第一书记等扶贫干部被派驻到贫困村，目前已经有19.5万名县级以上党政机关干部担任贫困村第一书记①，如果再加上扶贫工作队和基层扶贫干部，人数则会更多。干部下乡不仅有着扶贫工作，而且承担着建强基层组织、为民服务以及提升治理水平等多方面的任务。以上在脱贫攻坚战中反贫困治理体系的种种创新，意味着“基础性国家能力”的提升与治理体系的现代化，地方政府在脱贫攻坚的过程中逐渐成为“下乡政府”，推动了地方政府的转型。

最后，我们可以将国家精准扶贫战略的实施，从政策执行本身的角度来分析，研究作为一项农村公共政策的精准扶贫。这对于扶贫政策的完善以及农村公共政策的执行具有重要的指导意义。行政治理扶贫实践的过程也是农村公共政策执行的过程，精准扶贫作为一项复杂政策（吕方，2017），政策对象的需求具有多元性，治理目标具有综合性，政策产品具有差异性、定制性。目前来看，虽然整体上行政主导型贫困治理的模式具有制度上的优势和活力，能够在短期内使各种力量参与脱贫攻坚，完成科层制以外的超常规任务，但是在具体政策执行的过程中也有很多不足和需要完善的方面。例如，行政主导型贫困治理本身运用行政动员的方式打破科层制界限，但是在政策执行的过程中又存在再科层化的倾向，在科层化与逆科层化的张力之中影响着最终的扶贫效果；贫困治理虽然以行政作为主导，但是目前来看运用的是项目制的治理方式，项目制扶贫的过程中不同行为主体之间的多重行为逻辑，也容易致使精准扶贫的目标遭到异化；国家大量的扶贫资源短期内输入贫困村之中，在资源分配的过程中一方面要避免“精英俘获”（elite capture）现象的发生，另一方面要防止贫困户因陷入“福利陷阱”和“援助诱惑”之中而引发基层的矛盾与冲突等。这些方

① 《中组部：选拔19.5万名骨干任贫困村第一书记》，中国网，http://www.china.com.cn/19da/2017-10/19/content_41758457.htm，2017年10月19日。

面既是对政策执行者本身的考验，又为将来农村其他类似政策的执行总结经验、提供启示，具有极强的现实意义。

二　主要的研究内容

（一）研究目标

中国的贫困治理实践和贫困治理经验迥异于西方国家，如果用官方的话语总结就是“政府主导、社会参与、自力更生、开发扶贫、全面发展”的策略。而政府主导的特征在近年来全国范围内开展的精准扶贫工作中表现得尤为突出，在扶贫领域中国贫困治理最核心的就是行政主导型贫困治理模式即行政治理扶贫。所以本研究主要探究的是中国这种以国家行政主导的方式自上而下发起的精准扶贫的治理逻辑究竟是什么，行政主导型贫困治理的实际运行机制到底是什么，以及这种行政主导型贫困治理模式在基层的实践过程中会产生什么样的影响，并试图与西方新自由主义思想指导下的反贫困战略和政策进行比较。治理理论大多是在追求多元参与、去中心化以及政府作用逐渐下降的前提假设下来讨论，我们认为在具体扶贫领域的实践过程中需要找回国家的作用。

以往大量关于贫困治理的研究要么就扶贫谈扶贫，主要局限在扶贫瞄准技术、政策执行效果等微观层面，要么谈及中国贫困治理经验则偏向于宏观层面的讨论。本研究主要将研究场域放在一个乡镇内部，通过观察其精准扶贫政策执行的具体动态过程来透视和总结行政主导型贫困治理的微观运作机制和产生的现实影响。

（二）研究内容

本研究的主要内容可以细化为以下几个方面。

第一，从历史的视角来看，中国的贫困治理过程、每阶段所呈现出来的主要特征，以及探究不同阶段贫困治理转型背后的原因是什么。共同富裕是社会主义的本质要求，新中国成立后至改革开放前我国主要是通过土地改革、人民公社化运动、工业化等一系列制度层面的变革来推动农村的发展，同时农村社会的初级保障制度也被建立起来；改革开放到20世纪80年代中期也主要是通过制度改革与经济增长来减少农村贫困人口，这个阶段并没有严格意义上的扶贫政策；从1986年开始国家设立专门的扶贫机构，正式的扶贫规划被提上议程，贫困治理开始从救济式扶贫向开发式扶贫转变；而在2000年后，贫困治理的专业化程度逐渐提高，开始转向了多部门共同参与的综合治理阶段，扶贫瞄准单位进一步下移。2013年精准扶贫概念被提出，后来逐步上升为一项国家战略，脱贫攻坚战随之在全国各地打响。从历史维度上看中国的贫困治理为何转型以及如何转型是这一部分需要论述的内容。

第二，从科层制角度来看，精准扶贫是如何在科层体制内部开展的？尤其是对地方政府来讲，传统意义上的扶贫任务基本都是让位于经济增长等发展目标，扶贫部门长期以来往往都是处于从属性的边缘地位，人员缺少、不被重视。在短期之内面临巨大脱贫压力的情况之下，地方政府是如何在科层体制内部进行调整与再造的，又是具体运用什么样的行政治理行动和策略打破科层体制的界限来动员科层体制内部以应对新增加的贫困治理任务的？也就是说，这一部分主要是看精准扶贫是如何重构科层体系，在基层组织和制度层面利用科层制优势的同时也产生了很多逆科层化的治理逻辑，可以说探究的是地方政府在科层化与逆科层化之间是如何反复调适以完成精准贫困治理任务的。而在精准扶贫的经验层面，我们将主要以大量干部下乡进行精准识别作为案例，来具体考察行政主导型贫困治理的科层化与逆科层化的双重逻辑。

第三，在贫困治理方面，行政的主导作用不仅仅局限在科层体系内部的动员与再造，在市场领域也体现了行政的主导和整合作用。地方政府是如何利用市场手段进行精准扶贫的？在目前主要还是以开发式扶贫作为手段的脱贫攻坚行动中，地方政府对于市场的引导、资本的规制至关重要。因为市场本身会产生分化，贫困户在市场中处于不利的地位，资本也具有逐利的特征，需要利用行政的力量将市场的获益机制与贫困户增收结合起来，确保贫困户在市场中能够获益。这具体体现在对于贫困户资产收益新型扶贫机制的探索、行政力量对于产业扶贫的介入以及政府为农民合作组织参与扶贫营造条件等。在当今市场化、全球化的时代，不可能将贫困户永远隔离在建构的“世外桃源”中，而只能通过政府力量引导贫困户组织和参与到市场之中，并用行政手段对市场与资本双方进行规制，才能够确保贫困户的收益和脱贫。政府干预下的精准帮扶尤其是行政主导下的产业扶贫组织模式是这部分关注的重点。

第四，行政治理扶贫还需要处理好资源分配与基层社会秩序的问题。精准扶贫以来伴随大量扶贫资金和项目输入贫困村，扶贫资源的分配和扶贫项目的落地成为一个很大的问题，如果处理不好不仅不利于取得扶贫效果，影响最终的脱贫摘帽，而且容易引发农村基层社会冲突与纠纷，扰乱社会秩序，影响社会稳定。因此，精准扶贫中的精准管理已经不仅是扶贫资金和扶贫项目的管理，而且上升为一个治理问题。而政府主导的精准扶贫行动到了村庄一级后是如何与广大村民互动的，应该怎样进行扶贫资源分配？很多情况下并不是扶贫资源不足而引发农民不满，相反是由于资源过多，在覆盖了真正贫困户的同时资源也会外溢到周围群体，而产生纠纷和矛盾。如果处理不好则容易从“贫困陷阱”转向“福利陷阱”，如何避免以上问题的发生，地方政府应该如何应对，则是目前中国行政主导型贫困治理在基层所面临的重要考验。

（三）概念界定

“行政治理扶贫”是基于对中国贫困治理与政治发展因素的分析而得出的一个理论性概念。笔者以这样的概念来解释中国政府主导的贫困治理模式和逻辑，尤其是在精准扶贫政策提出以后，这种行政主导的特征更加凸显。

行政治理扶贫作为一个解释性概念，主要包括“行政主导”和“贫困治理”两个方面的内容，需要分开阐释。

在中西方的语境中“政府”的含义有着很大的不同①，所以对于“行政”概念的理解自然也存在较大差异，不同于“威尔逊学派”所倡导的“政治－行政”② 二分法中的纯粹行政，中国的“行政”则是一个外延更

① 何艳玲等认为不同于西方语境中的政府，“政府”在中国具有四个复杂的面向：与“民”不同的代表“官”的领域、与“私”相对的“公”的领域、限于内部分工而非权力分立的“有关部门”的职能分工以及受党领导而又与其融为一体的概念。由此可见，对中国来讲“政府”本身就包含党的力量。参见何艳玲、汪广龙（2012：83—97）。

② 古德诺在提出政治、行政“二分”的基础上，指出要通过政治对行政的适度控制和行政权的必要集中两条途径来实现二者之间的协调。政治与行政在不同国家的表现各有不同，比如在英国是通过内阁对议会负责的体制，这种控制是通过法外途径实现的，而在美国这种控制是由政党力量来实现的，但是这些表述都与中国的语境和经验有很大的差异。参见丁煌（2011：20—23）。

广的大行政概念，在中国的语境之下，“行政”与“政治”二者不是截然分开与对立的，更多的是行政与政治的交叉与重叠。政府的行政过程也包含很多的政治因素，而在解决实际问题的时候政治力量也有行政化、科层化的趋势。如图 1 - 1 所示，西方理论所提倡的是政治与行政的独立与分开，但中国的实际情况是二者存在很大的交叉与重叠。所以本书的“行政主导”包括两层含义：一是政治的主导（党的领导）作用，行政问题的政治化，在精准扶贫的实践中就是扶贫上升到政治高度，“五级书记挂帅抓扶贫”贯穿科层制内部；二是行政本身的主导作用，扶贫压力通过科层体系层层传导、任务层层分解，自上而下地通过规划和各级政府主导来组织完成扶贫任务。在中国的反贫困实践中，行政因素的重要性远远超过其他方面的因素，即使是通过市场、社会等方式开展的扶贫行动也可以透视出国家行政力量的作用，所以在中国，行政主导在扶贫领域所发挥的是统领性的功能。

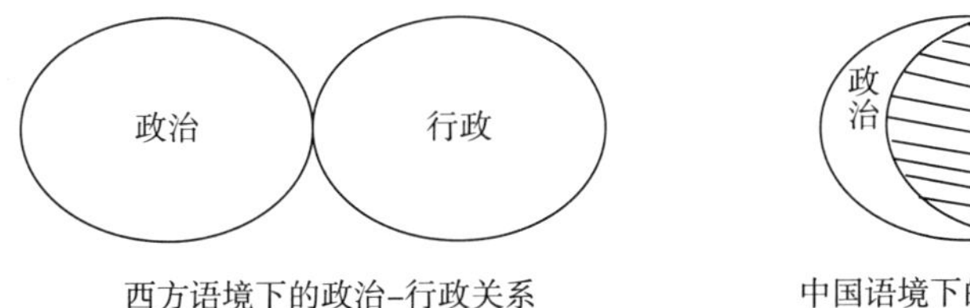

图 1 - 1 中西方语境下的政治与行政关系

“贫困治理”概念的核心首先是将贫困界定为一个问题，然后对其采取具体措施并加以干预的一个过程。贫困成为一个问题，是多方面的因素导致的：对于个体来讲，绝对贫困会对其生存产生威胁；对于社会来讲，大量的人口陷入贫困状态之后容易引发社会矛盾与社会冲突；对于国家来讲，扶贫行动与反贫困政策的实施考验着政府治理能力。总之，贫困一旦成为社会问题，本身就会对社会秩序产生影响，并带来收入不平等、社会不稳定等一系列负外部性问题。所以，贫困治理的根本就是政府要通过采取相应的措施，对特定的贫困群体实施干预，并处理好各方面的社会关系，防止社会秩序紊乱，最终的目标是保持社会的稳定，实现社会和谐发展。

所以本书主要围绕“行政治理扶贫”这一核心概念谋篇布局，分别论述行政主导在科层体系、市场领域以及社会治理中如何发挥作用以及产生何种后果，等等。行政主导的统合作用贯穿精准扶贫政策实践全过程，也与西方所提倡的市场主导、社会主导的扶贫模式形成了鲜明的对比。

（四）分析框架

本书的技术路线如图 1－2 所示。

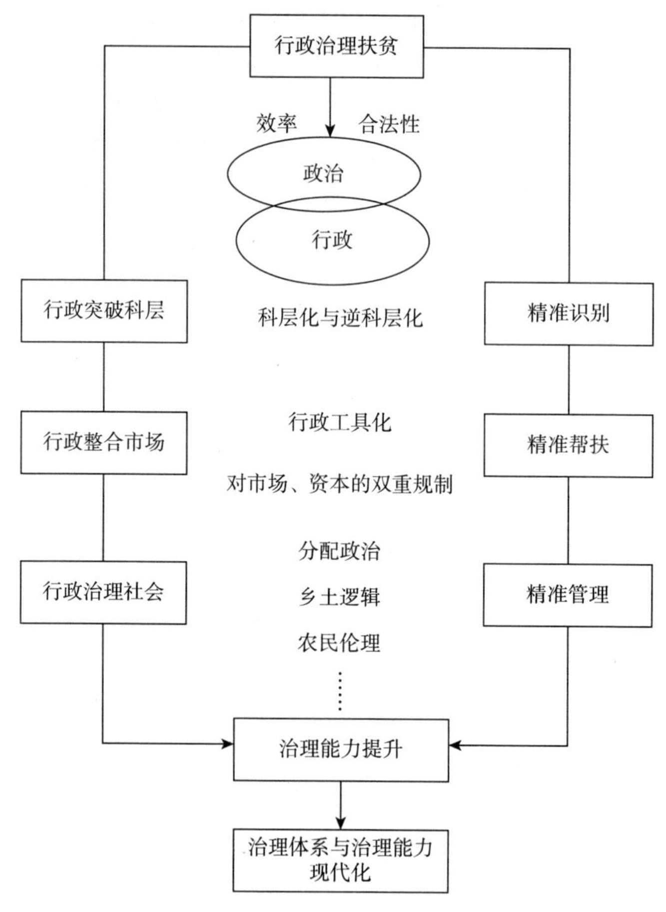

图 1－2　本书的技术路线

全书围绕核心概念——行政治理扶贫进行论述，在文章的谋篇布局方面沿着以下三条线索展开分析：第一条线索是贫困治理的逻辑，即在贫困治理的过程中行政力量如何与科层体系、市场、社会多元主体进行互动，又如何将不同主体统合起来发挥主导作用；第二条线索是政策执行的逻辑，主要讲的是精准扶贫政策在精准识别、精准帮扶以及精准管理的各个环节如何具体实践以及每个环节又容易面临什么困境；第三条线索并没有以上两条线索那么明确，这条暗含的线索主要是将中国的行政治理扶贫模式与西方的贫困治理模式进行比较，并总结相应的经验。

三 研究方法和资料说明

在研究方法方面，本书主要采用的是质性研究，遵循的是实证主义的研究范式。不同于量化研究普遍用数理化模型来解释因果规律，质性研究主要是通过具有复杂性的叙事来揭示韦伯所谓“适合的”因果机制以及背后的深层次原因（应星，2016）。我们认为，对于一项新政策执行的过程分析、原因揭示以及背后复杂机制的探究来讲，质性研究方法可能更为适合。一项研究根据其研究目的的不同可以被划分为探索性研究（exploration research）、描述性研究（description research）和解释性研究（explanatory research）三种类型（风笑天，2009）。但实际的研究往往都是多种类型的混合，在解释性研究里面不可避免地也会涉及对于问题的探索和描述，本研究实际上在探索、描述地方政府精准扶贫政策执行过程的同时还尝试就上文提出的研究问题给予理论化的解释，挖掘其背后的原因，并尝试建立起关联性的分析机制。

在具体的研究方式上，本书主要采用的是实地研究。而在田野资料的搜集方面，笔者曾经在2017年的3月至6月在武陵山连片特困地区的H省A县开展博士论文的主体调研，而调研的具体地点主要选择在A县的一个贫困乡镇茶乡①。茶乡辖13个行政村，321个村民小组，总人口26496人。该乡是一个传统的农业、林业乡镇，地形以山地、丘陵为主，其中耕地面积只有20366亩，林地229689亩，园地17530亩。全乡缺少大面积的可耕农田（人均耕地不足1亩），当地村民种植少量的水稻和蔬菜，以茶叶作为主要的经济作物。但由于交通不便、市场信息闭塞、农产品缺少深加工，农业生产并未给当地农民带来较高收益，农闲时节农民需要到长沙、武汉、广州等城市打工。茶乡所处的A县是国家级贫困县，全乡尚有建档立卡贫困户1778户5516人，占总人口的20.8%。根据茶乡的扶贫计划，该乡需要在2019年末实现全面脱贫。

① 由于该乡盛产黑茶，所以将其匿名化为“茶乡”。

A县位于雪峰山北段，地处山区，是H省第三个面积最大的县。目前该县还是以第一、第二产业为主，而在这些产业中影响最大的当数茶产业，工业也以茶叶加工为主。而笔者所调研驻村的茶乡则是该县茶叶生产最重要的基地之一，由于交通不便以及缺少其他产业的带动，茶乡也是A县贫困人口数量最多的乡镇。目前该县茶产业中最为有名的是当地生产的黑茶，黑茶分为“千两茶”、“茯砖茶”、“湘尖茶”和“黑砖茶”几种，尤其是几年前H省农业大学教授发现“茯砖茶”中有抗癌的益生菌，导致近些年黑茶的价格很高。但是黑茶价格高主要获益的是当地规模比较大的茶叶企业，而作为散户的茶农则其实并没有太多收益，农民自己种植加工的茶叶由于没有统一标准，卫生检查往往也不达标，所以要么从事产业链低端的鲜叶生产，要么个人加工的茶叶以低于市场价的价格出售。

随着当地宣传力度的加大与茶叶经济价值的增加，茶叶种植面积的多少以及茶叶质量的优劣成为划分当地农民阶层的一种标准，茶叶种植比较早、种植规模比较大以及懂得茶叶生产加工技术的人成为当地最早富裕起来的一批人。当地的茶与人之间除了这种经济层面的关系之外，茶叶还是当地人社会关系的纽带。在笔者所调研的乡镇和村庄每家每户基本都备有精致的茶具，在乡镇政府每个办公室也都设有专门饮茶的茶具设施，客人进门之后首先要为他泡上一壶茶，一边喝茶一边交流。关于茶产业的发展将在第五章详细介绍，这里就不再赘述。

对于实地研究来说，抛开技术层面的方法和技巧之外，最难的恐怕就是田野的进入。进入田野不仅意味着身体进入调研地点以及接触到访谈对象，更重要的是研究者需要与访谈对象建立一种信任和联系，能够免除他们对研究者的怀疑，并获得真实可靠的田野材料。研究者能够顺利地“入场”，常常需要某些“关键人物”或者“中间人”的帮助（风笑天，2009）。笔者有一个朋友在A县从事扶贫工作，通过他的介绍笔者顺利进入茶乡，并与市扶贫工作队的人员建立关系，临时加入市扶贫工作队的工作中，以市扶贫工作队队员的临时身份开展田野调研。一方面，笔者亲自参与贫困户建档立卡动态调整、贫困户走访调查以及村民评议会议、村“两委”会议以及扶贫工作队的日常活动；另一方面，在工作之余笔者也与扶贫工作队队员、村干部喝酒聊天打成一片，建立起了良好的关系，这样就能够保证笔者得到县级、乡镇以及贫困村等不同层级访谈对象的信任，从而顺利地获取相关调研材料。跟随市扶贫工作队工作的特殊性使笔者虽然主要在一个乡镇内部进行实地研究，但是所获取的田野材料并不局限于乡镇内部，笔者曾多次跟随扶贫工作队队员到多个上级部门申请扶贫项目，也曾参加扶贫工作的现场推进会，扶贫工作的复杂性也保证了所获取资料的丰富性。

除了历史档案、政策文件、干部日志等部分二手文献资料之外，本书所用的大部分材料都是笔者亲自参与观察、访谈所获取的个案材料。本书使用个案材料面临的最大问题就是“代表性”[①] 的质疑，也就是说，使用一个地方的扶贫案例是否能够代表全国精准扶贫政策实施的情况。这里需要说明的是，从理论上讲，由于个案不是统计样本，所以并不一定具有代表性，为了扩大个案的推理范围，要强调个案的典型性而非代表性（王宁，2002）。对于贫困治理的研究来讲，这一点尤为重要，笔者在选择田野地点的时候如果选择的是非贫困地区或者是贫困程度比较浅的地区的话肯定没有典型性，更不能真正发现扶贫过程中的种种问题。A 县是武陵山连片特困地区中的一个贫困县，A 县识别出来的建档立卡贫困人口 10.84 万人，贫困村 130 个，贫困发生率为 12.4%[②]。而茶乡是 A 县贫困人口最多的乡镇和重点扶贫乡镇，A 县所属的 Y 市市长的扶贫联系点就放在了茶乡，所以在这个扶贫场域之内考察贫困治理问题比较典型，各种不同的行为主体以及各自的行为逻辑都可以呈现出来。卢晖临、李雪（2007）在布洛维的启发下提出了走出个案的研究方法——扩展个案方法的实践，即试图既立足宏观分析微观，又通过微观反观宏观，将对个案的分析超越固定的边界而与更为广泛的宏观结构相联系，并在有一定理论旨趣的基础上充分运用反思性。所以看似一个个地方化的孤立案例，笔者将这些案例分类并加以理论概括分析后，是能够呈现中国政府贫困治理的逻辑和特征的。

案例本身不在于数量的多少以及所涵盖范围的广度，最重要的在于通过经验材料的呈现能够透视出案例背后的一般性机制和逻辑。“社会机制分析特别能体现出独特的洞察力，所谓机制分析，简单地说就是目标与结果

① 关于个案代表性的问题一直是方法学界争论的热点，也就是说个案中发现的特征和规律能否推及总体的问题。王富伟（2012）曾经总结出三种取向的学术脉络，即费孝通的“社区研究”、格尔茨的“深描说”和布洛维的“拓展个案法”，并提出了超越代表性问题的“关系个案”。

② 来自 2012 年的数据统计。

之间的中介变项。对于社会制度作机制分析，就是对社会制度的运动过程进行具体分析。”（应星、周飞舟、渠敬东，2011）所以在进行叙事与分析材料的过程中，笔者也尝试挖掘故事与案例背后的机制。

在研究单位的选择上，中国农村研究分析范式存在村落、基层市场共同体、乡镇以及县域四个基本的研究单位（狄金华，2009），并且不同的学者之间对于研究单位的选择存在很大的争议。因而，本书选择的是以一个贫困地区的乡镇为主。之所以选择乡镇作为主要的研究单位，是因为对于村庄来讲虽然可以感受到国家权力的运作（赵旭东，2003），但是并不能完整地呈现政策执行的过程。因为作为一项政策的精准扶贫虽然在村庄层面落地执行，但是村委会毕竟不是政府机构，如果要考察完整的政策链的话则必须纳入最末一级的政府机构（国家的权力末梢）——乡镇以及乡镇干部。以一个贫困乡镇作为主要田野调查地点，向上可以延伸到县级及以上的部门，向下可以深入村庄社会以及与农民进行互动。作为中国最基层的政权，“麻雀虽小，五脏俱全”，对于乡镇本身的研究既可以探究中国政府内部的运作逻辑，又可以审视和解读国家与社会的关系（赵树凯，2010）。所以有学者就认为这种“乡域政治”的研究不仅克服了“村庄政治研究在时空展示上的局限”，而且部分地解决了“县域政治研究在田野操作中的困难”，具有整体感并且有利于研究不同层级行为主体之间的互动与关联（吴毅，2007）。本书虽然将田野地点放在了乡镇一级，但由于最终还是以研究问题为主，所以在解释问题的过程中可以不被固定的边界限定死，而是可以随着研究对象、研究问题的变化而变化。本书主要采用了参与式观察、无结构访谈、个案研究等方法，同时也对相关历史资料进行了文献研究与分析。

关于本书所用的资料，主要是2017年3—6月在武陵山连片特困地区A县茶乡的调研材料，其中大部分的案例来自笔者在实地调研的过程中通过参与式观察、访谈等手段获取的一手材料，也有部分来自当地政府发布的政策文件、工作计划以及政府内部汇编的相关宣传材料、工作总结和档案等部分资料。另外，为了能够更好地呈现精准扶贫政策的执行过程以及实现本书的研究目的，除了H省A县茶乡此次调研的案例之外，为做补充以及对比，本书还用了部分2016年在秦巴山连片特困地区L县以及云南J县调研的部分案例作为佐证，所以本研究是对精准扶贫实践的多案例考察，这里加以特别说明。

四　章节构成

第一章为导论。导论部分是本书的一个引子，除了介绍研究背景之外，主要向大家交代为什么会做这项研究、这项研究的内容到底是什么、用什么方法来具体开展研究等。

第二章主要是对相关文献的梳理与回顾。学术研究不是闭门造车，而是在不断与相关理论和已有研究对话的基础之上开展的，因而必须将行政治理扶贫的研究放在整个治理理论的框架中进行考察。所以本章对治理理论本身、中国传统的治理资源以及本土化的治理理论、中国的贫困治理以及精准扶贫政策本身的研究等进行了回顾、梳理与评析。

第三章主要是对中国农村贫困治理历史的追溯，在历史视野之下分析中国贫困治理的转型和变迁。从历史上看，我党对于农村贫困人口的关注作为一种传统贯穿中国革命的整个过程，并将其内化为很多常规性的工作方法和工作机制。改革开放前，虽然没有专门的扶贫政策，但是为之后的贫困治理打下了坚实的基础。1978—1985 年是通过制度变革与经济增长推动减贫阶段；1986—2000 年是农村大规模开发式扶贫阶段；2001—2011 年是开发式扶贫与保护式扶贫共同发挥作用的综合性贫困治理阶段；2012—2020 年是全面建成小康社会下的脱贫攻坚阶段，这一阶段精准扶贫政策被提出来。

第四章主要研究的是行政治理扶贫在科层制内部的逻辑，即精准扶贫之后贫困治理体系本身的调适与再造，以及如何利用行政化方法突破科层制的界限来动员更多的部门和资源投入脱贫攻坚。在精准扶贫的同时基层党建也进一步得到加强，二者相互促进形成了耦合性治理之势。精准识别是精准扶贫的基础，为了找出贫困人口，各级政府投入了大量的人力、物力，在经验材料层面，本章主要以 A 县茶乡精准识别为案例，尝试揭示其背后的复杂机制。

第五章研究行政治理扶贫的表现之一——行政对于市场的整合。行政整合市场是行政工具化的表现，也就是地方政府如何利用市场力量进行扶贫。不同于以往开发式扶贫建立市场制度以及推动贫困地区农村的市场化，在此阶段的商业扶贫中，一方面采取行政包干的方式，各级政府层层分配产业扶贫任务，快速完成了扶贫任务；另一方面资本和市场主体被双重规制，扶贫济困的功能得到凸显。具体来看，此章是以精准帮扶产业扶贫为案例进行深入说明。

第六章研究行政治理扶贫的另一表现——行政力量对于乡土社会的治理。作为一种资源分配的精准扶贫政策在基层社会中的执行过程受到了非科层化的基层治理结构与变迁的农民伦理的双重影响，如果处理不好的话很容易遭遇分配难题而引发地方政府的治理困境。本章主要以精准管理中数据动态调整“回头看”以及“民主评议”作为案例，来分析地方政府如何应对以上问题以及如何强化干预的内在逻辑。

第七章为结论与讨论。本部分将在总结全书的基础上提出行政治理扶贫的理论框架，阐述与西方的反贫困战略比较起来，中国行政治理扶贫模式的具体影响和优势，以及这种贫困治理模式是如何推进国家治理体系与治理能力现代化的，并在最后对本书不足和今后需要深入研究的方向做出说明。

第二章
文献回顾与述评

一 在治理研究之中找回国家

“治理”（governance）这一词语并不是学者首先提出的理论概念，而是公共管理实践出现的社会现象。1989 年世界银行针对非洲发展所遇到的问题首次使用了“治理危机”（Crisis in Governance）这一表述。1992 年世界银行将年度报告的标题命名为“治理与发展”。同年联合国成立了全球治理委员会，并创办了《全球治理》杂志，1995 年在联合国成立 50 周年之际，全球治理委员会发表了题为《天涯若比邻》的全球治理报告，随后在联合国的分支机构的文件中，“治理”成为常用词（俞可平，1995）。1997 年联合国开发计划署（UNDP）将“治理”正式界定为“政治、经济和行政权威管理国家事务的活动”（UNDP，1997）。20 世纪 90 年代后，治理逐渐从公共管理实践走向学术研究领域，成为学术研究的重要概念。

从理论上说，治理是不同于传统统治模式的新概念，这一概念不仅超越了传统公共行政（Public Administration），而且超越了新公共管理（New Public Management）的范畴。进入新时期，随着公民在公共事务当中的参与日渐深入，寻求不同利益主体之间的共同价值，在不同利益主体之间进行协调权衡，就成为公共领域最为重要的问题之一。在奥斯特罗姆对地方水域系统管理的研究中，治理理论得到了很好的阐释，多元治理格局、国家与社会的有效结合具有很强的代表性（Ostrom，2000）。之后，学者从强调合作的整体政府（Whole of Government）发展出了强调合作性治理（Collaborative Governance）理论，认为在执行公共政策或管理公共资产时，由一个或多个公共机构引入非直接利益相关方，参与正式的、取向一致的、协商性集体决策的治理安排，能够更好地达到善治的目的（Ansell & Gash，

2008）。概括而言，治理旨在重塑新型的共治关系，对官僚主义倾向和管理主义倾向进行有效调整，强调多元化的治理格局。但是，有学者也认为世界上没有任何一种管理模式是万能的，新公共管理的观念并不一定适合与西方发达国家不同的国家和地区（休斯、张成福，2007）。

“治理”本身是一个运用广泛却含义模糊的概念，迄今为止就其概念本身仍没有达成统一定义。但是主流的观点基本上都认为治理实践具有协商性和协作性，并认为当前的治理实践正在发生转变，从运用国家权力进行统治，逐渐转向政府和非政府多个主体通过协商完成各种政策指令（Colebatch，2014）。

“善治”的概念被世界银行提出，最早来自对外援助减贫领域的实践。很多援助机构和国家为了确保发展援助能够被有效实施和利用，就会以受援国治理绩效作为提供援助的条件。比如 2005 年八国集团首脑会议主要关注非洲脱贫问题，与会领导人指出，援助旨在“帮助低收入国家脱贫和促进经济增长，帮助低收入国家建立民主化、负责任且透明政府并建立健全的公共财政管理”。而为了确保援助的有效性，峰会对实现善治的国家给予超过现有水平的援助，并且只对“绩效良好且政治责任性基本合格”的国家给予债务减免，由此看来善治完全遵循的是新自由主义的理论和议程。但是，我们从历史的现实情况来审视的话，西方新自由主义思想指导下的对外援助和减贫行动，很多并没有取得应有的效果。比如，强调减少政府干预、提倡市场自由化的华盛顿共识①、历史上对于非洲国家所实施的结构调整计划（Structural Adjustment Programs，SAPs）等都遭遇了失败（Nanda，2006）。

当下学术界对于治理的研究主要关注国家新自由主义改革制度性遗产，注意到治理与权力和国家变化的性质联系，比如政府机构开始更多地利用市场、准市场和网络，使国家的权力被分散到大的网络之中，并带来了去中心化、碎片化、多元化以及政府的空心化等。但是对于治理文献的批评指出，在政策过程当中国家仍然是重要的、功能强大的且往往占据主导地位的行为体，而不应该将其视为国家中空或者对于核心行政的削弱（Bevir，

① 林毅夫指出，二战后发达国家对于发展中国家 3 万多亿美元的扶贫援助并没有真正实现减少贫困的目的（参见 http://pit.ifeng.com/a/20170526/51166125_0.shtml，2017 年 5 月 26 日）。

2010）。

对于国家在治理过程中所发挥作用的重视，不仅仅是对于早期的政策网络研究的重新反思，更是不同国家所表现出来的不同统治模式之间差异性在实践过程中的具体呈现。这就需要我们重新反思和审视治理的概念，西方学者对于“治理”概念的引入和广泛使用，一方面可以很好地规避政治上的差异和分歧；另一方面作为一种分析框架能够很好地回应政治社会转型的动态性与过程性。但是治理话语广泛使用的背后是强大的新自由主义思潮在全球范围内的扩张与影响。治理话语背后暗含的是多元主体的参与、去中心化以及对于国家作用的忽视和遮蔽。

所以，越来越多的学者开始关注发展过程中国家的自主性和发挥的作用。斯考切波（Skocpol，1985）在《找回国家》一书中明确反对行为主义政治学所强调的社会中心论对于国家的忽视，而将作为能动者的国家带回到社会变迁、政治学以及社会政策等比较历史研究的核心。不同于韦伯将国家定义为在权力绝对支配基础上的合法使用暴力拥有垄断权力的机构，在该书中，“一方面，国家被看作官僚们追求实现行政目标所需特定国家资源的组织机构；另一方面，更微观地国家被认为是对社会中各种团体和阶级政治产生影响的特定组织结构和行动”。这类学者将国家看作一种行动者并特别强调对于国家在政治过程中的自主性、国家能力的关注。

Giliberto Capano 等（2015）学者通过对不同国家和区域经验材料的比较发现，治理并没有真正起到“去政府化”（degovernmentalized）的作用，在政府发挥重要功能之时治理仍旧在科层制的阴影之下运作。所以在进行理论化分析的时候应该避免带有任何前提性的假设，比如将政府的政策制定过程设想成一种多元合作的模式或者认为政府的影响与之前比较起来呈现弱化的趋势。其实无论在哪种治理模式中，政府都是直接或者间接地发挥了主导的作用。

发展研究目前关注的重点在于反贫困和推动社会良好治理两个方面，这标志着之前先入为主地认为要进行结构调整、私有化以及缩减政府开支的新自由主义的转变。对于现在来讲，新的发展重点强调通过公共服务支出、基层社会关系、去中心化和制度建设来增加贫困人口的权利和社会保障，进而提倡一种超越新自由主义的新发展模式。如果从一种更广阔的历史视角来看，减贫和治理成为发展的核心内容经历了一个历史过程。反贫困范式的兴起确实标志着自由主义主导的发展模式的转变，但是从另一个程度上也强化了发展本身：确切来说，对于我们这个世界上的欠发达地区和贫困人口来讲意味着被更加精准的治理（Craig & Porter，2006）。

在治理模式上，大多数西方学者认为西方行政上的分权治理/去中心化的治理模式较之集权化的治理更加有利于满足贫困人口的需要以及推动益贫政策（pro-poor policies）的实施。但是 R. C. Crook（2003）通过对撒哈拉以南非洲国家减贫实践的比较分析发现，是否对贫困人口负责以及是否有利于减贫最终取决于政治上的央地关系和广义上的制度背景，尤其是中央政府在减贫的意识形态上做出的政治承诺十分重要。最终的结论是，西方行政上的分权治理/去中心化的治理模式并没有挑战那些阻碍扶贫政策实施的地方化精英的权力。如果没有强化地方政府和中央政府的负责机制，西方的分权治理/去中心化的治理模式并不能实现减贫的效果。所以在贫困治理方面，为了保证最终的扶贫效果，国家权力的介入和回归十分有必要。

王绍光（2018）认为过去二三十年公共管理领域的治理研究背后暗含了新自由主义思潮的影响，是一种缺乏以扎实的实证研究为根基的规范性主张。他提出我们应该回到治理的本源上，强调公共管理（包括治国理政）的方式、方法、途径、能力，而不是以任何特定的公共管理（治国理政）的方式、方法与途径作为参照，更不应该狭义地理解为市场化、私有化以及去政府化，也不是“多一些治理，少一些统治”。而“国家治理体系和治理能力现代化”是在治理本源这个意义上所提出的，不是对西方理论的照抄照搬。

我们不得不承认，“治理”这一概念在中国有着与西方不同的意涵，有学者提出“治理”在中国自古有之，其蕴含的是“治国理政”。何增科认为，“国家治理”“政府治理”等是经过中国化改造的概念，既吸收了治理概念的核心内容，也吸收了公司治理的关切，这是一种中国式的创造（景跃进等，2014）。俞可平将中国改革开放所获得的巨大成功归结为中国成功地进行了以治理改革为主体内容的政治改革，并认为“国家治理体系和治理能力现代化”是中国共产党对自身执政经验的理论概括和创新（俞可平，2018）。所以特别需要强调的是，本书使用的治理概念并不是在西方新自由主义思想影响下的含义，而是具有工具性和实践性的意义，是沿着国家治理的理论从治理本源的意义上去理解和使用的。其实无论是国家治理还是贫困治理，放在中国社会的语境之下我们更加强调的是最终的治理效果，而不去做过多的规范性的假设。而只有对于治理方式、方法、途径与能力等方面进行本源性、实践性的研究，才能真正丰富和延展治理理论。本书所使用的行政治理扶贫主要指的是国家治理在扶贫领域的体现，也就是我们强调在进行贫困治理的过程中国家行政力量的主导和统合作用，这是治理理论中国化在扶贫领域的应用和体现。当然，本书的研究结论也是基于对扶贫领域政策执行的考察得出的，至于是否在其他领域也应该强化行政力量的主导，需要进一步研究和分析。

二　关于中国国家治理的研究

对于行政主导型贫困治理的研究脱离不开中国特有的国家治理体制和治理结构，中国的国家治理有着其独特的历史传统，不能够完全用西方的理论来解释。历史社会学家查尔斯·蒂利（2007）曾经对中国的传统治理提出一个很有意思的问题："尽管有不断发生的反叛、征服和内战，蔓延不断的中华帝国不知怎么地通过文职官员（他们所控制的人口的比例按西方的标准是非常之低）统治着这个次大陆——大多数时间只有一到二万帝国官员，这意味着比1000个帝国臣民一个官员还要少，帝国是怎样实现这个管理奇迹的呢?"事实上，早在20世纪40年代，费孝通就已经开始使用"双轨政治"对上述问题进行解释。费孝通认为传统中国社会的治理是通过两条轨道进行的：一条是自上而下的中央集权的专制体制轨道，它以皇帝为中心，建立起一套完整的官僚体系，由官员与知识分子来实施具体的治理，最后达到县这一层级（皇权不下县）；另一条是基层组织自治的轨道，它由士绅等地方精英进行治理，士绅阶层是基层社会的实际统治者，宗族是士绅阶层进行乡村治理的组织基础。在费孝通看来，正是通过这种"双轨政治"的有效运转，两者各司其职，传统帝国才能长期而稳定地维持下去（费孝通，2006）。之后研究中国传统社会治理结构的学者也多是从这种"国家-社会"关系的角度对传统帝国的治理模式进行论述，或者提出"双重统治"概念（张研，2001），或者对"双轨政治"和"双重统治"提出修正，提出三层分析的框架，包括"皇权官僚机构-地主乡绅-宗法家族和家庭"的三层次结构（金观涛、刘青峰，1992）、第三空间（Huang，

1993）、“简约治理”（黄宗智，2008）、“实体治理”（李怀印，2008）等概念对传统社会治理结构进行总结与分析。

1949年以后，中国在农村进行土地改革以及人民公社化运动，相对应地在城市建立起了单位制度，开启了所谓的“全能主义”（邹谠，1994）的治理模式。改革开放之后，一方面，随着这种“总体性社会”的解体，国家治理开始朝科层化治理结构迈进，有学者认为科层化带来了考核的过程化与多重化的形式效果以及财政支出的专项化与项目化的实质效果，因而国家治理从“总体性支配”开始转向“技术治理”（渠敬东等，2009）。另一方面，国家治理却又无时无刻不在各个方面呈现具有中国特色的元素与特征，并与前者之间时而并行不悖地运行，时而产生制度性的紧张关系。

在治理主体方面，长期以来主导经济增长的中国政府被看作“发展型政府”，近年来有人认为中国政府在向“服务型政府”转变。钱颖一和Weingast基于财政分权与财政包干两方面原因提出了“中国特色的财政联邦主义”观点（Qian & Weingast，1997）。对于基层治理主体的地方政府而言，主要存在两种观点：一种观点认为地方政府有很大的能动性，有学者将地方政府看作“地方企业家”，处于基层的县乡干部并不是被动的政策执行者，而是被看作具有能动性的“战略性群体”（海贝勒等，2013）；另一种观点则认为作为地方政府的乡镇政权没有自主性，主要用来执行上级分配的任务，对于基层政府的乡镇政权来讲，面对税费改革之后“国家－农民”关系的变化以及项目越来越多的新特征，有学者将其总结概括为“悬浮型”政权（周飞舟，2006）、“依附型”政权（饶静，2007），以及“协调型”政权（付伟、焦长权，2015），等等。

从治理模式上讲，有学者提出当今中国的行政体制（县乡一级政治组织）是建立在为实现经济赶超，完成上级下达的各项指标基础上而采取的数量化任务分解“压力型体制”（荣敬本、崔之元，1998）。唐皇凤认为，在治理资源匮乏的条件下中国的国家治理在很多情况下采用的是“运动式治理”的方式，这种治理模式一方面是革命战争年代社会动员方式的延续和惯性使然，另一方面是由于其能够实现国家权力的再生产，又不失为一种理性的选择（唐皇凤，2007）。周黎安指出，中国政府内部上下级之间的关系不是韦伯意义上的科层制，也区别于纯粹的外包制，而是处在二者之间混合型的“行政发包制”（周黎安，2014）。比如“简约治理”、“复合治理”、“目标责任制”、“锦标赛体制”、“项目制”和“权威体制与有效治理”等，诸多反映中国国家治理特色的概念与范畴正在不断涌现出来。

在治理策略方面，中国政府的行政治理技术和策略也与西方理论有着很大的差异，并在基层实践的过程中衍生出一系列具有中国特色本土化的治理技术和实践策略。有学者指出，在中国特殊的“中心-边陲”的社会结构下，政治权威倾向于采用类似于庇护关系主义下“树典型”的治理策略与技术（冯仕政，2003）。有人通过对新农村建设历时性经验的检视，指出中国式政策执行的核心是依托一种高度科层动员和社会动员相平衡的“示范”机制（叶敏、熊万胜，2013）。有学者认为，中国的基层政权在治理过程中缺乏稳定、抽象和普遍主义的运作规则，而是功利主义地将各类方法、技术、规则、手段和策略作为运用规则，这是一种被称为“策略主义”的治理方式（欧阳静，2011）。有学者发现，中国自上而下的政策执行到了基层会出现“选择性执行”的现象（O'Brien & Li，1999），还有诸如“共谋”、“变通”、“正式权力的非正式运用”和“连带式制衡”等本土化概念的总结。

三　关于中国贫困治理的研究

西方的反贫困实践大致可以归结为以下两个路径：第一，对于那些有能力的贫困人口来说，强调利用市场的自发作用，将其纳入自由市场之中，通过经济增长带动其收入水平的提升进而摆脱贫困；第二，针对那些没有能力的贫困人口，则特别强调国家的社会保障功能，将其纳入国家的福利保障体系之中通过国家来兜底，这是福利国家解决贫困问题的路径。

学术一般都是对于现实社会所发生社会事实的回应，贫困治理主要指的是国家和政府对于贫困地区和贫困人口采取专门化的反贫困策略与行动，中国与西方在贫困治理方面所采用的具体措施有着很大的不同。由于中国政府在1986年正式设置专门的扶贫机构，开展正式的、大规模、制度化的扶贫行动，对于贫困治理的学术研究才逐渐涌现出来。对于中国早期的贫困治理研究主要还是局限在“原因-对策”模式，也就是分析贫困产生的原因、类型、特征以及提出相应的政策建议。由于20世纪80年代很多扶贫政策不完善以及很多政策刚刚开始实行，所以当时主要的学术研究还集中在对于贫困性质本身的分析和讨论。比如，中国第一本贫困地区综合研究著作——《中国的贫困地区类型及开发》就是对中国贫困地区的自然、社会、经济和民族状况进行综合评价；分析了贫困地区的特点与优势、存在的问题及贫困原因，提出了贫困地区科学的分类原则与分类系统，并分类论述了贫困地区的发展方向、途径及应该采取的关键措施等（姜德华等，1989)。王小强、白南风（1986）在《富饶的贫困：中国落后地区的经济考察》一书中指出我国落后地区贫穷，但资源丰富的矛盾现实，提出“素质贫困论”的观点。他们对依赖“外援”的传统模式和基础结构建设先行的传统观点进行批判，提出落后地区经济振兴首先要调整社会经济关系、改革计划经济体制，给出优先发展“信息含量大”的产业部门的新规范。

康晓光（1995a）认为，20 世纪 90 年代中国已经完全具备消除贫困的条件，结构性贫困、区域性贫困和阶层性贫困并存是我国绝对贫困问题的基本特征，以及提出制度化、开发式，面向贫困人口应成为 90 年代反贫困战略的基本特征。汪三贵（2001）认为，作为政府干预的反贫困行动在 80 年代中期以来进入了一个新的历史阶段，反贫困的措施从以往的主要依靠单纯的生活救济转变为以提升贫困人口自身能力为主的开发式援助，反贫困的组织也从民政部门转变为以各级专业的扶贫组织（各级扶贫办）为主导，其他各个部位参与的综合性反贫困组织结构。

20 世纪 80 年代末至 90 年代初被认为是各个部门、各地区、所有公民都要直接参与的“扶贫社会化”阶段，当时就有学者提出应该使中央政府成为中国扶贫的主体，并在各个地区成立和扩大专业化的扶贫机构，科学化、专业化、集中化应该成为中国反贫困制度创新的主要方向（康晓光，1997)。尤其是 1994 年《国家八七扶贫攻坚计划》的发布，标志着扶贫开发进入了攻坚阶段，国家开始在全国范围之内开展有组织、有计划、大规模的扶贫工作，中国的贫困治理实现了从救济式扶贫向开发式扶贫的转变。之后的扶贫工作变得越来越科学化和专业化，学术界也开始从之前宏观层面对于贫困性质、类型的研究转向了对于扶贫技术、国家干预以及扶贫政策等方面具体的微观研究。这个阶段最有代表性的贫困治理研究可以分为以下三个方面。

第一，在对 20 世纪 80 年代以区域发展为主导的扶贫模式进行反思的基础上，中国贫困治理引入了国外参与式的理论和方法。有学者提出“参与式社区发展”、“性别分析”和利用“乡土组织系统”等一系列概念和方法，在尊重贫困人口自主性的基础上，贫困治理从区域开始转向社区层面（李小云，1995）。之后参与式发展的理念开始进入扶贫领域，而且这种方法所倡导的理念和实施程序被中国官方的扶贫实践采纳，由此衍生出了中国本土化的“参与式扶贫”概念。党中央、国务院在《中国农村扶贫开发纲要（2001—2010 年）》中采纳了参与式扶贫村级规划方法，在全国 27 个省份开始试验性推广，2002 年按此技术系统确定了约 14.8 万个贫困村，并完成约 9 万个贫困村的村级规划。由此，参与式方法在国内扶贫领域取得了主流化的地位（明亮，2009）。正是由于参与式发展所蕴含的赋权、参与、平等的理念与中国政府公共决策从“官员决策”到辅之以“专家咨询”再到加上“公众参与”的政府行政治理转型相耦合（周圣坤，2012），所以参与式发展被迅速本土化和国家化，并且在之后的贫困治理之中占据主流地位（韩伟，2008）。但是很多学者后来通过对参与式发展项目的考察发现很多项目并没有实现其所倡导的民众参与目标，所以不少学者开始对参与式扶贫展开批判与反思（郭占锋，2010；杨小柳，2010；毛绵逵等，2010；朱晓阳，2005）。孙睿昕、叶敬忠（2013）认为在中国的参与式发展的话语中，农民的主体性并没有得到体现，而真正发挥作用的是其背后的国家权力网络，参与式扶贫在提倡农民参与的同时也使国家的权力在基层得到了强化。

第二，越来越多的扶贫资金和扶贫资源输入贫困地区，但是真正的贫困人口却不能够完全获益，所以扶贫资金使用效率和扶贫瞄准问题逐渐成为贫困治理研究的核心。蔡昉等（2001）通过对 1986 年以来扶贫资金使用效果的量化分析说明，扶贫资金使用过程中存在很多问题，扶贫资金并不能充分发挥其扶贫功能。有学者在广西、宁夏、江西和云南的调研发现，扶贫项目对贫困群体的覆盖率只有 16%，而对中等户与富裕户的覆盖率分别为 51% 和 33%（李小云等，2006）。汪三贵、郭子豪（2015）的研究发现，以收入为标准和在精确瞄准状态下竟然有 48% 的村没有被瞄准。洪名勇（2009）认为在村庄内部贫困差距扩大的情况下依托开发式扶贫项目进行瞄准的话，覆盖的贫困人口过低，开发扶贫项目标准与贫困村庄、贫困农户的需求偏离。所以学术界的普遍共识是我国扶贫瞄准存在严重的漏瞄和溢出现象（叶初升、邹欣，2012）。于是就有很多研究开始对扶贫瞄准偏离原因进行剖析，有学者将其归结为识别方法和机制上的问题（汪三贵、

Albert Park，2010），有学者认为主要是和谐理念的缺失（许源源、苏中英，2007），还有学者强调是“精英俘获”（邢成举、李小云，2013；胡联等，2017）的政治因素以及乡村社会治理转型的结构性影响（许汉泽，2015；李小云等，2015）。所以对于扶贫资源传递的精准性问题在此阶段已经凸显，并成为贫困治理研究的核心议题之一，并不是精准扶贫之后才开始关注扶贫资源的瞄准性问题。

第三，开始有越来越多的社会学、人类学学者对于国家主导的扶贫行动——扶贫规划、扶贫政策、扶贫项目等进行批判和反思。他们主要是通过“深描式”的案例研究来对国家主导的扶贫行动进行解构。如沈红、周黎安等（1992）在《边缘地带的小农——中国贫困的微观解理》一书通过探讨贫困者家庭内部行为和代际行为关系，解释中国贫困在乡村家庭这一社会层面上何以发生、何以再生，以及贫困者的行为逻辑。朱晓阳（2004）分析了目前的反贫困策略，认为应采取生命救助、再建构社区的办法将贫困人口整合进社区。还有对于扶贫过程中应该重视地方性知识（杨小柳，2009）、批评国家对于贫困村经济的过度干预（古学斌等，2004）、从文化角度解构扶贫项目与发展规划（张有春，2014）以及强调扶贫的在地性（荀丽丽，2017）等。与纯粹的政策性研究不同的是，此类研究具有更多的反思性和批判性。

四　关于精准扶贫政策的研究

在扶贫瞄准方面，中国的瞄准单位不断下移，从最初的区域性扶贫到贫困县的设置，再到贫困村，最后精确到户到人。早在2005年我国已经开始探索实施对贫困人口建档立卡，扶贫资源精准到人，但是精准扶贫概念在2013年才被正式提出。所以在中国知网上进行检索的话，对于精准扶贫的研究2013年之前是一片空白，2013年也只有寥寥几篇的新闻报道，正式的学术研究从2014年开始并且随着此项政策的推进而出现越来越多的相关研究。目前学术界对于精准扶贫的研究虽然还处于起步阶段，但是就已经发表的文章来说已经浩如烟海，总结来看主要可以分为以下三类。

第一，主要是对于精准扶贫政策内涵、执行过程、实施难点等方面的政策性研究，也就是说还停留在对于政策本身的阐释与评价上。比如邓维杰（2014）发现精准扶贫政策执行过程中出现了对贫困户的排斥的现象，表现在规模排斥、区域排斥和恶意排斥与过失排斥等方面。汪三贵、郭子豪（2015）解读了精准扶贫政策的含义和作用，重点从精准识别以及精准帮扶两方面指出了其政策实施的难点，并随之提出了创新精准扶贫工作机制的相关建议。左停等（2015）从央地关系、社会控制理论、社会成本等方面理解和反思了精准扶贫的技术靶向问题。葛志军、邢成举（2015）指出了精准扶贫的基层实践过程中面临贫困户参与不足、帮扶政策缺乏差异性和灵活性、扶贫工作遭遇上访以及驻村工作队效果较差等一系列困境，深入分析了其背后的原因并提出相关建议。

第二，有学者开始转向对精准扶贫政策背后的实践机制以及运行逻辑的剖析和总结，其中集中的关注点是对“精准扶贫瞄不准”问题的解释与理论反思。与没有执行严格的瞄准政策之前扶贫工作不同的是，精准扶贫政策在实施最为严格的瞄准机制，对贫困户实施建档立卡以及动用了大量行政资源的基础上仍然存在瞄不准的问题，这就引起了不少学者的重视。如果说之前的扶贫瞄准研究更多关注的是瞄准技术层面，那么精准扶贫瞄不准研究则更多的是对政策、治理结构以及理论方面的反思。比如，王雨磊（2016）从扶贫办、村干部、驻村干部三种对焦机制中出现的福利均分原则、村庄政治结构以及扶贫考核压力等方面揭示了精准扶贫瞄不准的问题。许汉泽（2015）认为中国农村社会的乡土逻辑导致精准扶贫政策的地方实践面临困境。李棉管（2017）将精准扶贫“瞄准偏差”的原因归结为技术难题、政治过程与文化结果三种理论视角。

第三，有学者将精准扶贫与乡村治理、村民自治、技术下乡以及项目制等研究主题相结合来考察此项政策的社会性、制度性影响。雷望红（2017）从税费改革之后国家、基层组织和农村三者之间关系的转变以及从组织学角度揭示了精准扶贫政策执行偏差的背后原因。万江红、苏运勋（2016）及万江红、孙枭雄（2017）从村庄权威和村民自治的角度揭示了精准扶贫的实践困境。王雨磊（2016）从数字下乡的角度揭示了农村精准扶贫过程中技术治理的逻辑。李博（2016）、马良灿和哈洪颖（2017）、殷浩栋等（2017）从项目制扶贫中的委托代理、结构化困境和基层治理理性等不同角度揭示了此项政策的实践困境。而此类研究已经不再是就扶贫而只谈扶贫，更多的是将精准扶贫作为公共政策的一种，探究的是公共政策执行的经验与基层治理的逻辑。

在此研究过程中，有些学者将精准扶贫看作一种完全技术化的治理方式，并认为改革开放以来中国社会治理已经开始从“总体性支配”转向更加注重解决事本主义行政目标的技术治理（渠敬东等，2009；王雨磊，2017b）。但是我们认为以上观点仅仅看到了问题的一面，从当下的中国社会治理状况来看，总体性控制的趋势较之改革开放前虽然有很大的减弱，从个人层面来讲随着城市单位制以及农村公社制度的解体而呈现更加自由和个体化的特征，从表面上看总体性权力弱化了。但是国家在面临某项具体任务时而进行的总体性动员却没有伴随总体性控制的减弱而弱化，却在某种程度上呈现强化的趋势。诸如此类的制度性悖论非常值得深入研究，精准扶贫的复杂性也越来越凸显。正如王春光（2018）的研究所指出的，精准扶贫是一项自上而下的复杂政策实践，混合了行政性和政治性、常规性与运动型，并蕴含了不同主体之间的多重逻辑，需要进行整体分析，而远非单一理论能够解释。

五 对当前研究的总结与评析

从上述文献回顾中我们可以看出“治理”这一概念最早用于不发达地区的发展问题，之后被广泛用于学术领域，用来区别于传统的直接统治方式，但其内在蕴含政府并非作为权力的中心、社会多元主体的参与以及对于所谓有效治理即“善治”的追求。但是在全球范围内尤其是不发达地区很多治理实践遭遇失败的情况之下，学术界又出现了“把国家带回中心”的声音，也就是说开始重视作为治理主体的国家本身在治理中的角色和作用。在中国的扶贫领域也不例外，精准扶贫就是以行政主导的政治手段为主进行资源的分配，建立以国家为中心的贫困治理体系。因此，我们需要在国家权力回归强化的背景之下考察中国行政治理扶贫的具体运作机制与实践逻辑。

通过以上对中国国家治理、贫困治理以及精准扶贫研究文献的回顾与梳理，笔者发现整体上看对于贫困治理的既有研究存在以下几方面的不足。

第一，主流关注的核心仍然是社会方面，没有给予国家视角充分的重视。这里所说的国家视角并不是站在政府的角度来论证政策的合理性，而是对于政府机构本身运作机制与逻辑的研究。这可能是与田野进入的难度相关，往往越往上层，政府的研究难度越大。20 世纪 80 年代中期正式的扶贫机构成立之后，中国政府随即展开了大规模、正式化的扶贫行动。学术界对于贫困治理的研究局限在“原因 - 对策”的政策性分析、扶贫是否瞄准的技术性分析，以及强调贫困户主体性、能动性，偏向于以社会为中心的参与式扶贫方法和项目的实践与反思，而忽视了对作为扶贫政策实行主体的各级政府本身的研究。当下的贫困治理学术研究也是以社会中心为导向，其中主要包括动员社会多元主体参与到贫困治理之中，在扶贫的过程中要发挥农民自主性、对于乡村价值的发现（柔性扶贫）等，而且这一趋势仍在继续，对于国家作用的重视不够。研究大多是站在农民视角考察扶贫政策实践，将注意力放在了政策执行的结果上，而政策执行过程本身大多是在政府的内部，这样的话会不可避免遮蔽很多重要研究内容。

第二，重视扶贫，缺少治理的视角。具体来看，目前学术界对于精准扶贫的研究还处于起步阶段，大多还停留在对于其政策内涵、执行过程、瞄准方法、绩效考核、实施难点等方面的政策性研究。还有学者将精准扶贫与乡村治理、村民自治、技术下乡以及项目制等研究主题相结合来考察此项政策的社会性、制度性影响。但是纵观以往研究，还较少将精准扶贫放在国家治理的视角下进行研究，对于中国扶贫的经验大家都归结为政府主导，但是政府究竟如何主导？行政主导型贫困治理的具体过程、内在机制以及背后的逻辑是什么？正如有学者所言，“精准扶贫是一个观察国家基层治理、透视国家政治格局的良好窗口，也是我们提升和改善国家治理现代化水平的一个试验田”（王雨磊，2017a）。我们需要将精准扶贫放在国家治理的框架下以及在中国行政治理的语境内来研究扶贫问题。

第三，将国家主导的治理方式简单等同于行政主导，忽视了地方政府发挥的作用以及行政治理扶贫的复杂性。对于政府内部而言，不同层级的政府所发挥的功能以及遵循的治理逻辑有很大的差异，需要区分清楚；行政主导贫困治理的模式也不仅仅局限在科层体系内部，因为精准扶贫政策的执行涉及多元主体与多重逻辑，在研究行政科层体系内部治理逻辑的同时，也需要对行政与市场、行政与社会之间的互动过程与相互影响进行研究。贫困治理尤其是现在的精准扶贫政策已经不是扶贫政策本身的专项任务，而是一项国家主导之下统合其他多种力量的“复杂政策”和“总体性任务”。另外，贫困治理中的政治手段与行政手段之间也需要进行区分和研究。

第四，以精准扶贫为代表的国家政策是与之前“汲取型”的农村政策完全相反的对于农村大量资源的反哺与输入。在这种城乡资源配置关系逆转的情况下，中国农村基层治理逻辑的转换随之出现（景跃进，2018）。而西方任何国家也难以找到这种国家主导的、如此大规模的对农村的转移支付与资源再分配。在这种新的背景下，我们需要重新思考国家与乡村社会的关系、国家与农民的关系，当然农村政策执行本身的逻辑也在悄然发生改变，我们需要通过比照更多的经验材料对其进行更加深入的研究。

第三章 历史视野下的中国农村贫困治理及其转型

党和政府对于贫困的关注和治理有一个历史的过程，也只有将贫困治理放到历史视野下进行比较才会有更加深入的理解。本章主要对中国农村的贫困治理的转型与变迁进行一个简要的历史梳理，为随后的案例分析和理论讨论做宏观和长时段的背景铺垫。根据时间顺序和历史逻辑，本章从改革开放之前的减贫阶段、制度变革与经济增长背景下的发展式减贫阶段、农村大规模开发式贫困治理阶段、综合性贫困治理阶段以及脱贫攻坚阶段五个时期考察中国农村贫困治理的历史变迁。

一　中国减贫的历史基础：一段被忽略的扶贫史

对于中国的贫困治理，学术界往往会将 1978 年改革开放之后作为贫困治理的起点。很少有学者关注新中国成立后到改革开放之前这段时期内党和政府的减贫措施和路径。我们认为要想全面认识贫困治理，就需要将扶贫放在历史的脉络之中去理解，新中国成立之后到改革开放之前这一时期虽然没有非常明确的扶贫政策，但是经济的快速增长、政治制度的变革以及社会政策的制定与完善等，都为以后的贫困治理打下了坚实的基础。我们认为当下精准扶贫、脱贫攻坚过程中运用的很多工作方法也都深深根植于革命传统而受到了历史的影响，对于贫困治理的研究也非常有必要追溯到 1949 年甚至更前。所以这就需要我们将历史视角带回到扶贫研究的脉络之中。

不同于韦伯主义从文化观念角度认为现代性伦理缺失与外部现代性的扩张会不可避免地导致贫困的发生；马克思主义则是从社会结构视角出发认为贫困主要来自资本家对于工人和无产阶级的剥削。在深入考察欧洲工人阶级的生存状况的基础上，马克思、恩格斯认为无产阶级贫困化是由资本主义制度本质决定的，是资本主义生产方式的普遍规律。资本积累的同时，工人阶级的贫困也在加剧。无产阶级贫困化主要表现在经济上受剥削、政治上受压迫、精神和道德上受奴役等方面。所以只有推翻资产阶级的政治统治，消灭资本主义私有制和雇佣劳动制度，才能最终消灭贫困（山东大学政治经济学系教研室、资料室，1979）。马克思、恩格斯主要是通过对无产阶级贫困现象及贫困化现实的考察来揭露资本主义贫困问题的本质、发生规律及制度根源。这为我国的贫困户反贫困认识与实践提供了思想基础和理论支撑（黄承伟，2020）。

而毛泽东在其早期著名的《寻乌调查》《兴国调查》《长岗乡调查》等几篇调查文章中就运用了马克思主义的理论对中国农村进行阶级分析，其中特别分析了佃农、雇工、贫农、农村土地问题等诸多与农村贫困有关的社会因素与问题。在《中国佃农生活举例》一文中，他详细记录了湖南湘潭西乡一个佃农家庭的支出和收入，得出了只有在非常苛刻的条件[①]下这个佃农家庭才能够达到收支相抵状态的结论，并指出“中国佃农比世界上无论何国之佃农为苦!”在《寻乌调查》中，他将贫农本身划分为四个阶层，即半自耕农（占农村全部人口的10.5%，占贫农的15%）、较好佃农（占农村全部人口的42%，占贫农的60%）、较穷困贫农（占农村全部人口的10.5%，占贫农的15%）、最穷贫农（占农村全部人口的7%，占贫农的10%），并详细地从地租剥削、高利剥削以及税捐剥削等方面论述贫农致贫的原因。在《兴国调查》中，他对八个不同的家庭进行了对比研究，通过对不同阶级革命前后状态的比较发现贫农和雇农在革命之后获益较多，不仅分田分山、取消债务，而且物价降低以及婚丧消费都大大降低（毛泽东，1982）。由上可以看出毛泽东早期的社会调查研究非常重视农村贫困和贫农问题，主要运用马克思阶级分析的方法来对贫农问题进行剖析，最后提出通过进行土地改革、消除农村之中剥削的办法来解决农村的贫困问题。

从历史上看，对于贫困人口的关怀作为我党的一项优良传统而被传承于革命与社会建设的全过程。从最初的土改过程中的“个别访苦”到组织

① “（一）绝无水、旱、风、雹、虫、病等各种灾害；（二）身体熬练，绝无妨碍工作之疾病；（三）精明会算计；（四）所养猪牛不病不死；（五）冬季整晴不雨；（六）终年勤劳，全无休息。”（毛泽东，1983：33）

化的“访苦”“引苦”“诉苦”“解苦”等，将广大的农民培养成具有政治主体性的“主人翁”，并在革命中发挥巨大的动员作用。这种访贫问苦作为我党贯彻群众路线的工作方法被延续下来并广泛运用（李放春，2010）。而在这种通过“诉苦”激发“阶级意识”再到“翻身”的过程中，农民的“感恩型的国家观念”形成（郭于华、孙立平，2002）。可以说各个时期我党对于农村广大贫困人口的真正关注和重视以及将其内化为一种常规化的工作机制和方法，并与社会政治动员相结合，共同确保了革命和社会建设的成功。所以，对于农村社会深入细致的调查、认清社会的性质以及对于农村贫困人口的组织、动员并解决他们的实际问题是我党在革命时期取得成功的重要经验。从上可以看出，革命时期的扶贫问题深深地嵌入革命行动之中，是与农村阶级、土地改革、革命动员等密切关联的政治问题。

所以回溯中国的扶贫历史与实践，我们可以看出扶贫领域在很大程度上受到革命传统的影响。贫困户往往被看作“自在阶级”，其主体通常被认为“觉悟差”，并伴随着“等、靠、要”等懒惰的具体表现与性格特质。于是，一方面，广大党员干部抱持贫困户脱贫致富的革命信条；另一方面，他们又反对一味“消极等待”，而是想方设法“发动群众”来摆脱贫困，积极引导与启发广大贫困户走上致富之路，贫困户脱贫致富的过程也是其阶级觉悟提升的过程。扶贫的政治性在此阶段被确立并在之后的贫困治理中得到延续，政治化的扶贫话语诸如攻坚战、军令状、树典型、送温暖等也随处可见。由此可见，贫困治理并不是在精准扶贫出现之后突然被作为一项政治议程上升到国家战略高度，对贫困人口的高度关注是革命传统的延续，也是我党的使命和社会主义的本质使然。

新中国成立后，虽然政府没有十分明确的专门化扶贫政策，但是一方面，对于困难群体的救助以及提高人民的生活水平却是党和政府一直追求的目标；另一方面，到改革开放前，党和政府对于农村贫困问题的关注和一些措施的实施为之后大规模、专门化的扶贫工作打下了坚实的基础。无论是后来的开发式扶贫还是现在的精准扶贫、脱贫攻坚战，都是在扶贫工作的基础上开展的，也都或多或少受到了之前工作方法、制度设置、政策实施以及政治传统的影响。所以对于新中国成立后到改革开放前这一段扶贫史我们不能忽视，更不能遗忘这一阶段党和政府在扶贫方面所做的基础性工作，需要对其重要性进行进一步认识与研究。

张瑞敏、张晓婵（2014）认为，新中国成立初期的反贫困路径主要可以分为以下三个方面：第一，实施新民主主义政纲，在城市调整工商业、减少赋税，在农村地区保存富农的经济政策，使国民经济得到有效恢复；第二，确立共同富裕的目标，实施过渡时期总路线，为了增产和防止贫富分化变革生产关系，在农村开展农业合作社运动；第三，国家确立并实施超常规的赶超式发展战略，同时在农村建立人民公社制度。

有学者认为，新中国成立以来到改革开放之前的农村扶贫工作属于“小规模的救济式扶贫”阶段。新中国成立后全国农村实施土地改革，广大农民虽然获得了基本的生产资料，但是由于历史原因，农村的贫困状况短时期之内难以改变。在当时的情况下，我国经济发展水平决定了无法对贫困人口进行大规模的扶贫救助，只能通过小规模的扶贫手段开展救济。这个时期农村扶贫主要通过以下途径进行：一是在全国开展大规模的基础设施建设，改善农村交通条件和灌溉设施；二是在全国建立农村信用合作体系，发展农村基础教育及农村基本医疗和卫生事业，并初步建立了以社区“五保”制度和救济农村特困人口为主的社会基本保障体系（朱小玲、陈俊，2011）。“五保”和社会救济制度是中国特色贫困治理体系的重要组成部分，其所发挥的作用一直持续到现在。

共同富裕是社会主义的本质要求和根本原则，让所有劳动者过最美好的生活，这是社会主义区别于以往一切社会制度的本质所在。所以解决贫困问题、实现共同富裕不仅仅关乎农村的稳定和农民的实际生活，更是政党和政府合法性的坚实基础。扶贫在中国成为一项政治议程，从根本上讲这是由社会主义的本质和基本原则所决定的。

1953 年 12 月，毛泽东主持制定《关于发展农业生产合作社的决议》，明确提出“使农民能够逐步完全摆脱贫困的状况而取得共同富裕和普遍繁荣的生活”①。1955 年，毛泽东在实现“一化三改”的时候又指出，“在农村中消灭富农经济制度和个体经济制度，使全体农村人民共同富裕起来”（《毛泽东文集》第六卷，1999：437）。为了实现这个目标，他认为“就得领导农民走社会主义道路，使农民群众共同富裕起来”②。

---

① 《中共中央文件选集（一九四九年十月～一九六六年五月）》第 14 册，人民出版社，2013，第 444 页。

② 《建国以来重要文献选编》第七册，中央文献出版社，1993，第 308 页。

新中国成立后到改革开放前中国的扶贫实践主要总结为以下三个方面。

第一，经济方面的增长与基础设施建设为将来的扶贫工作打下了坚实的基础。从 20 世纪 50 年代到 70 年代中期，中国政府通过对资源的有效控制，在全国范围开展了大规模的农村基础设施建设，改善农村灌溉设施和交通条件。据估计，在此期间全国公路通车里程增加 9 倍，灌溉面积增加 125%。通过建立全国性农村信用合作社网络，改善了农村金融服务。到 1978 年，中国已经建立了有近 60000 个乡镇和县级以上营业机构及 350000 个村信用站的农村金融服务网。从 1952 年到 1978 年，农村信用社累计为农民提供了 1373.5 亿元的农业贷款。其间，中国从中央到乡镇建立了 40000 个农业技术推广站，农技推广网几乎覆盖了全国所有的乡镇。通过技术推广，一大批先进适用的农业技术在广大农村得到应用、推广（国家统计局农村社会经济调查总队，2000）。

第二，政治方面的制度变革消除了农村不平等的社会结构。通过土地改革，增加农民对土地（自然资源）的占有和使用权。在 1949 年之前，中国农村的土地占有情况是相当不均的。据估计，在 1934 年占农村户数 4% 的地主占有 50% 的可耕地，而占农村户数 70% 的贫雇农只占有 17% 的可耕地（章有义，1957）。1949 年后中国在全国范围内开展了土地改革，剥夺地主拥有的土地，分配给贫雇农。土改让全体农民获得了土地所有权，到 1952 年中国农村原来不同阶级间土地分配不均的情况基本得到解决。土改的完成，使中国农村基本消除了农民无地这一在其他发展中国家造成农村贫困主要因素的影响，为后来中国农村扶贫奠定了一个十分有利的制度基础（国家统计局农村社会经济调查总队，2000）。从 20 世纪 50 年代中后期开始，农民对土地的占有转变为合作社所有，后来又演变为人民公社时期的三级所有。但我们不得不承认土地制度的改革有效地缓解了当时广大农民的贫困状况。

第三，社会政策方面建立了初步的农村社保、医疗和教育体系。这一时期，在农村中首次创建了以人民公社经济为依托的社会保障制度，其中主要包括农村“五保”供养制度、特困户救济和救灾制度。农村的合作化和人民公社运动打破了农村社会原有的诸如义田、族田、义仓等传统社会保障形式（常亮，2016），面对在新的制度体系内仍然存在社会不平等以及弱势群体的情况，农村需要建立新的社会保障体系。“五保”制度是在与人民公社制度紧密结合并吸收了传统的农村救济思想的基础上产生的。“五保”供养制度主要是指对农村之中生活没有依靠的老、弱、孤、寡、残疾社员，给予保吃、保穿、保烧，给予年幼的保教和年老的死后保葬五个方面的保障，简称“五保”（宋士云，2007）。“五保”制度的福利标准虽低，但是覆盖面却很广。20 世纪 70 年代，全国“五保户”人数有 300 万人左右，其中有 250 万—260 万人实际享受到了“五保户”待遇，占 85% 以上（张磊，2007）。这一时期，农村还建立了以集体经济为基础，集体与个人相结合、互助互济的合作医疗体系，并形成了公社设立卫生院、生产大队设立医疗站的农村医疗卫生网。到 1976 年，90% 以上的公社建立了卫生院，93% 的生产大队建立了合作医疗，并涌现出一大批“赤脚医生”，其数量曾达到 180.2 万人（周彬彬，1992）。同期在教育方面，全国农村基本形成了生产队办小学、公社办中学、区委会办高中的教育格局。当时在国家财力不足的情况之下，采用“政府补贴 + 公社的公共经费分担”的全民办教育模式，1949 年全国学龄儿童入学率只有 20%，1978 年达到 95.5%（张德元，2004）。我们暂且不谈其办学质量效益问题，就基础教育的普及而言就已经取得了巨大的成就。

这一阶段的减贫逻辑可以归结为通过制度变革改变生产关系、消除农村剥削和社会分化，在经济恢复、增长的基础上实现平均化的分配、公共服务供给以及基本社会保障制度的建立（汪三贵等，2017）。

可以说在改革开放之前并没有专门化的扶贫行动和瞄准性的扶贫政策，党和政府对于农村贫困的关注与解决措施往往与政治、经济相关联，也就是说贫困问题是被作为政治问题和经济问题的一部分来看待，认为政治问题和经济问题一旦解决，农村贫困问题也会随之消失。自新中国成立以来，中国政府就致力于消灭剥削和阶级差别，建设一个全体公民相对平均的社会主义国家。在这个阶段虽然没有非常明确的专门化扶贫政策，但主要是通过制度创新、增加农民财产获得权等途径来减缓贫困，为改革开放之后政府大规模的扶贫行动打下了良好的基础。

由于上述重大政策和措施的实施，从 1949 年到 1978 年，全国农业总产值翻了一番，粮食产量增加了 1.69 倍。在此时期农村人口摄入的热量平均增加了 20%（周彬彬，1992）。农村贫困发生率有了较大幅度的下降，一种乐观的估计认为农村贫困发生率从占人口的 80% 降低到了 50%（周彬彬，

1992）。其间成人文盲率降低了 50%，预期寿命增长了 50%（张磊，2007）。但是此阶段减缓贫困的成就在某种程度上是通过牺牲经济效率取得的。国家实行的高度集中的计划经济体制和平均主义分配体制导致资源的不合理配置，也严重束缚了农民提高生产率和增加投资的积极性。因此，这种减缓贫困的方式难以在扶贫方面长期发挥有效作用（国家统计局农村社会经济调查总队，2000）。所以按照“倾向于增长的减贫”（pro-growth poverty reduction）的理论，我国改革开放前农村教育、农业、医疗卫生等方面的改善对于改革开放后经济的快速增长以及贫困的减少发挥了重要的作用。

农村扶贫开发并不是改革开放之后才出现的新生事物，而是中国共产党共同富裕思想中不可或缺的重要内容，是中国共产党的一贯政策，具有历史上的延续性和内在的一致性（王爱云，2017）。

我们认为，1949 年之后我国在扶贫领域是一种总体性的贫困治理结构，建立了“全能主义”国家。而在广大的农村地区建立了高度组织化的人民公社制度，社会保障体系是在同农村政治制度即人民公社制度相契合的背景之下产生与建立起来的，农村扶贫是嵌入在人民公社体系之内的。由于在此阶段对于贫困概念以及贫困标准没有明确的定义，所以政府的贫困治理也是比较模糊的，贫困治理往往是与救济救灾、社会保障、经济发展等相结合开展的。但是，我们并不能因此而否认这一阶段国家在扶贫方面所做的贡献，也不能简单地认为这一阶段没有任何扶贫行动。

二　制度变革与经济增长背景下的发展式扶贫阶段（1978—1985年）：不是为了扶贫的快速减贫阶段

1978—1985 年可以被认为是农村制度变革与经济增长推动减贫阶段，在这一阶段农村改革和经济增长是减贫的主要动力，虽然没有专门化的扶贫机构与政策，但是区域性的扶贫开发和全国性扶贫开发开始实施。

1978 年底，按照中国政府确定的贫困标准衡量，当时的农村贫困人口超过 2.5 亿人，占农村总人口的 31% 左右，但是到了 1985 年贫困人口减少至 1.25 亿人，50% 的农村贫困人口在这个阶段脱贫（中国发展研究基金会，2007）。这一时期是中国农村贫困人口减少速度最快、减少数量最多的时期，但值得注意的是该阶段国家的贫困治理行动并没有大规模开展，世界银行所谓的援助产业和发展干预也没有真正开始，所以这一时期可以概括为不是为了扶贫的快速减贫阶段（朱晓阳、谭颖，2010）。此阶段的快速减贫原因主要可以归结为以下几个方面。

首先是农村经济体制的改革。20 世纪 70 年代末农村开始实施家庭联产承包责任制，将土地经营权承包到户，充分调动了广大农民的积极性，解放了农村生产力，直接带来粮食产量的快速增长。1978—1984 年，我国粮食产量实际年均增长率达 5%，蔬菜、水果分别达 7.5%、7.2%，而棉花则高达 19.3%，远远超过 20 世纪 60—70 年代的增长率（程国强，2005）。而 1978—1984 年农业总产值也增长迅速，分别保持了 8.1%、7.6%、5.5%、6.0%、10.8%、8.2%、12.2% 的高速增长（乔榛等，2006）。在农村经营制度改革的同时，农村建立了市场化的农产品交易制度，大幅提高了农产品价格。到 1984 年，全国农副产品收购价格总水平比 1978 年提高了 53.6%，工农剪刀差缩小了 29.9%（刘坚等，2009）。

其次，虽然对于这一阶段经济增长、农村市场化改革的减贫作用有所争议，但是按照传统“涓滴理论”的观点，区域内整体上经济水平的提升势必也会惠及区域内的贫困人口。尤其是放在 80 年代农村改革的历史背景下去理解减贫的问题，从 1978 年改革开放到 80 年代中期也正是广大贫困人口在农村改革之中最为受益的时期，农民的收入增长尤其是广大农村贫困人口的经济条件得到了很大的改善，不得不承认此阶段农村制度性改革的巨大减贫效应。我国广大农村地区的经济增长而非城市地区的经济增长对于减贫的效果显著（闫坤等，2013）。这个时期由于体制改革而出现的农村经济增长尤其是农业的增长对于农村减贫起到了重要的作用。

但是，20 世纪 70 年代末到 80 年代中期的农村发展带来了三个意料之外的结果：一是农村非农产业迅速发展；二是伴随农村工业化而来的农村小城镇大量出现和急剧扩张；三是大量农民进入城市务工经商，“民工潮”开始形成（康晓光，1995a）。农业、农村工业化、农村小城镇的发展在这一时期勾连在一起，共同促进了农村经济的增长和贫困人口的减少。

再次，除了制度性变革与经济增长脱贫之外，对于贫困问题的关注以及专门化的政府贫困治理行动也在这个时期开始出现，贫困治理也逐渐被提上了政治议程。1978 年 12 月中共十一届三中全会通过的《中共中央关于加快农业发展若干问题的决定》明确指出，“我国西北、西南一些地区以及其他一些革命老根据地、偏远山区、少数民族地区和边境地区，长期低产缺粮，群众生活贫困。这些地方生产发展快慢，不但是个经济问题，而且是个政治问题。国务院要设立一个由有关部门负责同志参加的专门委员会，统筹规划和组织力量，从财政、物资和技术上给这些地区以重点扶持，帮助它们发展生产，摆脱贫困。对其他地区的穷社穷队，也要帮助它们尽快改变面貌。国家支援穷队的资金，要保证用于生产建设”。1980 年根据国务院规定，国家财政设立了 5 亿元与扶贫直接关联的“支援经济不发达地区发展资金”，专门支持老少边穷地区发展。1982 年，中国政府对甘肃省定西地区、河西地区和宁夏回族自治区西海固地区实施“三西”农业建设计划，由中央财政专项拨款 20 亿元，重点支持“三西”地区改善农业基础设施条件等（刘坚等，2009）。“三西”地区以农业建设为主要内容的扶贫开发计划的实施标志着中国区域性扶贫开发的开始。1984 年国家划定 18 个贫困地带进行重点扶贫，同年 9 月中共中央、国务院发出《关于帮助贫困地区尽快改变面貌的通知》，这是国家在扶贫领域首次推出的正式文件，分别在转变救济思想、进一步放宽政策、减轻负担给予优惠、加快商品流动与周转、增加智力投资与加强领导六个方面做出了明确的指示，特别是提出“纠正单纯救济的观点、增强本地区经济的活力”“有关各省、自治区要成立贫困山区工作领导小组”等扶贫政策，这标志着中国在真正意义上把贫困治理列为国家的一项重要任务。

最后，在此阶段全国范围内并没有制度化、专门化的贫困治理措施与政策，贫困人口的减少主要得益于改革开放与农村改革之后所释放的巨大改革红利和农村经济的快速增长。这一时期的贫困治理手段还是以社会救济为主，国家还没有对贫困标准进行专门定义，贫困地区被看作落后地区和老少边穷地区，对于贫困问题的治理主要表现在物质输送、外部支援和财政补贴（王朝明，2008），贫困问题被看作欠发达和落后的表现，国家认为只要经济发展了，贫困问题就会迎刃而解。而在此阶段所出台的扶贫政策中也很少出现“贫困”这一词语。在该阶段，对于贫困户的识别并没有统一的收入标准，只凭直观印象——“食不果腹，衣不蔽体，房不蔽风雨”，简称“三不户”（谭畅、柯言，2016），这是一种极端贫困状态。

改革效应使这一时期成为中国历史上减贫效果最为显著的阶段——农民绝对贫困人口从 2.5 亿人下降到 1.25 亿人，平均每年减少 1786 万人，贫困发生率从 30.7% 减少到 14.8%，年均递减速度为 9.4%（范小建，2008）。所以，对研究中国贫困治理的过程而言，这一时期制度改革与经济增长所发挥的减贫效应不能忽视。

三 农村大规模开发式贫困治理阶段（1986—2000年）：从扶贫救济到扶贫开发

1986 年国务院贫困地区经济开发领导小组（1993 年改称“国务院扶贫开发领导小组”）及其办公室成立，随之相关省、自治区、直辖市和地（市）、县级政府成立了相应的组织机构，负责本地的扶贫开发工作，在扶贫方面逐渐建立了分级负责、以省为主的行政领导扶贫工作责任制，国家自上而下开始设立专门的扶贫机构、安排专项的扶贫资金以及制定专门的扶贫政策，贫困治理被正式纳入行政体系中并逐渐制度化。自此之后，中国政府有计划、大规模、有组织的开发式贫困治理行动在全国范围内展开，标志着中国的贫困治理进入了一个新的阶段，此阶段最为明显的特征是实现了从传统的救济式扶贫向开发式扶贫的治理转型。

在此阶段国家开始承认贫困、定义贫困，1986 年，我国制定了国家贫困线认定标准，为农民人均纯收入 206 元。与此同时，依据农村人均年收入和县级财政状况，国定贫困县标准首次划出：1985 年人均纯收入在 150 元以下的县被确定为国家级贫困县，对少数民族自治县和革命老区县扩大到 200 元，个别具有重大影响的革命老区县和部分牧区县则放宽到 300 元（谭畅、柯言，2016）。1986—1993 年，有 331 个县被确定为贫困县，各省（区）也都按照自己的标准设立了省（区）内部的重点贫困县。到 1988 年，全国共有 370 个县被确定为贫困县（张磊，2007）。

按照当时的贫困标准，中国贫困人口绝对数量巨大，国家有限的财政力量并不足以完全依靠工资性转移支付的方式进行扶贫。所以我国才会采取开发式扶贫的方式，通过贫困地区经济与产业的发展带动贫困人口脱贫致富（李小云，2018）。

1987 年中国发布《关于加强贫困地区经济开发工作的通知》，通知指出当前扶贫工作已经初步完成了“从单纯救济向经济开发的根本转变”，正式确立了开发式扶贫的指导思想。但是需要特别指出，虽然此阶段的贫困治理实施的是以区域为基础的扶贫开发，但是在具体扶贫资源的分配上，也明确提出了要“扶贫落实到户”。而对贫困户建档立卡工作也并不是后来才有的工作方法，在这项通知里也指出“要为贫困户建立档案，县建簿、乡造册、户立卡，限期解决温饱，按期检查验收”。虽然此阶段在具体政策的执行过程中瞄准到户的方法也开始被提出来，但是贫困户的建档立卡工作并没有被严格实施，在整体上看实行的还是区域性的扶贫开发。

1994 年的《国家八七扶贫攻坚计划》可以说是这一阶段最为重要和最具代表性的扶贫政策。《国家八七扶贫攻坚计划》明确指出，集中人力、物力和财力动员社会各界力量，力争用 7 年左右的时间，到 2000 年底基本解决农村贫困人口的温饱问题。具体目标为：使绝大多数贫困户年人均纯收入达到 500 元以上（按 1990 年的不变价格计算）；扶持贫困户创造稳定解决温饱的基础条件；加强基础设施建设；改变教育、文化、卫生的落后状况；关注特殊贫困群体的扶贫开发工作。这是中国历史上第一个具有明确目标、明确对象、明确措施和明确期限的扶贫开发行动纲领（张磊，2007）。《国家八七扶贫攻坚计划》重新调整贫困县标准，确定 592 个国定贫困县[①]，在扶贫资金方面加大了资金投入力度。1994—2000 年，中央专项扶贫资金平均每年以 14.98% 的速度增长，7 年间累计投入 1242 亿元，平均每年投入 177.4 亿元（张磊，2007）。国家对于扶贫领域的资金规模与专项支持也越来越大，呈现逐年递增的趋势。

1986 年 4 月 A 县成立贫困地区经济开发领导小组，下设办公室。1991 年，成立 A 县贫困地区经济开发办公室。1995 年机构改革，更名为县扶贫开发办公室，行政编 8 名。2001 年，县扶贫开发办公室更名为县扶贫开发局。在 1984 年，县委、县政府组织开展全县贫困状况调查，据统计，当时全县处于贫困线（省定人均收入 120 元）以下的人口有 26 万多人。其中，人均纯收入在 100 元以下的特困人口 11 万人，低于 120 元的乡镇占全县乡镇总数的 20.6%，贫困村占村级总数的 28.8%。1985 年 7 月，县委根据调查情况，向省委、省政府上报《关于请求把 A 县列入全省贫困重点县的请示》，引起了省委、省政府的重视。1986 年，全县有 13 个乡被确定为全省

① 按照 1992 年农民人均纯收入超过 700 元的县一律退出、低于 400 元的县全部纳入的方法，在全国范围内确定了 592 个国家重点扶持贫困县。

重点贫困乡。1994 年，县委、县政府专门组织人员赴京汇报，争取 A 县列入《国家八七扶贫攻坚计划》重点县。当时 A 县县政府之所以要向上争取成为国家级扶贫重点县，主要是因为贫困县的帽子背后意味着国家大量扶贫资金的扶持。

开发式扶贫的核心就是“在国家扶持下，以市场需求为导向，依靠科技进步，开发利用当地资源，发展商品生产，解决温饱进而脱贫致富”①。宏观层面主要追求的是贫困地区区域性的经济增长与发展；微观层面就是追求贫困户个人能力与资本的提升。《国家八七扶贫攻坚计划》明确指出，“有条件的地方，人均建成半亩到一亩稳产高产的基本农田；户均一亩林果园，或一亩经济作物；户均向乡镇企业或发达地区转移一个劳动力；户均一项养殖业，或其他家庭副业。牧区户均一个围栏草场，或一个‘草库仑’”。我们由此可以看出开发式扶贫认为只要利用市场、发展经济就能够摆脱贫困，从本质上看，这是一种发展主义的扶贫思路。

《国家八七扶贫攻坚计划》确立了中国 20 世纪 90 年代后期的扶贫指导思想，即贫困治理是与同时期的社会主义市场经济的建设密切结合的，主要是在市场治理机制基础上的发展型贫困治理。比如计划指出，“坚持效率优先、兼顾公平的原则，进一步加强扶贫开发工作”，“鼓励贫困地区广大干部、群众发扬自力更生、艰苦奋斗的精神”。在扶贫的方针上我国坚持的仍然是开发式扶贫，在扶贫开发的形式上也多是强调市场需求与市场相结合，提升贫困地区自身的发展能力。由此可以看出，该时期的贫困治理是坚持效率优先的市场化原则，扶贫开发过程中开发被放在了第一位，追求效率的市场化逻辑压过了扶贫济困的社会逻辑。

在此阶段贫困治理的基础仍然是市场，一方面农村市场化改革、乡镇企业的发展依旧发挥着很大的减贫功能，另一方面农民收入增幅减小以及农村内部不平等程度开始加剧。因此，继续完全依靠市场机制减贫的话，面临的难度越来越大。所以在这样的背景下，政府主导的“反贫困计划”与各种扶贫开发行为开始变得越来越重要，也就是说在贫困治理的过程中政府主导的行政力量开始对区域和农户在经济发展中的不平等进行调节（李小云，2013）。

---

① 参见《关于印发国家八七扶贫攻坚计划的通知》（国发〔1994〕30 号）。

同时需要注意的是，这种在利用市场机制基础上的发展型扶贫方式虽然取得了很大的减贫成效，但是在实际的扶贫过程中坚持的却是市场化"效率优先"的竞争性原则。这一时期扶贫瞄准是以县为单位，在行政治理体制方面，我国建立了"分级负责、以省为主的省长（自治区主席、市长）负责制"，省长亲自抓扶贫，并负总责。扶贫任务和责任下放到了各个省份，但是省级以下的贫困治理权力、责任仍然不够明晰。省级负责扶贫体制是一种非瞄准化的区域内的发展机制。在科层制内部竞争激烈的情况下，对于很多地方政府来讲扶贫资源成了"唐僧肉"，有数据统计，1997—2000年，平均每个贫困县得到的扶贫资金为3258.33万元、3705.46万元、4394.71万元、4103.77万元（张磊，2007）。再加上各项政策性倾斜、补贴与优惠，"争做贫困县"的现象在此阶段开始出现。而对于贫困户来讲，政府的扶贫项目和扶贫政策大多是基于市场发展能力的，所以很多真正的贫困户由于缺少发展能力，并没有享受到应有的政策优惠，反而农村内部条件较好的农户容易获得资源，扶贫瞄准问题也开始成为开发式扶贫实践过程中面临的重要问题。

到2000年底，《国家八七扶贫攻坚计划》确立的目标基本实现，贫困县农民人均纯收入由1993年的483.7元增加到1321元，农村绝对贫困人口由8000万人下降到3209万人，贫困发生率减少到3.4%，基本解决了贫困人口的温饱问题，由此中国农村贫困特征开始从普遍性、区域性、绝对性贫困向点状分散分布和相对贫困发生转变（黄承伟，2016）。

四　综合性贫困治理阶段（2001—2011年）：开发式扶贫与保护式扶贫共同作用

自2000年以后，中国的贫困治理进入了综合性贫困治理阶段。在经历了30多年的经济发展和20多年的农村扶贫开发之后，我国农村的贫困问题已经从原来经济普遍落后的生存性贫困转化为以相对资产和福利剥夺为主要特点的相对贫困（李小云，2013）。随着农业增长减贫空间的减小、致贫原因的多样化以及开发式扶贫主体的缺失，我国贫困治理更加需要多部门的协调参与以及政府转移支付的支持，为了确保扶贫资源分配以及使用的公平性，对于瞄准的要求也越来越高，瞄准单位由过去的贫困县缩小到了贫困村，并大范围开展“整村推进”等综合性贫困治理项目。

2001 年，中国政府颁布了《中国农村扶贫开发纲要（2001—2010 年）》（以下简称《纲要（2001—2010 年）》），并成为 21 世纪前十年扶贫工作的指导文件。与《国家八七扶贫攻坚计划》实施阶段不同的是，在已经解决大部分贫困人口温饱的基础上提出了要进一步改善贫困地区的生产生活条件、提高贫困人口的生活质量和综合素质，改善贫困地区的经济、社会、文化状况，实现更高水平的小康。在这个阶段继续坚持开发式扶贫的同时，政府出台了多项惠农政策，逐渐形成了一个多部门、多政策综合参与的“大扶贫”格局（刘坚等，2009）。

在扶贫工作机制方面，《纲要（2001—2010 年）》首次提出了在贫困治理过程中要“坚持政府主导、全社会共同参与。各级党委和政府要加强对扶贫开发工作的领导”。在扶贫开发的重点方面，国家遵循集中连片原则，把贫困人口集中的中西部少数民族地区、革命老区、边疆地区和特困地区作为扶贫开发的重点并在上述四类地区确定扶贫开发重点县。在贫困治理的组织领导方面我国提出，“落实扶贫工作责任制。坚持省负总责，县抓落实，工作到村，扶贫到户。扶贫开发工作责任在省，关键在县。要继续实行扶贫开发工作责任到省、任务到省、资金到省、权力到省的原则”[①]。贫困治理“四到省”的工作责任制由此建立，而且县的具体落实责任也被明确出来。贫困治理过程中的权力和责任关系逐渐清晰。

在扶贫瞄准方面，瞄准单位进一步调整和下移，从瞄准县转变为瞄准村。2001 年我国对国家重点扶持的贫困县进行第二次调整，贫困县改称“国家扶贫开发工作重点县”，将东部 33 个重点县指标全部调到中西部，东部不再确定国家级重点县。同时，西藏自治区作为特殊扶持区域，整体享受重点县待遇，不占重点县指标。全国共有 592 个重点县，作为扶贫开发的重点区域[②]，调整之后贫困县更加向西部地区集中和倾斜。《国家八七扶贫攻坚计划》实施之初，592 个贫困县集中了全国农村 72.6% 的贫困人口，但是由于贫困人口数量的大幅度减少以及分布的分散性，到了 2000 年左右贫

① 《中国农村扶贫开发纲要（2001—2010 年）》，中华人民共和国中央人民政府网，http://www.gov.cn/zhengce/content/2016-09/23/content_5111138.htm，2016 年 9 月 23 日。

② 《国家扶贫开发工作重点县和连片特困地区县的认定》，人民网，http://politics.people.com.cn/n/2013/0301/c70731-20649984.html，2013 年 3 月 1 日。

困县仅覆盖不到62%的贫困人口，大量的贫困人口分散分布在贫困县之外。于是在国务院扶贫办的组织和指导下，在全国范围内确定出14.8万个重点村贫困村，覆盖了全国76%的贫困人口（张磊，2007）。由此扶贫瞄准单位从县一级开始转向村一级，政策覆盖了更多的贫困人口。

这一时期的扶贫工作重点包括以下几个方面。第一，整村推进。随着扶贫瞄准单位转移到村庄一级，对于贫困村的整体性扶贫开发变得尤为重要。整村推进就是以扶贫开发工作重点村为对象，以增加贫困群众收入为核心，以完善基础设施建设、发展社会公益事业、改善群众生产生活条件为重点，以促进经济、社会、文化全面发展为目标，整合资源、科学规划、集中投入、规范运作、分批实施、逐村验收的扶贫开发工作方式。在刚开始的阶段我国主要是借鉴了世界银行和其他国际组织倡导的参与式农村评估方法（PRA），提出并推行了“参与式整村推进”扶贫方式，主要是让贫困户参与扶贫项目的选择、实施管理和监督各个环节；在此之后逐渐建立了“以提高群众素质为前提、以资金滚动为核心、以可持续发展为目标”的后续管理体系（任燕顺，2007）。整村推进是以贫困村庄为单位的扶贫措施，在尊重贫困户主体性的基础上追求社区的整体发展。

第二，劳动力培训转移。随着中国成为世界工厂，以及打工经济的兴起，数以亿计的农民进城务工，他们外出就业和打工的收入成为家庭收入的主要来源，这也是贫困减少的重要原因（朱晓阳、谭颖，2010）。因此，如何提升农村劳动力技能以及促进其转移与就业成为这一时期国家政策的一个重要方面。从宏观层面来讲，涉及农村劳动力技能培育方面的政策有“农村劳动力技能就业计划”（2005）、“农村劳动力转移培训阳光工程”（2004）等；就专门贫困地区进行的劳动力转移培训就是“雨露计划”。“雨露计划”是国务院扶贫办组织实施的，主要任务是针对贫困地区青壮年农民就业、创业遇到的实际困难，以政府主导、社会参与为角色，以提高素质、增强就业和创业能力为宗旨，以职业教育、创业培训和农业实用技术培训为手段，以促进转移就业、自主创业为途径，达到促进贫困地区经济发展、增加贫困地区农民收入的目的。具体来看，“雨露计划”包括青壮年劳动力转移培训、复原退伍士兵就业培训、村干部和致富骨干培训、农业实用技术培训四个方面。“十一五”期间的目标是：通过职业技能培训，促成500万左右青壮年贫困农民和30万左右贫困地区复原退伍士兵成功转移就业；通过创业培训，15 万左右扶贫开发工作重点村的干部及致富骨干真正成为贫困地区新农村建设的带头人；通过农业实用技术培训，每个贫困农户至少有一名劳动力掌握 1—2 门具有一定技术含量的农业生产技术（刘坚等，2009）。

第三，产业化扶贫。虽然在开发式扶贫初期就曾提及要发展贫困地区的产业，但是产业化扶贫的概念在《纲要（2001—2010 年）》中才首次被正式提出来。《纲要（2001—2010 年）》明确指出，要“积极推进农业产业化经营。对具有资源优势和市场需求的农产品生产，要按照产业化发展方向，连片规划建设，形成有特色的区域性主导产业”。积极发展“公司加农户”和订单农业。引导和鼓励具有市场开拓能力的大中型农产品加工企业，到贫困地区建立原料生产基地，为贫困农户提供产前、产中、产后系列化服务，形成贸工农一体化、产供销一条龙的产业化经营体系。加强贫困地区农产品批发市场建设，进一步搞活流通，逐步形成规模化、专业化的生产格局。而产业化扶贫政策的提出也与当时农业产业化发展相耦合，具体来看，该阶段的产业化扶贫政策主要集中在对于龙头企业的补贴和信贷支持方面，以期通过贫困地区龙头企业的发展来辐射和带动贫困户脱贫致富。除了以上的重点扶贫政策之外，具体的扶贫政策诸如以工代赈、异地搬迁、教育扶贫、生态扶贫等系统化、专业化的扶贫政策体系也在此阶段逐渐形成。

这一阶段贫困治理的过程中除了以市场为基础的开发式扶贫手段的运用，各项基于权利的保护式贫困治理政策也逐渐完善起来。2003 年 1 月国务院办公厅转发了卫生部、财政部和农业部 3 部门《关于建立新型农村合作医疗制度意见的通知》。新型农村合作医疗制度是一种农民自愿参加，个人、集体和政府多方筹资，以大病统筹为主的农民医疗互助共济制度。自 2003 年下半年我国开展新型农村合作医疗试点以来，至 2005 年，已在全国 21% 的县（市、区）顺利推进，约有 1.63 亿名农民参加。[①] 农村低保作为一项对于农村绝对贫困人口的保障制度也在这个阶段开始建立，截至 2007 年 3 月，全国农村社会救济（包括农村低保、特困救助和五保供养）人数

① 《我国农村社会保障制度的改革与创新》，人民网，http://theory.people.com.cn/n/2013/0729/c367084-22364731.html，2013 年 7 月 29 日。

为 3486 万人，其中农村低保人口就达 2781 万人，超过了当年的农村绝对贫困人口数量（刘坚等，2009）。此后，保护式贫困治理手段开始发挥越来越重要的作用。

这一时期贫困治理的综合性不仅体现在政府主导的多部门、多主体参与以及不同种类扶贫政策的提出和实施，而且体现在扶贫工作超越了扶贫济困本身，已经被纳入整个国家经济和社会发展规划。比如扶贫工作与西部大开发战略的结合，西部大开发战略可以说与《纲要（2001—2010 年）》几乎是同一时期提出来的。从二者所遵循的原则来讲，西部大开发与开发式扶贫的原则相一致，二者都属于以市场为基础的发展型政策，也就是它们通过落后区域地方经济的增长来带动贫困人口脱贫和实现区域发展。

另外，还需要特别指出的是，当时的贫困治理也在很大程度上受到了国家对“三农”问题系列政策的影响。贫困问题与“三农”问题是紧密交织与关联在一起的。20 世纪 80 年代农村改革推动农业快速发展，使农村大量贫困人口脱贫，但是 20 世纪 90 年代之后农民人均纯收入增速逐年下降，1998—2000 年农民从农业中获得的收入也持续减少，同时广大农民还面临沉重的税费负担，这就催生了世纪之末的“三农”问题（李小云，2016）。20 世纪 90 年代后期的农村不同于 20 世纪 80 年代的黄金发展时期，城乡之间的差距逐渐拉大，农村内部的分化也越来越严重，“三农”问题的日益严峻成为制约中国农村扶贫开发的重要因素。于是在此阶段大量的惠农政策开始制定实施：一是农村税费改革和取消农业税，有研究表明，2005 年农业税的减少额度相当于贫困户人均收入的 7.2%（中国发展研究基金会，2007）；二是大量的资源和资金开始反哺农村、农业，贫困治理进入了保护式和开发式并重的阶段。

五　全面建成小康社会下的脱贫攻坚阶段（2012—2020年）：从扶贫瞄准到精准扶贫

经过以上几个阶段的发展，从历史的逻辑来总结的话，中国的贫困治理主要突出了以下两条主线：第一，在行政方面，建立了自上而下较为完备的贫困治理系和政策体系，在扶贫领域国家开始集中统一进行资源配置；第二，在市场方面，尤其是确立了开发式扶贫的方针之后，国家越来越寄希望于用市场化的方式对贫困个体进行激励从而提高贫困人口的收入和福利水平，使其摆脱贫困。

但是一方面我们完全依靠常规化的科层制方式进行扶贫，将扶贫问题看作纯粹的行政任务，单纯依靠政府增加转移支付和进行技术治理并不能完全解决，近年来扶贫资金大量增加但是贫困人口减少的速度却在放缓就说明了这一点；另一方面，如果说在市场发展初期市场机制还能发挥减贫作用，但是随着市场化的进一步推进，社会分化与社会不平等加剧，贫困人口很难再在这样的市场中受益，市场机制甚至还会生产出新的贫困人口。

这主要是因为以下几点。首先，经过前几个阶段的扶贫，中国农村的贫困人口规模发生了很大的变化。改革开放以来，按照国际标准，有7亿人摆脱贫困。我国贫困人口占世界的比例由1981年的43.1%下降到2010年的13%。[①] 贫困的特征也从过去普遍化的整体性贫困逐渐转变为较为分散化的个体性贫困。贫困人口数量的大幅度减少为扶贫政策瞄准到贫困个体提供了可能。其次，社会不平等增加使经济增长的减贫效应开始降低。尤其是在农村内部收入不平等加剧的情况下，收入分配的不平等对基于经济增长的减贫起到了抵消作用（汪三贵、Albert Park，2010；于乐荣、李小云，2013）。基于市场机制而开展的开发式扶贫在这样的情况下难以收到应有的减贫效果。最后，这种完全依靠扶贫系统的行政力量进行扶贫很容易产生瞄准偏离的问题。国家扶贫监测抽样调查2010年数据显示，扶贫重点村中仅有28.4%的农户从扶贫到户项目中受益，而其中项目实际需求与项目安排一致的仅占25.4%（国家统计局逐户调查办公室，2012）。由此可见，单纯依靠科层体系对贫困地区和贫困人口开展的有计划的帮扶措施并不能满足贫困群体的真实需求。

所以在新时期贫困治理的核心就是应对以上由贫困人口变化以及社会结构变化导致的扶贫的行政失灵和市场失灵问题。精准扶贫就是以行政主导的政治手段为主进行资源的分配，建立以国家为中心的贫困治理再分配体制。如果说前一段开发式扶贫主要是利用市场调动个体致富，那么2011年尤其是党的十八大后贫困治理的重心开始调整，转变为强调市场作用的同时

---

① 《中国极度贫困人口从1981年的43%降至13%》，财经网，http://finance.caijing.com.cn/2013-04-19/112691981.html，2013年4月19日。

在更加强调社会公平的原则上利用政治、行政资源进行社会资源的再分配。

2010年，按照年人均纯收入1274元的扶贫标准，全国农村贫困人口已减至2688万人，占农村人口的比重下降到2.8%。2011年的《中国农村扶贫开发纲要（2011—2020年）》（以下简称《纲要（2011—2020年）》），对于接下来十年的贫困治理工作做出了战略调整。而此时，新型农村合作医疗制度、农村最低生活保障制度已经普遍建立，因此这一阶段的扶贫开发工作重点已经从解决温饱阶段转向了巩固温饱成果、加快脱贫致富、改善生态环境、提高发展能力、缩小发展差距的新阶段。《纲要（2011—2020年）》提出了新的扶贫工作目标，"到2020年，稳定实现扶贫对象不愁吃、不愁穿，保障其义务教育、基本医疗和住房。贫困地区农民人均纯收入增长幅度高于全国平均水平，基本公共服务主要领域指标接近全国平均水平，扭转发展差距扩大趋势"，也就是提出了"两不愁，三保障"的新脱贫标准。如果说之前的扶贫是以解决温饱作为目标来满足贫困人口最基本的生活需要，那么这个阶段扶贫在满足吃、穿等基本需要的基础上，对教育、医疗和住房等方面也提出了要求，而后者更多的是一种发展性需求而非生存性需求，扶贫与全面建成小康社会的要求相结合，扶贫标准进一步提高。

随着扶贫开发工作的进一步推进，扶贫瞄准单元不断缩小，但是即便瞄准到村仍有大量贫困户不能够受益。从理论来讲，扶贫资源瞄准单元的识别已经不再是一个单纯的技术问题，而形成了扶贫瞄准偏离的治理悖论。因此，改善贫困治理机制开始成为扶贫工作的核心（李小云等，2015）。扶贫瞄准不仅仅是一个技术性的问题，即便是瞄准单位不断精确也不能够解决瞄准偏离的问题，所以在新时期需要探索新的扶贫瞄准机制，一方面需要进一步缩小范围与精确瞄准单位，并强化监督，防止扶贫资源传递过程中跑偏漏失；另一方面需要在扶贫瞄准的基础上形成一整套新的扶贫政策体系，能够超越瞄准技术本身而从根本上改变贫困治理的悖论，所以在以上背景下，精准扶贫政策就呼之欲出。

1. 精准扶贫政策的提出与演进

到2020年现行标准下的农村贫困人口全部脱贫，是我们党向全国人民做出的郑重承诺。党的十八大以来，以习近平同志为核心的党中央把扶贫开发工作纳入"五位一体"总体布局和"四个全面"战略布局，作为实现第一个百年奋斗目标的重点任务，做出一系列重大部署和安排（陈武，2020）。

2013 年 11 月，习近平总书记在湖南湘西花垣县十八洞村考察时首次提出“精准扶贫”。2012 年 12 月，习近平总书记到河北阜平革命老区调研，提出了“两个重中之重”（三农工作是重中之重，革命老区、民族地区、边疆地区、贫困地区在三农工作中要把扶贫开发作为重中之重）和“三个格外”（对困难群众要格外关注、格外关爱、格外关心）等重要论述①，拉开了总书记抓脱贫攻坚的序幕（刘永富，2018）。2013 年 11 月，习近平总书记在湖南湘西花垣县十八洞村考察时首次提出了“精准扶贫”。② 2013 年 12 月，中办、国办印发《关于创新机制扎实推进农村扶贫开发工作的意见》（中办发〔2013〕25 号），明确提出建立精准扶贫工作机制和健全干部驻村帮扶机制的工作要求。

2014 年 4 月 2 日，国务院扶贫办印发了《扶贫开发建档立卡工作方案》，提出了要在 2014 年底前，在全国范围内建立贫困户、贫困村、贫困县和片区电子信息档案，并向贫困户发放《扶贫手册》。2014 年 6 月 4 日，国务院扶贫开发领导小组办公室印发《建立精准扶贫工作机制实施方案》，指出扶贫工作重点是要进行建档立卡与信息化建设、建立干部驻村帮扶工作制度、培育扶贫开发品牌项目以及建立精准扶贫机制等。2015 年 11 月《中共中央、国务院关于打赢脱贫攻坚战的决定》明确指出把精准扶贫、精准脱贫作为基本方略。2015 年 11 月 27 日，习近平总书记在中央扶贫开发工作会议上发表长篇重要讲话，系统阐述了精准扶贫、精准脱贫方略③。

2. 精准扶贫政策的主要内容

精准扶贫从政策步骤上讲分为精准识别、精准帮扶、精准管理、精准考核四个环节。精准识别就是首先要准确无误地找到真正的贫困户，并通过建档立卡为贫困户建立信息化档案，这是精准扶贫的前提和基础；精准帮扶就是在精准识别的基础上分析贫困户的致贫原因，然后找到与之相对应的帮扶措施，做到因户施策，这是精准扶贫的关键；精准管理主要是做到对于贫困户信息的动态管理以及扶贫资金、扶贫项目的阳光操作管理，

---

① 《“精准扶贫、精准脱贫”重要思想是打赢脱贫攻坚战的根本指针》，人民网，http://theory. people. com. cn/n1/2018/0102/c40531 -29739474. html，2018 年 1 月 2 日。

② 《习近平出席中央扶贫开发工作会议并作重要讲话》，央广网，http://china. cnr. cn/news/20151129/t20151129_520628571. shtml，2015 年 11 月 29 日。

③ 《“精准扶贫、精准脱贫”重要思想是打赢脱贫攻坚战的根本指针》，人民网，http://theory. people. com. cn/n1/2018/0102/c40531 -29739474. html，2018 年 1 月 2 日。

防止扶贫资源跑偏漏失；精准考核主要是对地方政府以上的扶贫措施和扶贫效果进行考核，是确保政策得以执行的制度保障。

具体来看，精准扶贫的核心内容就是“六个精准”，即扶贫对象精准、因村派人精准、项目安排精准、资金使用精准、措施到户精准以及脱贫成效精准。通过建档立卡识别出真正的贫困户解决“扶持谁”的问题；通过给贫困村下派第一书记和驻村工作队解决“谁来扶”的问题；通过制定规划、选准项目、用好资金解决“怎么扶”的问题；通过贫困村退出考评机制的建立解决“如何退”的问题。

2015 年，习近平总书记提出扶贫开发是全党全社会的共同责任，要动员和凝聚全社会力量广泛参与。要坚持专项扶贫、行业扶贫、社会扶贫等多方力量、多种举措有机结合和互为支撑的“三位一体”大扶贫格局。[①] 2016 年，习近平总书记在东西部扶贫协作座谈会上的讲话中指出，“加强考核，确保成效。要用严格的制度来要求和监督，不能做与不做一个样、做多做少一个样。要抓紧制定东西部扶贫协作工作考核评价指标”[②]。2017 年，习总书记提出要聚焦深度贫困地区、打好精准脱贫攻坚战。[③] 2018 年，习总书记提出坚持脱贫攻坚目标标准，加强扶贫领域作风建设。[④] “五个一批”脱贫措施的提出主要是基于贫困多维性的特征（黄承伟、王猛，2017）。在具体的脱贫计划中，发展产业脱贫 3020 万人、劳务输出脱贫 1000 万人、易地搬迁脱贫 1000 万人、低保兜底脱贫 2000 万人（张翼，2016）。要指出的是，这里的“五个一批”并不仅仅有五个扶贫措施，涉及不同的致贫原因还会有不同的扶贫措施被纳入进来，各地区根据自己的实际情况也会略有增加与调整，像笔者所调研的 A 县就提出了“六个一批”，增加了救济救助以及技能培训等内容。

在组织保障方面，一是加强党的领导，实行“五级书记挂帅抓扶贫”，

① 参见习近平《在贵州召开部分省区市党委主要负责同志座谈会上的讲话》，http://www.china.com.cn/lianghui/fangtan/2016-03/01/content_37908434.htm，2016 年 3 月 1 日。

② 参见《习近平在东西部扶贫协作座谈会上强调　认清形势聚焦精准深化帮扶确保实效　切实做好新形势下东西部扶贫协作工作》，http://www.xinhuanet.com//politics/2016-07/21/c_1119259129.htm，2016 年 7 月 21 日。

③ 参见《习近平：在深度贫困地区脱贫攻坚座谈会上的讲话》，新华网，http://www.xinhuanet.com/politics/2017-08/31/c_1121580205.htm，2017 年 8 月 31 日。

④ 参见《习近平：在打好精准脱贫攻坚战座谈会上的讲话》，新华网，http://www.xinhuanet.com/politics/leaders/2020-04/30/c_1125928631.htm，2020 年 4 月 30 日。

将其作为党政一把手的政治责任；二是层层落实责任，中央统筹、省负总责、市县抓落实；三是严格考核机制，对省级党委和政府扶贫开发工作成效考核、贫困县经济社会发展实绩考核，以及扶贫开发工作督查、巡查和第三方评估制度的建立；四是落实约束机制，对贫困县以及当地的领导干部提出约束，坚决刹住穷县富衙、戴帽炫富之风；五是规范退出机制，在“两不愁、三保障”的基础上规定，中部地区贫困县贫困发生率要在2%以下，西部地区在3%以下（刘永富，2016）。

此阶段行政主导型贫困治理在制度上向纵深演进，在扶贫项目资金的管理上，2014年后，根据国务院扶贫开发领导小组的决定，把扶贫资金项目审批管理权限进一步下放到县，省级不再具体管理扶贫资金项目的审批权。2016年已经有90%左右的扶贫资金规模审批权限下放到县。[①] 扶贫项目在经历了“四到省”“四到市”之后转变为“四到县”体制（殷浩栋等，2017），县级政府在贫困治理中的权力随之增大，决定扶贫项目和扶贫资金的具体分配和使用。

H省为了贯彻和实施精准扶贫政策，迅速结合本省的情况制定了《武陵山片区区域发展与扶贫攻坚规划》。并将脱贫时间提前，明确指出到2019年，片区贫困县全部“摘帽”，片区贫困村分批全部退出，所有建档立卡贫困人口稳定实现不愁吃、不愁穿，义务教育、基本医疗和住房安全得到保障。片区基础设施和公共服务领域主要指标接近全国平均水平，农村居民人均可支配收入突破1万元，与全国基本同步实现全面建成小康社会的目标。并且在规划实施的同时编制了脱贫攻坚“十三五”项目库，将基础设施、公共服务、扶贫开发、社会保障等项目整合在了一起。

2013年党的十八届三中全会提出“全面深化改革的总目标是完善和发展中国特色社会主义制度，推进国家治理体系和治理能力现代化”。西达·斯考切波（Skocpol，1985）在著名的《找回国家》一书的导言中提出国家能力是和国家自主性一样重要的概念，指的是国家（通过）实行政策实现其目标的能力。而“精准扶贫、精准脱贫”思想则是国家治理体系和治理能力现代化在扶贫领域的体现，是国家减贫体系现代化和治理能力提升的

① 《国务院：今年或将90%扶贫资金审批权限下放到县》，搜狐网，http://news.sohu.com/20160921/n468867265.shtml，2016年9月21日。

过程（吕方，2017）。目前来看，精准扶贫不仅是一项扶贫政策，而且早已超越了扶贫瞄准技术本身，在2015年后精准扶贫上升为一项国家战略，在其指导下统合了各个部门以及动员了行政体系内外的力量投入脱贫攻坚中，在很大程度上提升了国家的治理能力和治理水平，从理论上讲这是对于国家基础性权力的一种提升；精准扶贫不仅仅有助于贫困个体的脱贫，同时还有助于贫困地区的发展和治理水平的改善。

图3－1清楚地展示了在不同的贫困标准下，中国贫困人口逐年下降的趋势。中国的绝对贫困人口从1978年的2.2亿人左右减少到2019年底的660万人，并将在2020年实现绝对贫困的全面消除。

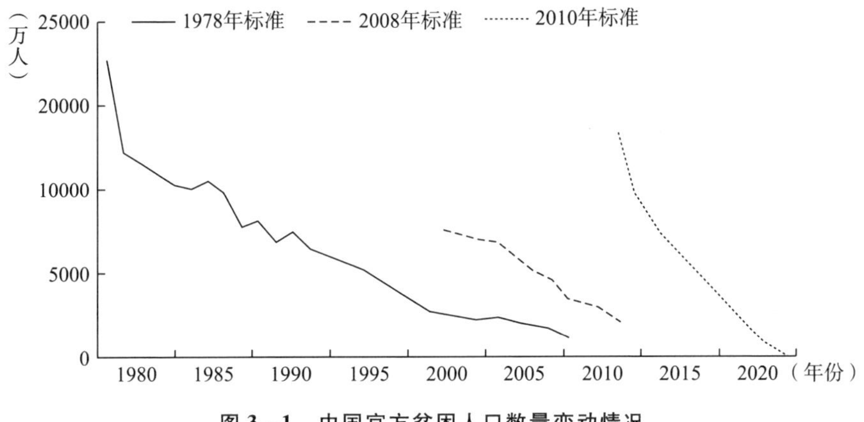

图3－1 中国官方贫困人口数量变动情况

资料来源：根据国务院扶贫办、国家统计局公布数据整理而得。

六 小结

通过以上对于长时段的扶贫历史回顾和不同阶段扶贫政策的总结与梳理，我们认为对贫困人口的关注与对贫困问题的解决贯穿了中国社会主义革命和建设的整个过程。扶贫并不仅仅是经济层面的问题，从根本上讲，扶贫首先是一项长期的政治任务，因为消除贫困、改善民生、逐步实现共同富裕，是社会主义的本质要求，是我们党的重要使命。把扶贫放在历史的长时段中进行考察，我们发现对于贫困的关注伴随党和国家的发展，而且不同的历史时期，对于贫困问题的理解与主导贫困治理的思想和政策也不相同。在革命年代，对于中国农村社会结构的深刻认识以及对处于社会底层贫困农民的关注和动员成为革命取得成功的重要经验。从新中国成立后到改革开放前，国家虽然没有十分明确的扶贫政策，但是一方面政治上的改革、经济上的增长与基础设施的建设为减贫打下了坚实的基础；另一方面，嵌入人民公社体制的医疗和社会保障制度的建立有助于解决极端贫困以及为将来的扶贫政策制定进行了很好的探索。1978—1985 年为制度变革以及经济增长下的减贫阶段，主要依靠农村改革释放红利，建立家庭联产承包责任制，农业以及农村经济的迅速发展带来了农村贫困人口的大幅度减少。此外，国家也开始在专门的贫困治理方面进行探索，诸如进行的"三西扶贫"计划、低息贷款、以工代赈等。1986—2000 年为农村大规模开发式扶贫阶段，一方面国家自上而下建立了官方正式的扶贫机构；另一方面以市场为基础的开发式扶贫在全国农村轰轰烈烈地开展起来，贫困治理从救济式转变为开发式。2001—2011 年为综合性贫困治理阶段，开发式扶贫与保护式扶贫共同发挥作用。2012—2020 年即为全面建成小康社会下的脱贫攻坚阶段，扶贫标准进一步提高，瞄准单位精确到户到人，精准扶贫政策被提出来，贫困治理进入了一个新时期（见表 3-1）。

表 3-1　中国贫困治理不同阶段的划分与特征比较

	发展式扶贫阶段	开发式扶贫阶段	综合性贫困治理阶段	脱贫攻坚阶段
时间划分	1978—1985 年	1986—2000 年	2001—2011 年	2012—2020 年
瞄准单位	以区域为主	县级	村级	到户到人
工作机制	财政、民政等中央部门协同	分级负责、以省为主	四到省、县抓落实	四到县、"五级书记挂帅抓扶贫"
代表性政策	三西扶贫	《国家八七扶贫攻坚计划》	整村推进	精准扶贫

社会主义的本质要求就是消除贫困、改善民生、逐步实现共同富裕，这决定了贫困治理在中国首先具有政治性。扶贫的政治性体现在政府贫困治理的各个方面，中国扶贫最显著的特征就是政府主导，而政府主导的核心就是行政力量对于扶贫全方位的指导与干预，尤其是在 1985 年之后中国的扶贫行动无不是在政府行政力量主导下而开展起来的，特别是在精准扶贫的治理实践中政府的强干预体现得更为明显，所以行政治理扶贫是中国减贫的最大特色和经验。

首先，行政治理扶贫体现在扶贫行政体系的建立以及发展。1986 年国家成立正式的扶贫机构，政府主导的、主要依靠行政组织体系的、自上而下的贫困治理体系逐渐建立和完善，扶贫作为一项任务被纳入正式的国家机构开始科层化，之后一整套行政治理机制开始进入扶贫领域，行政力量的干预作用也越来越明显。随后扶贫被纳入政府部门的发展计划，贫困县开始划定设立，但是贫困县对民族地区以及革命老区的政策倾斜[①]也是扶贫政治性的体现。一方面，扶贫之前是嵌入经济发展之中，在科层化之后，其独特的任务属性也越来越明确与清晰，只有这样才能够与其他任务相区分，从而更容易集中力量去完成，这就需要贫困治理在科层制的框架下越来越专业化，也就是不断被科层化、行政化；另一方面，贫困治理又具有很大的综合性，单独依靠扶贫部门本身扶贫工作很难开展，所以扶贫的过程中又需要协调与统合不同的行政部门、动员多方的资源，而且扶贫的政治性要求地方政府每个阶段都要在一定的期限内完成规定的任务，在这样的目标任务导向以及“压力型体制”的作用下，贫困治理必须具有突破科层界限的逆科层化力量与机制。所以中国的贫困治理是在科层化与逆科层化的双重交织下不断发展的。

其次，行政治理扶贫不仅体现在行政机构本身的科层化与逆科层化，而且体现在行政对于市场的整合。开发式扶贫是一种建立在市场基础上的反贫困战略，从早期的经济增长直接带动减贫，再到《国家八七扶贫攻坚计划》确立以市场为导向的开发式扶贫，可以看出市场机制在我国反贫困之中所发挥的重要作用。但是与传统经济学理论倡导的自由市场不同的是在贫困治理领域，自始至终我们所采取的是行政力量所引导与干预下的市场，并在不同的扶贫阶段所遵循的原则各有差异。《国家八七扶贫攻坚计划》确立的市场化扶贫方式遵循“效率优先，兼顾公平”的原则，优先追求经济效率，这个阶段主要采取的是对于龙头企业的补贴和政策优惠；《纲要（2001—2010年）》确立的是“以经济建设为中心，发展生产力，提高贫困农户自我积累”，在发展经济的同时开始关注贫困户个体的积累，并帮助贫困户发展种养业；《纲要（2011—2020年）》虽然还是以扶贫开发作为脱贫致富的主要途径，但是特别突出了对于有劳动能力贫困户内生动力的培养以及地方特色产业的扶持；在脱贫攻坚阶段则更加强调了在市场中贫

① 1986年，依据农村人均年收入和县级单位的财政状况，国定贫困县标准第一次划出：1985年人均年纯收入低于150元的县和年人均纯收入低于200元的少数民族自治县；对民主革命时期做出过重大贡献的老区县给予重点照顾，放宽到人均年纯收入300元。

困户的组织能力和利益联结机制，并确保贫困户在农业产业链和价值链中的收益。由此我们可以看出，行政力量对于市场的干预与整合可以有效确保在市场中处于弱势地位的贫困户的收益，如果完全放任贫困户在自由市场中进行竞争，那么市场机制很可能就会再生产出更多的贫困人口，这恰恰是新自由主义主导下的国际发展模式所无法解决的问题。扶贫开发首要的任务还是扶贫济困，而非完全追求经济增长，所以在扶贫开发的过程中需要行政力量的介入来遏制资本牟利的冲动，确保贫困户的利益。

最后，行政治理扶贫还体现在行政力量对于社会的有效治理。西方扶贫理论建立在国家与社会二元对立的基础上，并站在社会一方强调贫困农民自身的能动性，参与式发展理论对于农民自下而上参与的强调以及阿马蒂亚·森所提出的能力贫困与贫困户权利的缺失等都是在以上的理论前提下所提出来的。但是放在中国贫困治理的语境下却出现了不同的情况，比如有学者在 20 世纪 90 年代将国外的参与式方法引入扶贫领域，但是参与式方法却被迅速国家化成为官方主导的贫困治理手段。2001 年的整村推进以及 14.8 万个贫困村的识别都是在国家主导下运用参与式的方法操作的，后来更进一步，参与式的方法被本土化，出现了参与式扶贫的概念，而参与式扶贫不仅仅是贫困户的参与，同时还强调国家和政府的主导。参与式扶贫在中国所出现的悖论是一方面提倡农户的参与，另一方面国家的力量在基层社会中也得到加强。这种国家权力在基层的强化呈现出来的更多的是一种正向的影响。在政府与社会的关系方面，精准扶贫也是国家权力向下渗透的过程，同样也强化了基层的组织能力和自治能力，有助于实现基层的良好秩序与保持社会的活力。

到了党的十八大之后的脱贫攻坚阶段，精准扶贫不仅仅是就扶贫而谈扶贫，同时还上升到了治国理政的高度，是国家治理体系与治理能力现代化在扶贫领域的体现[①]。中国扶贫开发的过程同样也是社会治理的过程，利用革命时期的成功经验、与传统社会治理资源相结合并借鉴西方反贫困领域的技术和方法等，在行政主导的基础上不仅完成了扶贫任务，而且实现了国家与社会的良性互动与发展，把制度优势转化为治理效能。

---

① 《洪大用：完善贫困治理体系推进贫困治理现代化》，爱思想，http://www.aisixiang.com/data/106378.html，2017 年 9 月 11 日。

第四章
精准扶贫的科层化与逆科层化逻辑

一　精准扶贫对科层体系的重构

韦伯认为现代官僚行政方式建立在理性支配的基础上，是一种高效率的组织方式。现代官僚制的运行有以下原则：第一，存在明确的官职管辖权限，官僚治理结构中有明确的义务规定和保证任务完成的强制性手段；第二，根据职务等级制原则与上诉渠道原则确立了一种公认的高级职务监督低级职务的上下级隶属体系；第三，对现代官职的管理是以书面文件、一个下属官员班子以及各种文员为基础；第四，官职的管理通常以某个专业化领域的训练为前提；第五，公务被作为主要的活动并要求官员为之付出全部的工作能力；第六，对官职的管理遵循稳定、详尽的普遍规则（韦伯，2010）。我们现在普遍认为理性的官僚制一直是中国行政改革所追求的主导模式（裴峰，2004）。

官僚化的基础有两个方面：一是行政任务的量化扩展；二是行政任务的质变，尤其是文化、经济和技术发展的影响（韦伯，2010）。扶贫科层制的建立在时间上滞后于整个行政体系，并伴随不同的阶段而产生相应的调整和变动。在贫困治理方面，20 世纪 80 年代之前基本上没有专门的扶贫政策，对于贫困的关注也是包含在整体国民经济的宏观发展中，之后随着对贫困认识的加深、贫困标准以及贫困线的划定，作为一项行政任务的贫困治理逐渐被提上议程，扶贫的任务也越来越重，开始自上而下设置专门的扶贫机构。

自精准扶贫政策实施以来，一方面，扶贫任务发生变化，精准脱贫上升到了治国理政的政治高度，在行政压力下要在 5 年内使 7000 多万名贫困人口脱贫、12.8 万个贫困村摘帽、所有贫困县退出，脱贫压力激增；另一方面，近年来，随着信息数字技术的迅速发展，对于贫困人口的调查以及相关数据信息的搜集手段的创新也对贫困治理方式产生了很大的影响，技术的发展使精确地识别出每个贫困人口成为可能。而上述两方面的改变也正在形塑和重构整个扶贫行政体系。

从理论上讲，科层制具有分工明确、专业化、人际关系非人格化、组织成员按照规章制度办事、高效率等诸多正功能。但是布劳和梅耶（2001）认为科层制存在低效率刚性、保守性和固化阶级差别三个方面的反功能。科层制的缺陷主要体现在对新增任务的束手无策以及缺乏创新等方面，科层化程度高的地方也正是任务固定、各司其职、结构固化的领域，也就是说科层制对常规任务来讲具有理性化和高效率性，但是对于新增加的和变化性的任务则难以应对。Yuen Yuen Ang（2016）认为看似异常的、“问题化”的中国行政体制却能够带来国家主导的经济层面的持续增长。在这个行政体制中，并不是每个人都变得专业化和非人格化，与之相反的是在国家主导下各个条块的部门都能够投入发展经济与招商引资方面，其实在精准扶贫、脱贫攻坚方面亦是如此。

精准扶贫对于每个贫困地区的地方政府都下了限期脱贫的任务，对于地方政府来讲在有限的时间内使本地区所有的贫困人口精准脱贫，这可以说是在地方政府常规工作之外的一项新增任务。如果依靠之前的扶贫行政体系继续按部就班开展扶贫工作的话，在资源和力量有限的条件下则很难完成上级确立的脱贫任务，所以这就需要突破既有的贫困治理结构，在扶贫场域内进行科层组织的再造以动员更多的人员和资源投入脱贫攻坚的任务中来。在中国这种行政主导型的贫困治理体系中，一方面有将扶贫工作作为专业化任务对待并将其科层化的倾向与惯性，另一方面在限期脱贫的压力下又有突破既有科层制界限的冲动。所以对于脱贫攻坚这种非常态化的任务来讲，行政体系本身处在科层化与逆科层化并存与紧张状态。

（一）县级扶贫机构的设置与组织现状

国务院扶贫开发领导小组是国务院的议事协调机构，成立于 1986 年，当时称国务院贫困地区经济开发领导小组，领导小组的成员包括中央各部门相关机构。国务院扶贫开发领导小组下设办公室，即国务院扶贫开发领导小组办公室，负责承担领导小组的日常工作。相关省、自治区、直辖市和地（市）、县级政府成立了相应的组织机构，负责本地区的扶贫开发工作。在行政体制上，中国的扶贫开发实行分级负责、以省为主的行政领导扶贫工作责任制，具体来看坚持的是“中央统筹、省负总责、县市抓落实的工作机制”[①]。从图 4－1 中我们可以看出，右侧的各级扶贫办是扶贫领域的专门机构，负责各级的扶贫专项任务；而左侧的各级扶贫开发领导小组则是议事协调机构，并不是政府下属部门。在组织关系上看，各级扶贫开发领导小组对于各级扶贫办是直接领导关系，而上一级扶贫办对于下一级的扶贫开发领导小组则是协调关系。

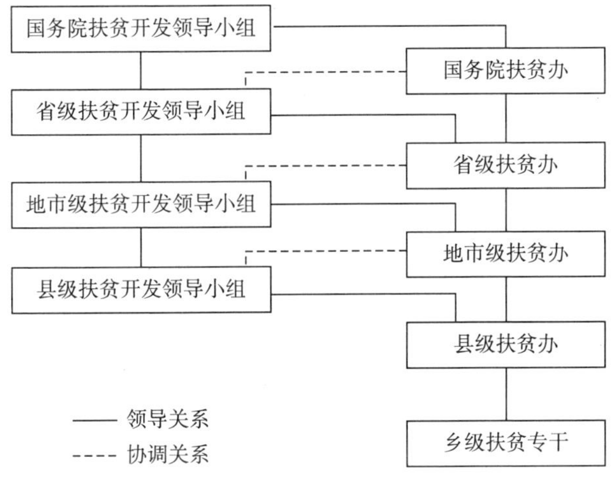

图 4－1　中国各级政府扶贫机构示意

资料来源：国务院扶贫办网站。

在不同的历史阶段，由于扶贫任务的不同以及贫困程度的区域差异，扶贫机构的设置和级别也进行了相应调整。从历史来看，1985 年底前，扶贫机构单一，设在民政部门内，主要从事救济扶贫。在机构级别方面，民政部为司级，省厅为处级，市局为科级，县局为股级。这一体制至今仍存在，且与扶贫开发机构同时运行。1986 年中央一号文件明确提出“把改变贫困地区面貌摆上重要议事日程”，并开始实施开发式扶贫。同时，中央一号文件要求有扶贫任务的地方成立专门机构。国务院成立了扶贫开发领导小组及办公室，办公室挂靠农业部。有关省区、地市、县区照此设立。扶

① 参见《国务院关于印发“十三五”脱贫攻坚规划的通知》（国发〔2016〕64 号）。

贫任务重的省、市、县多为副厅、副局、副科级，扶贫任务特重的地方机构独立，级别为正厅、正处、正科级。扶贫任务一般的地方，有的省为正处，市为正科，县为正股级。2001 年，国务院扶贫开发领导小组办公室独立，并升为副部级。有重点县的省、市、县普遍升为正厅、正局、正科级。其间，没有重点县而有扶贫任务的地方，普遍在农工委或农委内设有扶贫职能。精准扶贫、精准脱贫以来，各地扶贫开发机构普遍升为正厅、正处、正科级。但也有任务轻的省、市、县没升格，也没单列。同时，各地普遍另抽人组成作为临时机构的脱贫攻坚领导小组办公室。

精准扶贫政策出台之后中央要求在层层落实责任的基础上，强化对于扶贫任务的落实与考核，一方面建立起了省、市、县、乡、村“五级书记挂帅抓扶贫”的工作制度，另一方面部分县级扶贫办升格为扶贫局，以应对艰巨的扶贫任务。

县级专门扶贫机构原本仅有扶贫开发办公室，负责专门的扶贫任务。县级扶贫办所发挥的功能正如国务院扶贫办一样，包括规划、协调、统筹县域扶贫工作。从实际的组织运作来看，县级扶贫办没有太大的权力，没有专门的资金和项目，而仅仅作为一个协调性部门负责协调上级和其他部门的扶贫资源以及进行政策的上传下达，在县级政府机构中处在一个相对边缘的位置。

但是精准扶贫工作开展过程中，仅仅依靠扶贫办是很难完成脱贫攻坚任务的，这就需要打破科层制的界限，成立临时性的机构来实现“动员体制的再造”（林雪霏，2014）。每个贫困县原本设有县一级的扶贫开发领导小组，但是在此基础上各地方纷纷设置脱贫攻坚办公室、脱贫攻坚指挥部等临时性的机构。以我们所调研的 L 县为例，其县级的扶贫机构设置如下。

1. 临时机构的设置

县一级设置有脱贫攻坚指挥部，总指挥由县委书记、县委副书记和县长担任，常务副总指挥由县委副书记、县委常委和常务副县长担任；副总指挥由纪委书记、政法委书记、副县长、人武部部长、统战部部长、组织部部长、宣传部部长、县政府各副县长担任。县脱贫攻坚指挥部下设办公室、综合协调组、扶贫指导组、搬迁指导组、督查组、宣传组和考核组 7 个部门。各个小组的组长就由相应的各级部门退居二线的干部担任，比如说考核组组长是原组织部部长，督查组组长是原纪委书记，这么看来各个小组的人员配置都与其之前的工作性质相关，实现了人员的精准配置。精准扶贫不仅动员了现有的各部门人员，已经退休的部分领导干部也投入了脱贫攻坚的工作之中，加入了临时性的扶贫机构。

该县之前有世界银行的10个项目，为此还成立了专门的办公室。从部门的功能上看，扶贫办现在只负责扶贫方面的专项资金；其他部门的扶贫资金则主要由指挥部统筹协调，而之前非专项扶贫资金主要是由县级政府协调和管理，而精准扶贫开展后这部分的任务则专门由脱贫攻坚指挥部负责，这一方面体现了扶贫工作重要性的提升，另一方面脱贫攻坚指挥部实现了对于县级部门扶贫功能的替代，下设小组各司其职，具有各自明确的功能，分工精细化，突破了既有科层分化造成的条块界限，有利于动员更多的扶贫资源投入脱贫攻坚的工作中，实现有效的贫困治理。

2. 常规机构的设置

县扶贫开发办公室为县政府直属事业机构，正科级建制，与县农业综合开发办公室、县移民搬迁办公室合署办公，内设综合科、项目管理科、资金管理科、农业综合开发科、稽查统计科。归口管理单位有：县世行办、县移民办、县联扶办；下属事业单位有：县扶贫总社、县农业技术学校。

各个科室的职责分别如下。①综合科职责：负责综合性文件的起草、公文处理、电子政务和档案管理及其他日常性工作。②项目管理科职责：负责整乡推进连片开发、扶贫移民等扶贫开发项目资金的计划安排、督促检查、拨付报账以及项目实施的筛选论证、申报立项、组织实施、竣工验收等工作。③资金管理科职责：负责各类财政扶贫资金的财务管理及拨款报账、各镇财政扶贫资金的监督检查工作。④农业综合开发科职责：负责农业综合开发项目中有关土地治理项目和产业经营项目的组织实施工作。⑤稽查统计科职责：负责财政扶贫资金使用和项目建设情况稽查审计、扶贫项目建设进度质量检查和项目验收、贫困人口信息管理、扶贫数据的统计监测与填报工作。

3. 归口管理单位

归口管理单位包括县世界银行扶贫贷款项目办公室、县移民搬迁安置工作领导小组办公室以及县联乡包村扶贫办公室。归口管理主要指根据管理对象的一定规律、属性和分类，按照特定的管理渠道实施统一管理，决策权和指挥权集中统一于归口管理单位，实质是行使完全的职能职权（周发全，2010）。归口管理主要针对的是专门性的扶贫任务，是贫困治理专业化的一种体现。

县世界银行扶贫贷款项目办公室设在县扶贫开发办（农业综合开发办），是正科级单位，主任由扶贫办（综开办）副主任兼任，设副主任。其主要职能包括：设计、规划、实施、管理世界银行贷款扶贫项目，负责世界银行贷款回收与偿还工作；争取、组织外资扶贫项目，并负责实施和管理；培训、组织项目区富余劳动力外出务工；监督指导贫困村扶贫互助协会的工作；参与全县农业综合开发和扶贫开发工作；培训全县外资扶贫项目管理人员。

县移民搬迁安置工作领导小组办公室是县扶贫办下属财政全额供养事业单位，正科级建制，事业编制人员10名，设主任1职、副主任2职。其主要工作职能如下：编制全县移民搬迁安置工作总体规划和年度实施计划；结合省市相关政策，研究制定全县移民搬迁安置政策及推进措施；协调处理移民搬迁安置工作中存在的问题；检查、考核工作任务实施进度及效果；按要求收集、汇总、保存全县移民安置工作相关资料。

包村治理方式是我党和政府处理农村工作的一种普遍且长期存在的工作机制（赵慧，2017）。作为一种扶贫手段，包村运动有利于了解农村社会的真实情况，促进贫困地区农村的发展（王文龙，2015）。所以扶贫包村在贫困地区被制度化，A县设置有县联乡包村扶贫办公室，隶属县扶贫开发领导小组，挂靠县扶贫办，主任由县扶贫办副主任兼任。其主要职能包括：负责中省市部门单位联县联乡包村扶贫工作的联系、协调、宣传及县级部门单位联乡包村扶贫的组织、协调和年度工作考核。

4. 下属事业单位

①县扶贫总社：负责编制全县扶贫到户贴息贷款的工作方案及年度计划；组织协调、督促检查、监测扶贫到户贷款投放；审查、审核、确认全县扶贫到户贷款财政贴息资金的贴补。②县农业技术学校：负责扶贫技能培训"雨露计划"的落实和招生工作；负责贫困大学生救助工作；负责农业实用技术培训，组织实施培训计划，跟踪调查，总结培训和招生经验。

由上我们可以看出，县一级的扶贫机构包括临时机构与常规机构的设置；常规机构又设有归口管理单位和下属事业单位。尤其是精准扶贫工作开展以来，临时扶贫机构的规模与影响开始扩大，参与人员几乎涵盖了县级各个部门。专业化的扶贫机构的纵向延伸与非专业化的扶贫机构的横向拓展相互交织，共同编织了一张大的扶贫网络，形成了一个“扶贫工厂”。

从目前的县级扶贫管理体制来看，常规扶贫机构即扶贫开发办公室及其所属各单位主要负责的是扶贫这条线的专项扶贫资金与项目的管理，另外的任务就是全县层面信息的收集整理与扶贫政策的宣传。扶贫办目前专项扶贫资金有1000多万元。其中，整村推进资金600万元，大学生资助资金200万元，互助资金600万元，技能培训资金80万元。整村推进主要是各年的资金套起来走。以前的扶贫资金使用需要审批，但是现在四到县之后，县级可以整合和运用资金。比如以工代赈项目就涉及发改局、水利局、交通局、农业局等多个部门，需要在县级层面进行协调与整合，现在的一些项目是把各个行业的项目整合起来，即“整合性扶贫项目”。县扶贫办的相关负责人员说：“我们只负责整合各个部门的项目，不管具体资金，就像整村推进一样，项目来资金也就会跟着过来。”县级政府在扶贫项目管理之中的权力增大。

结构与功能分殊是现代社会和现代政府的一个重要特点，但是，政府以何种方式进行分工是最有效的，则需要具体情况具体分析。现代政府常用的两种分工原则是功能分殊和地域分殊，前者近似于“垂直单位”的分工方式，后者则近似于“内部单位”的分工方式。卡尔·弗里德里希曾经提出，以功能分殊原则建立的政府优于以地域分殊原则建立的政府，这是针对国家层面的分工而言。就基层政府而言，如何确保政府在高度分工的条件下保持高度整合，确保政府的效能，这是一个很重要的问题（赵树凯，2010：147）。功能分殊以及地域分殊的分工原则在扶贫系统内部都有表现，从纵向的组织结构来看，中央层面成立的是国务院扶贫开发领导小组，相关省、自治区、直辖市和地（市）、县级政府也成立了相应的组织机构，负责本地的扶贫开发工作。中国的扶贫开发实行分级负责、以省为主的行政领导扶贫工作责任制。随着目前国家对于扶贫工作的重视以及精准扶贫工作的开展，中央的各项扶贫资金在每年年初一次下达到各省、自治区、直辖市，实行扶贫资金、权力、任务、责任“四到县”原则。2016年以后90%左右的扶贫资金审批权限下放到县，专项扶贫项目资金到了县级之后由县级扶贫办内设机构以及各个归口单位具体执行。在地区分殊的原则上，从区域来讲，中国目前有14个集中连片特困地区，有592个国家扶贫开发重点县，不同区域内的扶贫政策与资源分配和帮扶措施有差异。即使在贫困县内部，贫困治理也非常突出地域分殊原则。以A县为例，按照地理区位以及文化差异情况划分为八大战区，战区总指挥与县委、县政府签订脱贫攻坚军令状，负责抓好本战区脱贫攻坚工作，抓好本战区精准识别、精准帮扶、资金使用、项目实施、工作机制落实，统筹、协调、安排贷款资金以及其他资金落实，做好建档立卡和贫困村村级基础设施建设，不同的战区围绕茶叶、土蜂、中药材、食用菌、核桃、烤烟等打造了几大基础产业。由此可见，从目前中国扶贫领域的组织架构来看，并不是完全采用“垂直单位”的分工方式抑或“内部单位”的分工方式，而是二者的混合。

周雪光（2017）认为运动型治理机制通过以政治动员过程代替原官僚制常规过程，以便超越官僚制度的组织失败，达到纠偏、规范边界的意图，能够有效调节一统体制与有效治理之间的矛盾。还有学者指出我国精准扶贫工作的复杂阶层关系之间产生了非官僚体系中的半官僚化现象，最终导致扶贫工作的低效化、内卷化（尹利民、项晓华，2017）。但是笔者认为逆科层化的治理方式与传统意义上的科层化治理方式在精准扶贫中是并行不悖的，从理论意义上二者之间存在矛盾，但是在实践中二者相互配合有利于共同完成扶贫任务。这种运动型治理机制发展到现在已经从最初作为“纠偏”的手段逐渐转变为地方政府应对中心任务的常规治理策略。精准扶贫政策实施以来，扶贫领域已经不仅仅属于扶贫这条线，在限期的脱贫任务压力下各个部门都投入扶贫攻坚的任务中，以及各个行业大量的项目与资金被吸纳到扶贫领域，扶贫这条线的界限已经越来越模糊。所以目前相关部门则很难再继续利用既有的贫困治理体系开展精准扶贫工作。在行政体系的设置上，原有的县级扶贫办仅属于科级单位，在行政权力上则不能指挥与协调其他行业部门，也远远不能胜任艰巨的脱贫任务。当作为常规性扶贫机构的扶贫办及其下属单位面对突然出现的巨大扶贫压力时，就不得不成立临时性质的脱贫攻坚指挥部来打破科层制的界限，并用县委书记挂帅这种高位推进、运动式治理的方法来应对短期内演变为“中心任务”的扶贫工作。对于运动式治理的方式需要进行区别对待，根据治理任务的不同其发挥的作用也有很大差异。当面对常规任务采用非常规运动式治理方法的时候可能会导致治理目标的偏离；但是当面对突然增加或者是急难险重的治理任务（如精准扶贫）的时候，也只有采用超常规的运动式治理的方法进行应对。

（二）乡镇扶贫机构的设置与组织现状

A 县下辖 23 个乡镇，总人口 103 万人，自 1994 年以来，A 县连续三次被确定为国家扶贫开发工作重点县。截至 2014 年底，全县还有贫困村 130 个、贫困人口 13.31 万人，整体脱贫任务繁重，贫困程度较深。2016—2020 年，按照“六个精准”“五个一批”要求，县委、县政府制定了脱贫攻坚三年行动计划、精准扶贫实施办法等系列政策文件，由县委书记、县长担任脱贫攻坚领导小组组长和第一副组长，8 名县级领导分别牵头负责一项行业扶贫工作，134 支县级以上工作队驻村帮扶，11621 名干部结对帮扶，干部帮扶贫困户实现了全覆盖。

从历史上看，2009 年以来，由于县域机构改革，乡镇扶贫工作站被并入农业服务中心，乡镇一级的扶贫站被取消，这就造成了大量的扶贫基础工作无人对接与承担（马良灿，2014）。但是随着精准扶贫工作的开展，大量的扶贫工作开始落到了乡镇这一层级，建档立卡数据的录入与清理、扶贫项目的申请与分配、扶贫规划的制定与协调等工作都需要由乡镇一级承担，所以乡镇一级的扶贫工作站又陆续恢复。以 A 县茶乡的扶贫工作站为例，在 2015 年末重新成立，其全称是“茶乡脱贫攻坚工作站”，站长由乡镇党委书记担任，成员覆盖了乡镇的领导班子。其工作职责主要是：第一，贯彻落实县委、县政府脱贫攻坚决定、决议，根据脱贫攻坚领导小组的统一部署，指导制订茶乡年度脱贫工作计划，开展全镇脱贫攻坚行动；第二，按照县委、县政府和县脱贫攻坚领导小组的工作安排，督促镇党委、政府抓好工作落实，督促工作组、工作队落实脱贫攻坚措施，实施脱贫攻坚各类项目；第三，督促落实工作队脱贫攻坚目标责任，组织开展对驻村（社区）工作队目标责任考核和研判评估工作。

脱贫攻坚工作站下设 3 个工作组，分别是脱贫攻坚政策对接工作组、脱贫攻坚信息工作组和脱贫攻坚督查工作组。脱贫攻坚政策对接工作组组长由乡镇党委书记担任，下设 6 名组员，主要负责脱贫攻坚政策、措施的贯彻落实，其中包括：负责乡镇内扶贫对象的分类调查摸底、扶持政策程序上报审批工作；负责本乡镇扶贫政策宣传、科技示范推广、培训及扶贫信息收集、报送工作；负责本乡镇各类扶贫政策扶持到户管理工作，制定参与村级扶贫政策落实，协助相关部门进行监督与全乡镇脱贫攻坚工作的考核验收。脱贫攻坚信息工作组组长由主管扶贫的副镇长担任，下设两名组员，主要工作职责包括：负责本乡镇扶贫对象的调查摸底、建档立卡、贫困人口的识别和管理工作；负责本乡镇扶贫贴息贷款扶持到户管理工作，参与村级扶贫互助资金的运行和管理，协助相关部门进行监督；负责乡镇扶贫移民搬迁等移民后期扶持及劳务输出对象的调查摸底，审查上报和组织实施；负责乡镇扶贫信息的录入、传送和统计及扶贫数据信息维护运行工作，以及扶贫乡镇脱贫攻坚资料的收集和整理。脱贫攻坚督查工作组组长由乡镇纪委书记担任，下设两名组员，主要工作职责包括：负责乡镇扶贫开发中长期规划和年度计划执行情况检查督查；负责乡镇扶贫开发项目选择、论证、评估、申报、实施程序监督检查；负责乡镇扶贫对象调查摸底、建档立卡和贫困人口的动态管理工作程序监督检查；负责脱贫政策、措施落实情况的督查；负责脱贫工作队队员工作作风督查；负责脱贫工作中违纪违规行为的查处等。由上我们可以看出，一方面扶贫工作是在乡镇原有工作的基础上开展的，并没有脱离乡镇既有的治理框架；另一方面，通过脱贫攻坚站以及下属 3 个工作组这种临时性机构的设置，动员乡镇其他各个部门都投入扶贫攻坚。

一方面，乡镇政府作为国家行政体系中最低一级的政权，“麻雀虽小，五脏俱全”，无论是乡镇内部的单位，如各种办公室、站、所、中心，还是上级部门派驻的垂直单位，如公安派出所、税务所、土地所等，原则上各个职能部门都有各自明确的业务工作与清晰的任务边界；另一方面，从权力体系的设置上看，作为一体性机构的乡镇，采取的是党委书记一元化的领导，在日常的运作中，象征党委的机构和政府机构浑然一体，在具体工作上完全围绕中心工作进行统一安排（赵树凯，2010）。也就是说，虽然有明确的分工，但乡镇采取的是一种非制度化的模糊治理策略。

脱贫攻坚政策的实施过程要经历以下环节：第一，贫困户提出申请；第二，村委会对其进行审查；第三，驻村工作队进行核查然后全村公示；第四，乡镇脱贫攻坚工作站审定后再全乡镇进行公示；第五，对其进行分类受理，给予不同的政策帮扶；第六，政策实施后还要进行监督考核，对最终的扶贫效果进行检验（见图 4－2）。除了村委会、驻村工作队之外，在乡镇层面直接负责贫困户扶贫政策落实的就是乡镇脱贫攻坚工作站，它在脱贫攻坚中发挥了重要作用。

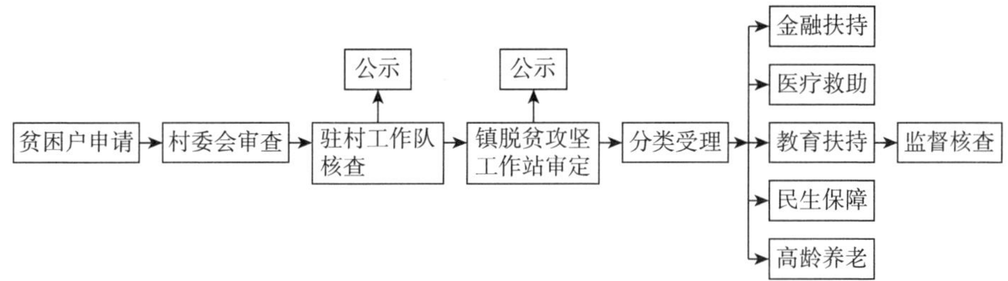

图 4－2 脱贫攻坚政策兑现监督程序

乡镇脱贫攻坚工作站实际的运作方式则完全不同于以上明晰的组织架构与明确的职责分工。乡镇一级的扶贫工作嵌入在其原有的治理体系中，不可能抛弃自身原有的组织架构与权力分工来另起炉灶。虽然从组织架构来看，乡镇脱贫攻坚工作站下设了 3 个工作组，其成员涵盖乡镇各个部门的主要领导，但是笔者通过调研了解到，只有其中的脱贫攻坚信息工作组作为实体性质的机构承担了常规的扶贫工作和任务。对于脱贫攻坚政策对接工作组来讲，组长就是乡镇党委书记，成员是乡镇领导班子成员，平时都有各自的工作任务，也不可能完全放下日常工作进行扶贫。脱贫攻坚督查工作组主要的职责就是监督与督查，并没有承担实质性的具体扶贫任务。另外，对基层的监督与督查工作不是脱贫攻坚督查工作组的日常工作，只有在项目完成后以及上级督查前，乡镇一级的检查与督查程序才会启动。虽然精准扶贫以来各种项目和资源都要最后对接到乡镇这一级，但是囿于各个行业部门的专项管理办法，乡镇也没有权力对其进行具体管理，而对乡镇这一级的扶贫来讲，其工作仅限于对数据文本材料的收集、整理；专项扶贫项目和资金的管理、协调以及上级各个部门政策资源的对接与落实。所以对于乡镇的脱贫攻坚工作站来讲，其中只有脱贫攻坚信息工作组具有实体地位，其下设两个工作人员进行日常的资料管理与政策对接；而涉及具体的扶贫任务则又与乡镇本身的治理结构相结合，比如说具体哪一个项目要到哪个村庄进行落实，则需要乡镇的包片干部、包村干部以及扶贫专干进行具体的对接与协调，在这样的情况下扶贫工作和其他日常工作一样被纳入了乡镇原有的治理体系之中，实质上乡镇这一层级并没有成立专门的机构来开展扶贫工作，脱贫攻坚工作站的功能和定位也被大大的虚化，只剩下信息处理与政策项目的协调和对接。由此看来，乡镇一级的扶贫任务是最重的，但是这一级的扶贫机构专业化程度却是最弱的。

在行政管理体制方面，由于乡镇是科层制链条中处于最底端的机构，所以乡镇一级的治理并不能完全按照功能分殊的科层化逻辑运行。“上面千条线，下面一根针”说的就是乡镇治理的综合性特征。虽然名义上乡镇各个部门的设置是与上级各个部门对应的，但是在实际的过程中由于人员、资源的匮乏，乡镇各部门并不是严格按照其行政设置的“条块”逻辑来运行。以茶乡为例，乡镇一级并没有严格按照科层化运作，实际运行主要遵循的是“线”和“片”的逻辑。这里所说的“线”和“片”与行政体制上所设置的“条”和“块”有很大的差异。茶乡根据所辖地区乡村的地理区位及其特征将其划分为7个片区，每个片区都有一名包片领导。将乡镇的53名工作人员划分为以下7条线——党建机关线（14人）、扶贫工作线（7人）、城建国土线（6人）、纪检监察线（5人）、农村工作线（6人）、政法安全线（6人）、卫计工作线（9人），而不同的行政岗位人员是被统合起来划分在这7条线中的。比如说扶贫工作线这一块就包括副乡长、乡镇人大主席、财政所所长、团委书记、政府采购员、扶贫站站长以及计生办副主任。在扶贫任务比较重的当下阶段主要由以上人员负责全乡扶贫的常规工作。但同时，“线”与“片”之间又能够结合起来，比如涉及该乡G、B两个贫困村的包片任务就分配给了扶贫工作线；而Y、W两个村由于近年来冲突和上访事件比较多就分配给政法安全线。乡镇在面临类似脱贫攻坚这样的中心工作的时候就会在扶贫工作线的基础上动员其他各个部门参与，但同时乡镇内部的常规工作又会在“线”和“片”二者之间有条不紊地处理。

（三）贫困村扶贫机构的设置与运行机制

村民委员会是我国基层群众自治性组织而非国家的正式行政机构，但是大量的扶贫资源与扶贫项目最终都是要在行政村这一级落地实施，国家不能够直接与村民和贫困户打交道，只能依靠作为代理人的村干部处理与村民直接相关的事宜，我们可以将国家与村干部的关系看成一种“委托-代理”关系，但是村干部也并非完全听命于上级政府，在更多的情况下他们需要考虑的是本地村民的利益和社区内部的秩序。所以不能仅仅依靠村委会与村干部进行精准扶贫工作，为了更好地完成扶贫任务，组织部门向贫困村下派了扶贫第一书记和驻村工作队，并做到了贫困村的全覆盖。村一级效仿乡镇、县级等扶贫组织的设定，围绕精准扶贫的中心任务成立了相关的临时性机构。

在精准扶贫的层层重压下村一级也成立了临时性的扶贫机构，各个地方的名称虽然有所差异但基本上大同小异。我们调研的小河村成立了脱贫攻坚联合支部，支部书记由帮扶单位领导（市采购中心主任）担任，副书记由帮扶单位一名科长以及小河村党支部书记共同担任。具体成员包括驻村工作队的成员、村委会主任、监委会主任以及 4 个小组长。脱贫攻坚联合支部的工作职责包括：承担贫困村的限期脱贫任务，召开支部会议，研究部署全村的脱贫攻坚工作，协调、组织、指导贫困村贫困对象识别、建档立卡、产业发展、环境改善、扶贫等相关惠民政策的落实，实现贫困村、贫困户限期脱贫目标。

在扶贫攻坚组织结构上，如图 4－3 所示，在小河村脱贫攻坚联合支部下面设置信息分析工作组和 4 个服务队。信息分析工作组主要包括民情收集

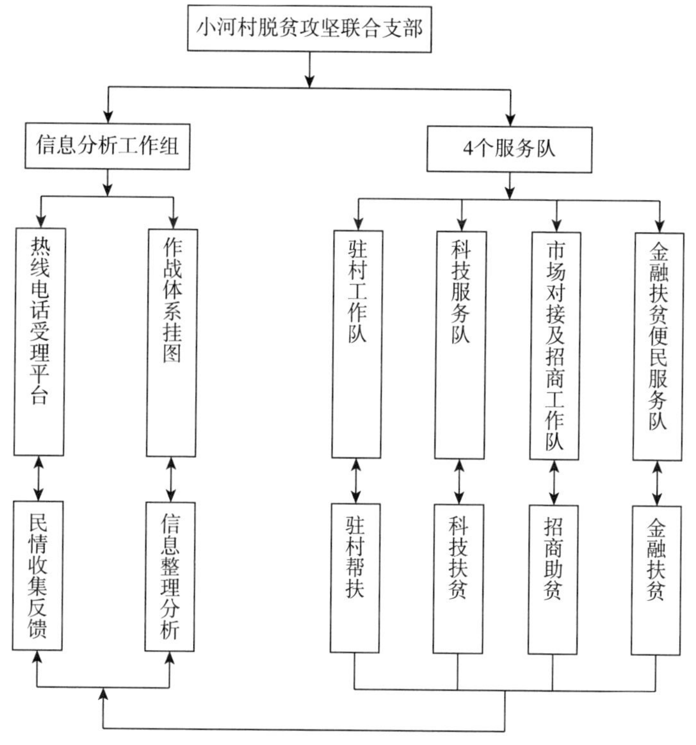

图 4－3　村级脱贫攻坚联合支部及其构成

反馈的热线电话受理平台和信息整理分析的作战体系挂图。4 个服务队分别是驻村工作队、科技服务队、市场对接及招商工作队，以及金融扶贫便民服务队，分别负责驻村帮扶、科技扶贫、招商助贫以及金融扶贫等具体工作。

如果说小河村是被作为脱贫攻坚的示范村进行建设，其所设置的扶贫组织结构与运行机制比较复杂的话，那么对于不同地区的贫困村来讲，虽然组织架构各有差异，但是对于村级扶贫来讲不可或缺的都有以下几个方面的行动主体：一是作为村级主体的村干部、小组长等本土成员与权威；二是作为外来干预力量的帮扶单位成员以及扶贫第一书记；三是本乡镇的包片领导、包村干部以及扶贫专干。由以上三类成员为主所构成的扶贫工作队或者工作组来统筹和开展具体的村级扶贫工作。

首先，对于村干部以及小组长来讲，由于他们既是本村的村民又在当地具有一定的权威，他们对于当地的情况最为熟悉，所以具体扶贫工作的开展离不开他们的直接参与和配合。如果离开了村干部的配合，恐怕外来的扶贫工作人员连贫困户的家门都找不到，扶贫过程中还可能受到语言不通，甚至是村级内部复杂的宗族、亲属以及各种人际交往关系等多种因素的影响。扶贫工作并不是就扶贫谈扶贫，在开展精准扶贫的过程中，尤其是在贫困户认定、扶贫资源分配等诸多方面牵涉部分村民的利益。在村级扶贫的过程中只有依靠当地村干部以及作为当地权威的小组长的支持和配合才能够减少和化解由此带来的各种矛盾与纠纷，才能够使扶贫工作顺利开展。除了外来项目落地与农户对接外，外来的扶贫资源到村后，涉及分配到户的问题的时候也基本都是村干部来主导。但是村干部的逻辑与精准扶贫的逻辑之间有很大的差别。

> 你比方说一个易地搬迁，就涉及每个贫困户有多少配套资金的问题，村上就搞的平均主义。多少钱，这个大盘子在这里，有多少人能够享受到国家易地扶贫搬迁政策优惠的，除一下总人数就是每户的钱。但是国家是按照建档立卡贫困人口的建筑面积来计算的。整个这块资金（易地搬迁配套资金）是打包过来直接到村上用来修房子的，他把标准一统一。这样算的话好像是 4 万块一个人，比方说你村上有 200 个人，那就是 800 万块。在此之前已经修好房子的贫困户，也可以分到

> 钱，只是分的少一点。这叫作“脱贫不脱帮”，这都是村上来的帮扶资金，进行均分。现在正在修房子的你就多给一点，没有建房计划的贫困户就少分一点啊。他就是通过这种方法，把村上的许多矛盾化解。就是蛋糕一起分，做好之后大家都分一点，至于怎么分，他有他的标准，我们工作组不参与这个事情。这个是村“两委”决定的。农村的工作不好做，所以我们今年也不去扯这麻烦，我们可以去见证，但是具体怎么沟通，也许他和他是叔伯兄弟，他和他是远房表舅，哎，这个东西你还没有搞清楚你就不能乱发言。讲政策是一个方面，但是很多老百姓不听你的政策，他就是按照之前的乡规民约，之前的乡规民约就是这么干的，他就要按照他们这个来。（访谈编号 20170322LZB）

如上所述，政府的政策执行伦理与农民所遵循的乡土伦理很多情况下不一致，而本土的村干部在分配资源的时候为了减少矛盾和冲突往往倾向于平均化的分配方式。

其次，精准扶贫工作开展以来，外部力量对于贫困村的干预也越来越多。以扶贫为中心任务的工作队被下派到贫困村，各种包村、驻村活动开始恢复。2015 年中共中央组织部、中央农村工作领导小组办公室、国务院扶贫开发领导小组办公室印发《关于做好选派机关优秀干部到村任第一书记工作的通知》，就深入贯彻落实习近平总书记关于大抓基层、推动基层建设全面进步全面过硬和精准扶贫、精准脱贫等重要指示精神，对选派机关优秀干部到村任第一书记工作做出安排。陈诺（2015）估计目前全国各地已向贫困村派出 12.79 万个工作队，派驻干部 48 万人。现在贫困户基本已经实现了帮扶单位与第一书记的全覆盖，有的重点扶贫村甚至会出现几个单位共同帮扶的情况。有学者认为对贫困村的驻村帮扶继承了中国共产党农村工作的传统以及扶贫中的对口帮扶的传统，能够在完善反贫困的治理结构的同时动员更多的资源进入贫困村（王晓毅，2016）。目前在贫困地区如火如荼进行的驻村帮扶是革命传统先进性和扶贫工作专业性的结合。驻村帮扶虽然在动员程度、权力结构、治理目标具体策略方面都已经迥异于革命年代的工作队，但是在组织形式以及科层体系内部的动员程度都还是革命传统的某种程度上的延续；作为精准帮扶的专家，在村级扶贫规划、扶贫台账、资金申请以及项目管理等方面都要承担指导和具体帮助工作。

类似于国际发展援助项目中的发展专家，派驻的工作队成员与第一书记成为农村扶贫不可或缺的一部分，同时他们本身在帮助贫困村脱贫的过程中承担了多重角色。与发展专家不同的是，第一书记代表了党，除了帮助建档立卡村脱贫之外，另外一个重要的责任就是要抓好基层组织建设。

最后，贫困村的扶贫工作当然也离不开所属乡镇的支持与管理。乡镇对于村庄的治理除了日常制度化的功能性治理外，根据农村的复杂程度、地理区位以及文化习俗等划分为几个片区，每个片区都有一个乡镇的班子领导作为包片干部，另外每个具体的村庄都有一名一般乡镇工作人员作为包村干部，包村干部主要负责对于村庄平时的政策上传下达、信访维稳等对接和控制工作。乡镇包村干部是目前中国农村普遍实行的一种基层治理机制，这种制度能够使国家的意志在基层得到很好的贯彻（孙立平、郭于华，2000）。由于不同时期工作重点不同，包村干部的主要工作任务也不断调整。精准扶贫工作开展以来，由于扶贫任务的工作量猛增，尤其是建档立卡、精准识别的任务量非常大，对于每个贫困村乡镇还设置了扶贫专干，专门负责扶贫政策和任务的上下对接。但无论是包片领导、包村干部还是扶贫专干，平时在乡镇都有各自的常规业务工作，扶贫任务对于他们来讲则是附加工作。再加上工作队和第一书记常驻村庄，对于在村级进行扶贫的乡镇工作人员来讲，扶贫就变成了一种临时性的任务。也就是说对于以上参与村级扶贫的乡镇人员来说，他们的主要工作还是本职工作，只有在村级扶贫出现重大任务以及新政策上传下达的时候他们才会出现，也可以认为这是乡镇政权协调性在扶贫任务上的体现。

通过本土的村干部、外来驻村干部以及乡镇扶贫干部三种力量来推动扶贫工作，理论上有助于实现扶贫资源在传递过程中瞄准“最后一公里”的问题。在实际的工作中以上三种行为主体之间各自所发挥的功能与承担的具体任务也有着很大的差异。村干部是村民利益的代表，他们对村庄十分熟悉而且具有很大的地方权威性，凡是涉及村民之间矛盾或者贫困户个体问题的时候一般都是村干部出面协调解决，尤其是在作为熟人社会的村庄内部村干部的首要目标是减少矛盾、维持秩序。而外来驻村干部则主要负责专项扶贫工作、党建工作等，诸如项目的申请、争取以及与上级部门的沟通、项目运行过程中各个条块之间的关系维持，等等。驻村干部除了精准识别走访贫困户之外，则很少直接与村民打交道，因为他们毕竟是外来人，不了解村庄之间错综复杂的关系，有时可能因为说错话、办错事而给扶贫工作造成障碍，当地扶贫干部的原话是“村上具体矛盾我们不参与，主要是村上自己解决。我们主要负责申请项目和项目对接到位”。另外很重要的一点是，驻村干部所发挥的作用与所派出的单位以及驻村干部本身的级别具有很大的关系，比较有权力的部门诸如发改委、财政局等派出的干部因为背后有强大单位作为后盾，往往能够直接通过原单位协调很多项目，但是边缘部门派出的驻村干部所发挥的功能就会受到很大局限。上级下派驻村的扶贫干部由于分配下来是带着任务的，所以他们的首要目标是完成扶贫任务使村庄脱贫摘帽，如果完不成任务他们原则上不能够撤出贫困村。乡镇扶贫干部一般都是该村的包村干部，长期负责周围几个村庄的管理工作，更多处理的是村干部处理不了的工作以及村庄之间的矛盾，他们在精准扶贫过程中可以说是参与到每个环节中，他们代表政府权威，在贫困户识别的过程中作为监督方，申请项目时也会协助外来驻村干部填表制图，因为精准扶贫的最终考核是属地责任，如果完不成脱贫任务，贫困县、贫困乡则会面临巨大的考核压力，也会承担连带责任。任何实际扶贫工作最后都会落实到村庄层面，而到了村庄这一级的工作往往具有综合性，所以在村级精准扶贫过程中，以上三个行动主体的工作虽然各有侧重，但是遇到临时性检查或者重要工作的时候他们也会并肩作战，内部的界限就会变得模糊。这里需要指出的一点是，外来驻村干部是外部单位临时派驻下来进行扶贫工作的，而村干部和乡镇包村干部则是本土成长起来的，除了扶贫工作以外村干部与乡镇包村干部也会处理其他村庄事务，二者关系较为紧密，长期的合作关系甚至利益往来使村干部与乡镇包村干部之间往往容易形成联盟，也就是说，长期在地化的村干部与乡镇包村干部之间容易形成“共谋”关系，而使外来驻村干部难以深入村庄参与管理。

> 说是“钦差”，却受乡镇党委的领导和限制，虽然文件上规定第一书记的权力很大，但是离开村“两委”就是独角戏。
>
> 第一书记党建、扶贫和项目名义上都要管，表面上的权力很大，但是不能够渗透太深，地方没人你啥都不是，只有地方有人你干事才好使。比如市教育局前年派来的那个第一书记，什么活都想干，都想揽。而且对村上和镇长的事情指手画脚，还真以为他自己是第一书记，

后来就被镇党委书记给赶走了，走了之后乡镇领导还说他不会做事。（访谈编号 20161120XTB）

还有的第一书记向笔者反映：

按常理来说，好多表都应该是不同人填写，可是我们村扶贫资料这一块是第一书记和工作队负责，实际情况是只要有人负责，其他人就不认真了，各种数据汇总到一起的时候问题就出来了，你开始帮他们，最后却成了你的事！（访谈编号 20170509LZB）

遇到村干部比较强势的时候，扶贫第一书记在很多情况下就会被架空，变成了精准扶贫的信息员，仅负责填表、制册等信息统计工作，并不能够真正参与到村庄事务的管理中。

（四）扶贫任务压力下的村级工作行政化

从历史经验来看，无论是“皇权不下县”还是“简约治理”，都说明中国广大乡村治理有着自治的传统。人民公社制度解体之后，发轫于 20 世纪 80 年代的农村村民自治制度在农村开始确立并逐渐发展。按照《中华人民共和国村民委员会组织法》的规定，我国村级组织是村民实现“自我管理、自我服务、民主决策、民主管理”的自治组织，并不是国家机构。但是后税费时代的村级组织越来越呈现官僚化的趋势（欧阳静，2010）。还有学者认为，携带着大量资源的精准扶贫意味着国家权力开始“回归”乡村，进一步推动了村庄官僚化以及村干部的行政化，并重塑了中国农村基层治理的逻辑（景跃进，2018）。

精准扶贫工作开展以来，大量扶贫资源和扶贫项目输入贫困地区。在茶乡的百园村仅 2016—2017 年两年之内上级直接转移支付的扶贫资金就多达 1171.8 万元，其中还不包括地方政府配套的财政资金。这涉及旅游公路建设项目（560 万元）、森林防火通道项目（45 万元）、农村安全饮水工程项目（50 万元）、农网改造工程（120 万元）、通信网络改造工程（60 万元）、产业发展扶持项目（244.8 万元），以及乡村建设规划项目（92 万元）。我们由此可以看出，精准扶贫并不是社会扶贫单方面的工作，而是一项涉及村庄建设的整体性工程。百园村的扶贫工作除了基础设施建设、产业扶贫项目以外，在其扶贫规划里还包含有“乡村建设规划”，而这里面又包括村民服务中心、村级活动场所建设、道路绿化、庭院绿化、危房改造59户、易地扶贫搬迁87户等。

以往的村级组织从来没有承担过如此之多的项目，而且这么多的项目必须在短期内完成。如果按照之前非正式化的工作方式或者仅仅依靠村干部的权威进行精准扶贫，则无论是从治理的效率还是从治理的结果来看都不可能完成既定的扶贫任务。所以精准扶贫直接促使了村级治理方式的转型，为了提高工作效率和实现规划目标，村级组织以及村干部开始朝着行政科层化的方向转变。村级治理的行政化主要表现在以下几个方面。第一，制定了村级目标管理和考核办法。百园村的村级目标管理和绩效考核工作办法包括以下几个方面：①乡镇要在年初制定村级目标管理绩效考核方案，对村级班子及成员实行全面的绩效考核；②考核要采取年度考核与平时考核、现场考核与民意测评相结合的办法，确保客观公正、真实有效；③要注意考核成果的运用，考核结果要与村干部绩效奖惩、评先评优、换届选举挂钩。第二，每年制定村级工作责任清单，村“两委”及成员党员进行公开承诺。村“两委”成员每年制定工作责任清单并做出公开承诺；无职党员结合“设岗定责”做出“一句话承诺”。实施工作责任清单之后，村支书以及村委会委员之间的不同分工和责任得以明确，对于没有职位的党员也“设岗定责”，使其参与到村庄的治理中。第三，创立了为民服务“零距离”工作法（见图4－4）。这一工作法包括村干部轮流坐班制度、对于村民的事情实行全程代办制度，以及驻村干部联系村“两委”、村“两委”联系党员、党员联系群众的结对联系制度。

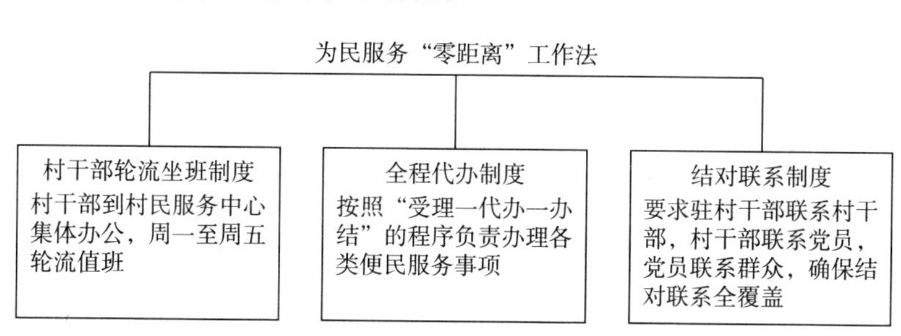

图4－4　为民服务“零距离”工作法

除此之外，百园村所述Y市的精准扶贫工作要求每个贫困村都要建设标准化的村民服务中心，村民服务中心将党务、村务、政务、商务都统合起来。在没有建设村民服务中心之前百园村的行政办公都是在村支书的家里，这样给村民带来不便的同时，私人化的办公场所也容易引发村民对于村级决策、村务不公开的不满。而村民服务中心的建立为村级行政化提供了一个正规化的场所，搭建起一个综合性的平台。

> 村民服务中心主要是在政治和服务两个方面发挥作用，政治方面的话主要是定期召开会议、学习以及各种党建活动，服务方面的话就是村内事务的全程代办，比如说村民要办一个证件、要打印一个证明啊，要到乡镇政府搞一个什么东西，村民服务中心都可以帮你代办，不需要往乡里跑。服务中心一天有一个村干部来值班，他会受理村民的相关事情，收集起来集中代办。除此之外，村民服务中心还可以用来进行招商引资、发展农村经济。（访谈编号20170322LZB）

精准扶贫之后开始实行村干部轮流坐班制度，扶贫任务较重的时候连续加班，任务较轻时周一至周五轮流值班。

对村级组织来讲，在大量的资源下乡和精准扶贫工作的压力下，为了完成任务，村级组织开始向科层化、村干部开始向职业化方向转变，这种科层化主要是功能上的行政化；对村干部来讲，随着轮流坐班制度和工资制度的建立，村干部早已不再是矛盾的“双重角色”，其虽然还具有“半正式化”的身份，但是在村民和地方政府的这个天平上已经开始倾向于地方政府一方，村干部已经成为地方政府开展行政任务的“代理人”，主要协调国家政策的乡村落地事宜，村干部与乡镇的关系越发密切。笔者所调研的茶乡下面村庄的村干部三天两头往乡镇跑，不是去开会、汇报，就是去协调，共同完成上级任务。

以往对于村级工作行政化、村干部职业化的研究主要集中在东部发达地区的乡村治理中，发达地区的乡村由于利益比较集中，繁重的工作以及复杂的利益关系使村级治理向科层化的方向转变，由于长期以来没有太多的利益和治理任务，中西部地区的村级工作并没有呈现行政化的趋势。但是精准扶贫工作开展以来，在大量行政任务的上传下达以及大量资源的反哺下，广大中西部贫困地区的村级治理也开始向科层化的方向转变，与东部发达地区村庄主动行政化不同的是，中西部贫困地区村庄是被动行政化而非主动转型，而对于这一方面则需要进行深入研究。

二　科层化与逆科层化逻辑在精准扶贫中的表现

古德诺认为在所有的政府体制中都存在政治与行政这两种基本的政府功能，前者主要指的是国家意志的表达功能，后者则是国家意志的执行功能（古德诺，1987）。后来有不少学者对古德诺政治－行政的二分法提出了批评，比如有人就认为政治与行政的二分原则并非普适原则，并不适用于中国社会（张康之，2001）。在中国国家治理的过程中，当行政任务难以完成时国家的政治力量就会介入，通过行政任务政治化的方式动员各种力量参与到行政治理的过程中，保证行政目标的顺利实现。在精准扶贫的过程中，扶贫工作队的组建、“五级书记挂帅抓扶贫”、党建扶贫等方法都是行政任务政治化的突出表现。

（一）扶贫工作队的构成以及运作

工作队作为一种国家权力的非常规运作机制在国家与乡村社会之间起到了中介的作用，并在我国历史的改革运动中扮演了重要的角色，是我党应对农村工作的一项重要工作机制（李里峰，2010）。精准扶贫工作开展以来，按照《中共中央、国务院关于打赢脱贫攻坚战的决定》要求，根据贫困村的实际需求，精准选配了第一书记和派驻了驻村工作队，做到了贫困村的全覆盖。对于贫困人口多或是比较“特殊”的贫困村，上级政府都从级别较高的部门选派人员组成了扶贫工作队。

其实早在2011年A县所属的Y市就按照“领导办点、部门联村、三级联创”的工作原则，针对本市的贫困村开展驻村（片）帮扶工作。精准扶贫之后，这种驻村工作被进一步强化。以笔者所驻村调研的茶乡百园村为例，由于百园村的扶贫牵头单位是当地Y市市政府。而且百园村计划2017年底脱贫摘帽，为了能够使其按时脱贫政府组建了扶贫工作队进驻村庄开展精准扶贫工作。具体扶贫工作由牵头单位、扶贫办、帮扶单位、乡政府和村干部等多方协同处理，帮扶单位包括市交通运输局、市外事侨务旅游局、市财保公司、农村信用合作联社四家单位，牵头单位市政府办公室派出一名副研究员 LY 担任扶贫第一书记，市外事侨务旅游局派出一名副主任 LGL，农村信用合作联社派出一名副社长 LH 以及百园村的村委会主任和村党支部书记（一肩挑）申带兵构成了扶贫工作队。由于第一书记 LY 感觉人手不够工作难以开展，在 2016 年初又向上级申请调派了政府一名科长加入工作队。百园村的扶贫工作队名义上牵头单位以及各个帮扶单位已经派出责任人，但是由于其他单位自身业务工作比较多难以派出人员进行全职扶贫，乡政府与扶贫办只有在该村有扶贫任务的时候才会参与到扶贫工作中。因此目前对于百园村来讲，长期驻村的扶贫工作队队员仅有 5 人，但是这几个队员都有各自的分工和特点：工作队队长兼第一书记的 LY 负责全面统筹以及同上级部门的沟通事宜；市政府的另外一名科长 LZB 由于是退伍转业军人，雷厉风行，比较有干劲和执行力，负责具体扶贫工作的执行和落实；LGL 虽然现在是市外事侨务旅游局副主任，但是他之前担任过另一个乡镇的副乡长，长达十几年之久，具有非常丰富的基层工作经验；农村信用合作联社的副社长 LH 除了扶贫工作以外还承担了协调贫困户的扶贫贷款任务；村委会主任申带兵则主要负责扶贫政策落实以及直接与村民和贫困户之间的沟通与协调。所以从以上扶贫工作队人员的构成我们可以看出，成员中既有执行能力较强的，又有善于处理基层工作的，还有所在单位有丰富资源的，做到了合理的搭配。

百园村扶贫工作队的主要任务包括以下几个方面。第一，制定规划。全面掌握帮扶村的基本情况（资金、资源、资产账目），根据深入调查走访找到贫困村的致贫原因；全面掌握贫困人口的情况，全程参与村级对建档立卡户的清理和补充，及时对扶贫资料进行数据更新，实行贫困人口的动态管理；制定贫困村三年脱贫规划、贫困村年度工作计划等。第二，组织实施“六个一批”：完善政策保障，兜底一批；实施改造搬迁，安置一批；强化救济救助，援助一批；加强技能培训，就业一批；培育富民产业，带动一批；实施生态修复，补偿一批。第三，进行基础设施建设，其中包括道路交通建设、水利设施建设、农村电网改造建设、广电设施建设、通信网络建设以及生态环境建设。第四，进行资源整合及政策落实。争取相关行业部门资金、项目等资源用于贫困村开展帮扶；通过多种形式宣传国家和省区市各项涉农惠农及扶贫政策等。第五，加强村班子建设和基层组织建设。扶贫工作队和第一书记还协助乡镇干部全程参与了2017年5月的该村“两委”换届选举和村民代表选举工作，村里常年不进行的党建活动也在工作队的牵头下有效地开展起来。由上我们可以看出，扶贫工作队不仅仅是对建档立卡贫困户进行帮扶，其工作任务还包括村庄基础设施建设、集体经济发展、政策宣传、组织建设等多个方面。

在扶贫工作队的日常管理上，规定工作队员必须遵守驻村帮扶的工作纪律，驻村工作时间每月不能少于20天；建立学习培训、工作例会、台账登记、工作报告、考勤登记、日志管理等制度，并在年初和年终按照规定向有关部门报送年度工作计划、总结和相关数据资料；积极向县扶贫办报送驻村帮扶工作信息和调研、经验材料。表4－1是笔者在2017年5月全程跟随百园村扶贫工作队工作所做的部分工作事项记录。

表4－1　百园村扶贫工作队的主要工作事项记录（2017年5月）

时间	主要人物	所做主要事项	工作性质
2017年5月9日	第一书记、扶贫工作队队员以及村干部	走访贫困户，并与村干部商议召开村民评议动态调整事宜	动态调整、民主评议
2017年5月10日	第一书记、扶贫工作队队员、乡镇包村干部	参加第一次民主评议会，晚上继续走访贫困户	民主评议、动态调整
2017年5月11日	第一书记、扶贫工作队队员、乡镇包村干部	上午到县残联了解残疾人救助政策，下午继续召开民主评议会	社会救助、民主评议
2017年5月12日	扶贫工作队队员LZB、乡镇相关干部	到乡政府补充扶贫资料，准备迎接市委组织部检查	扶贫台账、考核检查
2017年5月13日	交通局副局长以及交通局包户人员、扶贫工作队队员LGL和LZB	交通局到帮扶贫困户家走访并考察易地搬迁情况	包村包户、易地搬迁
2017年5月14日	乡镇干部、第一书记、扶贫工作队队员	协助村党支部书记换届选举	村庄选举
2017年5月15日	扶贫工作队队员LGL	调研百园村文山组QYT茶叶有限公司经营状况	产业扶贫
2017年5月16日	第一书记、扶贫工作队队员、交通设计院工作人员	上午协助交通设计院工作人员进行公路测绘，下午走访贫困户	基础设施、包村包户
2017年5月17日	Y市政府秘书长、第一书记、扶贫工作队队员、乡镇干部、村干部	政府秘书长T进村走访其所帮扶贫困户，并考察集体茶园建设	包村包户、产业扶贫
2017年5月18日	县长、乡镇干部、第一书记、扶贫工作队队员以及村干部	县长Z进村检查精准扶贫资料档案建设情况	考核检查

通过对扶贫工作队的日常工作状况进行分析可以看出，对于扶贫工作队队员和扶贫第一书记来说，往往在与扶贫相关的专项任务上他们作为主导参与较多；而涉及村庄具体事务诸如项目落地、村民纠纷等与村民打交道的情况则是村干部参与较多。第一书记和扶贫工作队的驻村并没有造成与作为当地权威的村干部之间的冲突与矛盾，他们带来的扶贫资源和扶贫项目被当地村民看作村干部“争取”的结果，而对于扶贫资源和项目多的村庄的村干部来讲，从某种程度上反而强化了他们在村庄内部的权威。当然，由于贫困村庄的异质性很强，对于治理状况较差的村庄来讲，以往的扶贫资源分配与传递过程存在很多问题，第一书记与扶贫工作队对于这种类型的村庄村干部来讲则更多的是发挥了监督与权力制约的作用。

（二）地方政府行政统筹能力提升

党的十八大以来，党中央高度重视扶贫工作，严格实行“一把手”负总责的脱贫攻坚责任制，建立了“省负总责、市抓协调、县为主体、乡村实施、部门配合”的扶贫机制，形成了“五级书记挂帅抓扶贫”的工作局面。扶贫任务的增加导致各级政府的重视程度提高，有的贫困地区扶贫办级别也升格。在 H 省 Y 市扶贫办，之前原本是农业局下面的二级机构，但是随着精准扶贫之后任务的加重，现在升格为扶贫局，在级别上升了半格，从之前的科级单位上升为副处级单位，级别提升带来的是相应权力的增加以及在与其他部门沟通过程中协调与统筹能力的提升。

精准扶贫政策的实行表现出以下两方面的突出特征。一方面，对扶贫的过程中各级政府统筹能力要求越来越高，扶贫已经远远超出扶贫办的能力范围，政府内部的各个部门投入脱贫攻坚战，形成了各级各部门共同推进脱贫攻坚的强大合力，构建出了大扶贫格局。财政部和国务院扶贫办专门发布了《关于做好 2017 年贫困县涉农资金整合试点工作的通知》，指出国家扶贫开发工作重点县和连片特困地区县要将涉农资金整合到精准扶贫的工作中来。另一方面，对扶贫资金和扶贫项目的考核审计也越发严格，相关资金的使用首先要严格遵守各个部门内部的规章制度，也就是遵循每个“条条”各自的规定，强调专款专用。比如，贫困村的道路建设要符合交通局的相关规定，危房改造项目要符合住建局的相关规定；除此之外，各种扶贫项目还要经受各级政府的重重考核与检查。以村级的扶贫项目资金拨付为例，先后要经过村支书、村委会、第一书记、乡镇财政所所长、乡镇分管领导、扶贫组组长以及乡长的同意签字，现在扶贫项目资金的管理基本上都已经实施严格的财务报销制度，缺少以上任何一个签字都不能申请到项目资金。因此，精准扶贫政策下对于扶贫资金项目的考核越来越严格，资金使用规定越来越死板的情况下却需要提升地方政府的统筹和整合能力，即扶贫项目资金专项化管理与地方统筹安排使用资金之间的矛盾越来越大（吕方，2013）。如果严格按照理论上科层化的治理规则，以上二者的张力很难调和，在行政规则约束强化的前提下难以提升政府部门的统筹能力，以实现资源整合与治理创新。但是在精准扶贫政策实际的执行过程中政府采用了高位推进等一系列工作方法，突破了既有科层制的边界与不同部门规则的约束限制，有效解决了二者之间的矛盾。

精准扶贫要求地方政府统筹、整合能力提升与扶贫资金、项目管理考核过严之间的矛盾和张力如何解决？这对于基层政府而言是一个很大的考验。在贫困治理的过程中相关部门正是在利用科层制规则的同时又能够突破科层制的限制与约束，才能够实现扶贫资源的有效整合，集中力量投入脱贫攻坚战中。

在韦伯的官僚化理论中，官僚组织中的人员时刻都是以制度化的规章制度作为行为准则，大家都各司其职保证了整个官僚体制的高效率运转。与此相反，中国的官僚制集中体现的却是“向上负责制”，这与韦伯意义上的官僚支配形式有着本质上的不同（周雪光，2017）。“向上负责制”意味着行政体制内的人员在行使职权的时候首先要遵循的是“下级服从上级”的原则，而非各个部门已经制定的规则条例，这也是中国行政体制人格化的重要体现。

在扶贫领域，资金的使用也受到这种“下级服从上级”原则的影响。扶贫资金主要分为中央专项扶贫资金①与地方扶贫资金两类：前者通过中央财政转移支付的形式分配给各个贫困地区；后者则是本地的省、市、县各级政府范围内的专项扶贫资金和其他整合扶贫资金、配套扶贫资金等。中央的专项扶贫资金一般都是专款专用，有着非常严格的审计制度，不能够

① 中央专项扶贫资金包括以下几类：1. 发展资金；2. 以工代赈资金；3. 少数民族发展资金；4. “三西”农业建设专项补助资金；5. 国有贫困农场扶贫资金；6. 国有贫困林场扶贫资金；7. 扶贫贷款贴息资金。

用在其他用途，即使在扶贫领域内进行调整也是不被允许的，所以资金的整合与统筹主要针对的是地方政府自筹的这部分扶贫资金。Y 市政府办的驻村工作队队长就说道：

> 市一级安排的资金按照市领导的要求，你去整合一下应该问题不大。因为至少市一级去审计的时候，它有市一级领导讲话的精神作为依据，他审计也不会审计出什么问题来。你真要给他搞变通、搞整合，你市里面的领导没讲这个话，你就是不懂政治，你下级不服从上级啊。这个资金是从哪里来的，那个资金是从哪里来的，你必须按照这个要求来弄。（访谈编号 20170322LZB）

由此看来，扶贫资金的整合也并不是根据需求而随意调整，遵循的首要原则就是“下级服从上级”，在服从扶贫计划的同时做到“计划内整合”，必须有相关政策文件和领导讲话作为支持，做到有理有据。

精准扶贫以来，大量扶贫资金以项目的形式被分配到贫困村中，从之前资源匮乏变成现在的“项目扎堆”，因此如何在短期内使大量扶贫项目落地实施和顺利完成，对于扶贫干部与地方政府来讲是一个很大的考验。而笔者所调研的百园村仅 2016 年的扶贫项目资金就超过了 1600 万元（见表 4－2）。

以 Y 市 A 县的百园村扶贫资金的使用为例，比如说易地搬迁的 1000 万元属于中央专项扶贫资金，这类项目是专款专用，地方政府、村上和扶贫工作队都不能动。还有个项目是市里争取来的给百园村修一条旅游环线公路，预算 560 万元，项目资金目前只有 320 万元，这个项目的资金缺口比较大，只能向市级其他部门争取，把这个缺口补上，因为该项目已经被纳入扶贫帮扶规划，所以市级扶贫工作队就必须想办法整合资金完成任务。这里需要指出的是，市级扶贫工作队也只能够在市一级范围内整合资金，他们一般会以贫困村的名义向市级其他部门申请项目。例如，如果他们向市财政局争取了 10 万元扶贫经费，财政局对于这 10 万元并没有具体使用说明时，扶贫工作队就可以将这笔资金用来修路；如果他们向市经信委争取了 20 万元，这 20 万资金是给村级茶叶合作社支持产业发展的戴帽资金，但是由于道路建设资金缺口太大，他们也可以将 10 万～15 万元放到修路上。在

表 4 - 2　2016 年度百园村扶贫项目情况

序号	项目名称	建设内容	投资估算（万元）	建设时间	援建单位	责任人
1	旅游公路建设	文山—扁担坳—方溪 7.97 公里毛路开挖	410	4—6 月	市交通局	申带兵　王先球
2	森林防火通道建设	双坳—肖家的贺儿冲林道，文山—肖家的火岩湾林道的毛路开挖，塌方清理，涵管埋设，平整压实	45	6—10 月	市林业局	申带兵　刘战群　张云清
3	道路绿化	村级公路主干道两边栽种树木	10	3 月		
4	农村安全饮水工程	肖家、双坳、文山共新建 5 个净化池及配套管道	50	6—12 月	市水务局	陶礼阶　王登本
5	农网改造工程	肖家、文山配套高低压电网	120	4—8 月	市电网公司	张云清　罗权
6	通信网络改造工程	肖家猴子尖新建移动基站 1 个及配套电网、无线宽带	60	4—6 月	市电信公司　市移动公司　市铁塔公司	陶礼阶　文勤军
7	集体产业扶持	双文村集体经济新建茶园 100—150 亩	51	3—12 月	市县财政项目市农业委茶叶办公室	周怀民　韩首杨　申带兵
8	贫困户产业扶持	每户扶持新建两亩以上茶园	34.8	3—12 月		
9	扶贫帮困配套资金	贫困户产业帮扶、技能培训	115	1—12 月	市扶贫办	
10	旅游项目扶持	旅游标识标牌设立，茶旅项目规划	30	6—12 月	市外事侨务旅游局	
11	基层组织建设	村民服务中心、村级活动场所建设	59	6—12 月	市、县委基层办	
12	危房改造工程	完成 59 户危房改造任务	38	6—12 月	市住建局	陶礼阶　王登本
13	易地扶贫搬迁安置	完成 87 户贫困户搬迁安置基础工作	600	3—12 月	市发改委　市扶贫办	申带兵　王登本　陶礼阶　张云清　刘战群
14	备注	扶贫工作组负责搞好相关援建单位项目、资金的落实对接协调工作				

市级的配套资金与扶贫资金的整合方面，市扶贫工作队是有依据的，这里的依据主要是指市长的讲话，市级各部门都直接服从于市政府的管理。但是市扶贫工作队对于资金的整合也仅限于市级，不能够往上整合到省和国家级。按照这样的道理，省里如果有领导开会讲话要进行扶贫资金的配套和整合的时候，省里安排的资金也可以整合。如果上级向下级进行项目资金整合的话原则上可以，但是通常情况下不会出现这种情况；如果上级政府安排的资金有缺口需要下级进行补充的话，它就会直接将任务分配给下级政府进行配套，下级政府就会按照要求进行资金补充、配套与跟进，而很少存在上级政府或领导没有正式文件、讲话的情况下直接整合下级政府资金的情况。所以我们可以总结为，扶贫领域的资金整合主要遵循的是“向直接上级负责”的原则，一般的情况下整合资金的范围不能超越同级政府，也就是在同级政府范围内进行具体操作的“范围内整合”。

2014 年，国务院扶贫开发领导小组决定把扶贫资金项目审批管理权限进一步下放到县，省级不再具体管理扶贫资金项目审批权。这意味着县级对于扶贫资金和项目的管理权力增大，但是权力增大的同时往往伴随任务和责任的增加。在扶贫任务加重需要承担更多协调、整合工作的情况下，2014 年 A 县扶贫办升格为扶贫局，进行部门级别调整主要是为了在扶贫工作协调的时候赋予扶贫部门相应的权力。虽然“四到县”之后县扶贫局在项目资金管理、分配等方面权力有所增加，但实际的情况是对于重大的事情县扶贫局也决定不了。各级扶贫办（扶贫局）只是负责承上启下的传达、管理以及具体政策和业务的指导。对于其他部门来讲，扶贫办仅仅是一个在中间协调的部门，并提供扶贫业务的专门化指导，扶贫办本身并没有设置项目和发放资金的权力。对于重大的事情扶贫办（扶贫局）也决定不了，扶贫办（扶贫局）仅仅是一个常设的业务部门，并不能领导其他部门。现在的扶贫工作是五级书记主抓，在脱贫攻坚中起到领导作用的是扶贫攻坚领导小组，通常是由作为一把手的市委书记、县委书记担任组长。在调研的 Y 市市委书记亲自担任脱贫攻坚领导小组组长，下面的副市长中有的专门抓易地搬迁，有的专门抓产业扶贫，有的抓扶贫监督等，当扶贫上升为地方政府的中心任务后，大家的工作都是围绕扶贫开展，仅仅依靠扶贫办是远远不够的。

从操作层面来看，扶贫资金和项目主要通过以下三种形式进行整合。

一是在制定扶贫规划的时候将各种项目编织在一起，形成一个项目库和项目池，这是规划治贫的一种方式，也就是说在正式扶贫行动之前根据扶贫任务的大小来制定相应的扶贫计划和规划，这算是事前整合。二是具体工作过程中发现确实需要某项目的时候直接向相关部门的主要领导汇报和申请，因为实际情况千变万化，很多扶贫项目都是根据实际情况变化而变化，这就需要自下而上按照程序进行相关项目和资金的申请。由于现在采用报账制度，很多扶贫项目往往是开展后再向上申请资金，一边开工一边申请项目的情况也比较普遍，这算是事后整合。三是采取召集各个部门开展现场会议的形式进行现场整合。现在的扶贫资金都是以项目的形式进行分配，一个扶贫项目的实施又不仅仅依靠一个部门，往往需要依靠多个部门的参与才能够完成。以易地搬迁项目为例，该项目牵涉土地占补平衡、退耕还林以及环境评估等方面工作，因此除扶贫办、住建局外，还需要安监局、国土局、林业局、环保局等多个部门的参与。往往跑完手续就需要至少三个月的时间，所以在扶贫项目的开展上很多情况是先动工再跑手续，一边干项目一边向各个部门汇报申请。当然，向上级汇报申请的项目也必须是在国家规定的项目范围之内，也就是说蛋糕是固定的，但扶贫工作队和地方政府还是争取多分一点蛋糕。

下面我们对第三种召集各个部门开展现场推进会进行整合的形式做详细介绍。这种形式一般是在上级领导在场的情况下进行的，召开现场会议高位推进也是我党的一种有效的工作机制和方法。科层制内部由于地位相等，很多时候平级部门之间往往难以协调，这就需要上级领导来高位推进。A 县茶乡的百园村是 Y 市政府办的扶贫点，由市政府办、市交通运输局、市外事侨务旅游局、市农村信用合作联社以及茶乡乡政府共同组成精准扶贫驻村工作队派驻百园村，其中牵头单位是市政府办公室。为了使百园村精准扶贫工作得到有效开展，Y 市政府办的领导每年都会来该村进行调研、走访与召开现场推进会。

市长调研精准扶贫工作现场会方案

一、时间：2016 年 11 月 2 日（星期三）

二、地点：A 县茶乡百园村

三、参加人员：市政府办、市交通局、市外事侨务旅游局、市农村信用合作联社、市财保公司、市扶贫办、市发改委、市财政局、市国土资源局、市林业局、市民政局、市卫生计生委、市住建局、市环保局、市经信委、电网公司等主要负责人，Y市日报社、Y市电视台、记者各1名（帮扶责任单位自带车辆，其他与会人员8：10在市政府前坪旗杆处统一乘坐89号车）。

四、现场调研及会议议程与时间安排

（一）现场调研（10：50—12：00）

现场察看百园村精准扶贫工作情况。

1.10：50 察看双坳片区易地扶贫搬迁分散安置情况。

2.11：00 察看肖家片区易地扶贫搬迁集中安置情况和集体茶园培管情况。

3.11：30 前往文山LYB家察看民居客栈和毛茶加工厂。

4.12：00 返回村部，前往村支书家。

（二）座谈会议（村部办公楼，13：00—15：00）

主持：政府办秘书长

1.13：05 扶贫工作组情况汇报。

2.13：15 百园村党支部书记补充汇报（邀请村民代表参加）。

3.13：25 茶乡负责人发言。

4.13：35 A县政府负责人发言。

5.13：45 帮扶责任单位及各部门单位负责人发言。

6.14：30 市长作重要讲话。

7.15：00 责任单位上门对接贫困户（自行安排）。

有学者认为高位推进是“具有中国特色的党主导下的政策执行机制”，并且能够实现对无组织化、原子化村庄社会的有效治理（贺东航、孔繁斌，2011）。而现场会则是这种高位推进工作方法的一种重要实践机制。由上我们可以看出在精准扶贫工作现场会上除了地方政府、扶贫部门、扶贫工作队以及村干部参加外，还召集了市交通局、市外事侨务旅游局、市农村信用合作联社、市财保公司、市扶贫办、市发改委、市财政局、市国土资源局、市林业局、市民政局、市卫生计生委、市住建局、市环保局、市经信委、电网公司等相关负责人参加，而召集来的这些单位都与该村扶贫过程中开展项目以及资金整合相关。以下是在召开现场推进会过程中各个部门单位的表态发言：

各部门单位表态发言

水务局王局长：农村饮水安全负责兜底，安排资金40万元，2015年到位20万元，今年（2016年）6月到位20万元。

市发改委陈主任：易地扶贫搬迁基础数据（搬迁户、随迁户的数量）要搞准，按照6万元/户的标准进行补偿。

市财政局孙副局长：不折不扣地落实。

市电信局钟总经理：克服困难，尽最大努力在入户门槛上出台优惠政策让利老百姓，请当地做好立杆施工放炮时的群众解释工作。

市铁塔公司龚总经理：塔基、机房已建好，电源问题正在解决，力争5月底前完工。

市住建局陈局长：要注意保持山区民居风格，文村危房改造共59户，上半年安排30户，已预拨2000元/户，下半年安排29户，补助标准13500元/户，再送几根路灯。

市农业委何主任：农业产业扶持资金没有问题，将派相关技术员来指导农户生产。

市委组织部基层办蒋主任：尽全力支持村级服务中心和活动场所建设，相关配套资金按市委组织部政策（全市均村50万元向国开行贷款）执行。要重点解决“并村不并心”的问题。

市国土局贾局长：支持茶园项目建设，以耕地对待，补助标准提高到4000—5000元/亩，解决搬迁后的宅基地的复耕问题。

市林业局肖局长：全力支持项目建设，保护好古树木材，发展好竹笋产业，可以帮助建几个加工厂；可发展林下经济，如养鸡（有专业合作社可提供鸡苗和饲料、回收鸡蛋）。

市文体广新局胡局长：保证每年送两场花鼓戏和电影；负责赠送农家书屋图书和移动音响一套；负责村广播的布线；村级文体广场建设项目支持10万元。

市交通局冷局长：支持12公里的乡村公路建设，但目前路基、边沟还不行，要等验收后再修路面。

市外事侨务旅游局夏局长：力争30万元的项目资金，正在引进产业项目（散养鸡、光伏发电可以试点），今年重点做好游道和标识牌的制作，力争将茶马古道的旅游文化引进来。

市农村信用合作联社周主任：评级授信工作已完成，87户贫困户可不用任何担保直接到农商银行贷款1万—5万元。

市财保公司文副总经理：全力支持。

中国的官僚体制遵循的是“向直接上级负责制”（周雪光，2017：77），市长在召开精准扶贫现场会的时候一般不会跨越层级直接安排具体扶贫工作，但是领导也在现场会上明确指出工作重点和方向。百园村由于处于山区，交通非常不便，在自然村与自然村之间都没有完全通公路。在精准扶贫前村上就已经自筹修公路，当时是采取按照人头自筹资金的方式。2015年扶贫工作组进来后这项自发的行动就暂停下来，由工作组出面向上汇报需要修公路，之后将这条公路纳入了百园村的村级扶贫规划中，成为茶乡旅游环线的一部分，并得到了市政府领导的批准。而这次扶贫工作推进会中市长又特别指出了各部门要配合起来修好这条旅游环线公路。项目的建设主体是县乡政府和交通局，但是也要得到其他部门的配合。在现场推进会上市长讲话之后，各个部门负责人纷纷表态一定全力配合，做好项目实施的保障工作。所以精准扶贫工作现场推进会不仅有效解决了公路建设资金短缺的问题，而且整合了其他部门资金投入百园村的脱贫攻坚中来。而对于具体资金、项目的程序以及资金的协调，扶贫工作组则会根据此次会议的精神，在以后的扶贫工作中再去找各个部门具体逐项落实。

对于扶贫工作组来讲，扶贫项目的推进和扶贫资金的整合统筹是一件极其复杂的事情，由于手续复杂、程序烦琐，如果严格按照各个部门的规章制度来办根本办不成，他们一般是先做再说。只要是符合政策以及领导重视的项目，他们一般都是一边申请一边做。“如果严格按照执行的报批审批这个程序来的话，那你就别想干了。这个事情你也干不成了。”（访谈编号20170324LZB）所以精准扶贫过程中政府的整合与统筹一方面依靠地方政府与工作组自下而上进行申请与“变通”执行；另一方面则需要上层政府领导召开扶贫工作现场会进行高位推进，利用“向直接上级负责”的原则迫使其他各个部门都参与到精准扶贫的工作中。只有在自下而上以及自上而下两种力量的结合下，才能够突破各个条块部门自身的规定与利益，才能够提升政府的整合与统筹能力，有效防止贫困治理的碎片化。

三　技术治理遭遇乡土逻辑①

从目前精准扶贫政策的实践情况来看，一方面，在制度组织层面，主要采用的是科层制内部的动员，运用运动式治理与压力型体制相结合的方式在各级成立相应的临时性脱贫攻坚小组并由主要领导负责高位推进；另一方面，在精准扶贫的具体政策层面，采用了精准识别、精准帮扶、精准管理、精准考核等精准到户到人的程式化、技术化的治理策略与方法，表现出来最突出的特征就是精细治理与技术治理。正如上一部分所述，精准扶贫逆科层化首先表现在科层体系内部结构的调整以及随着中心任务的变动，自上而下成立临时性的机构来突破科层制的界限；其逆科层化表现在作为技术化治理方式的精准扶贫政策在基层执行的过程中与乡土社会逻辑之间的冲突。

技术化的治理方式能够实现治理目标吗？对此很多学者提出了质疑。有学者认为国家治理规模和负担的增加并不能通过技术治理的途径解决（周雪光，2017）。因为信息本身具有模糊性，技术手段的控制者和不同的使用者对同一信息可以有不同的解释，技术治理有着人格化倾向（黄晓春，2010）。如果说在行政体系内部我们可以通过行政化的方法突破科层制的界限，那么对“半官僚化”的村干部，我们也可以通过行政化的方法使其提高行政效率，但是政策一旦进入村庄以下层面，即涉及与村民互动之时，就面临“非科层化治理结构”，而乡土社会是以地方权威、社会网络为主体，遵循所谓的“乡土逻辑”，技术治理的最大障碍就在于此。

（一）精准扶贫的地方实践过程及其困境

精准扶贫政策执行的实践困境并不是个例，而是具有很大的普遍性，与很多贫困地区的政策过程有着很大的类似之处。笔者在另外一个贫困村

① 本部分内容以《“精准扶贫”的地方实践困境及乡土逻辑——以云南玉村实地调查为讨论中心》为题，发表于《河北学刊》2016 年第 6 期（作者：许汉泽、李小云）。

调研的时候就出现了作为技术治理的精准扶贫与非科层化乡土逻辑之间的冲突。玉村位于Y省大理白族自治州北部国家级贫困县J县，处于滇西北横断山中段、“三江并流”自然保护区南端，生态环境非常脆弱。村委会下辖6个自然村，该村白族群众比重高达91%，是典型的少数民族聚居村。截至2015年末，全村共有601户2768人，村内80%的青壮年劳动力常年外出打工，农业生产主要靠50岁以上的老年人。玉村目前建档立卡贫困户有234户805人，贫困发生率为29.1%。2016年4月笔者在玉村进行了为期20天的驻村调研，主要采用半结构访谈和参与观察的方法，通过对乡镇、村干部、扶贫工作队以及贫困户等不同主体的访谈，详细了解了精准扶贫政策在该村的实际运行过程，并收集了大量一手经验材料，以下的分析所用的案例都来自此次调研。

1. 精准识别：选择平衡与瞄准偏离

从理论上讲，精准识别出贫困人口是精准扶贫战略的首要任务（许汉泽，2016）。只有准确地找到谁是贫困人口，才能够对其进行接下来一系列的帮扶和管理行动。目前我国贫困人口的确定是统计部门根据抽样测算出来然后自上而下进行分配指标的过程。到了基层社会，按照政策要求，贫困户的识别遵循以下三个标准：一是年均纯收入在扶贫标准以下的农村人口；二是具备劳动能力；三是综合考虑住房、教育、健康等情况。扶贫办相关政策规定精准识别的具体操作程序如下：第一步，农户自己提出申请；第二步，召开村民代表大会进行民主评议，确定出谁是贫困户；第三步，村委会和驻村工作组对其进行核实并进行第一次公示；第四步，乡镇审核并进行第二次公示；第五步，由县扶贫办复审并进行公告。

玉村早在2014年就开始了精准识别建档立卡工作，但是其具体实践程序却与以上政策文本规定有所差异。当时村内有360多户提出了申请，但是上级分配的贫困户指标只有234户（见表4-3），村干部为了防止争议就没有召开村民代表大会，而是根据村内6个小组的情况，按照各组的人口比例来分配名额。村干部把贫困户名额分配到各小组之后，再由各小组长与村民代表开会讨论决定，一般会选择一个晚上集中在小组长家里进行商议和表格填写，贫困户之后签字按手印就可以，村干部只是在这个过程中起到监督作用，主要还是由各村民小组长与村民代表来主导。

表 4-3 玉村各村小组户数与贫困户数量对比

单位：户

村小组名称	户数	贫困户
嘉村	157	67
观村	176	71
宅村	98	38
北村	18	7
石村	40	13
易村	112	38
合计	601	234

从上可以看出，贫困识别就从政策要求的召开村民代表大会民主评议变成了指标的平均分配与小组内部协商决定，程序既不符合民主程序，也不是完全由上级分配。把识别单元变为组内识别主要有以下三个原因：第一，小组内成员生活在一起，大家相互之间非常熟悉，知根知底；第二，由于外出务工人员很多，村民代表大会难以正常召开；第三，村干部害怕承担责任和得罪人，就将责任下移到各个小组。调研发现，在具体识别的过程中，往往最贫困的10%，如五保户、低保户等被确定为贫困户一般没有问题，但是对于条件差不多的农户之间的识别存在很大的争议，贫困户的识别主要是以收入为标准，但是农户的收入不好测算，务工收入完全靠自己说。所以村干部为了防止争议和冲突，在贫困识别的过程中采取了选择性平衡的策略，即分配贫困户指标与扶贫项目的时候按照各个小组的人口数进行了平衡，比如说危房改造项目也是这样，镇里给玉村分配了8户危房改造，他们要做到下面的每个自然村都有，其中两个人口较多的大自然村每村两户，其他小自然村都是一户。用村干部的话说是：

这样分配主要是怕人闹事，要是不平衡的话就会引发矛盾，哪怕一户摆不平也不行。（访谈编号 20160408YLC）

以上分配方式虽然消解了村民之间的争议和冲突，但是并没有按照要求识别出真正的贫困户，很多时候指标都分给了小组内人缘比较好的农户，与精准识别政策相背离。

2. 精准帮扶："逼民致富"与农民参与缺席

精准扶贫战略的另一个重点是向精准识别出的贫困人群提供量体裁衣式的菜单式扶贫，即精准帮扶（左停，2015）。在扶贫资金有限的情况下进行精准帮扶最重要的一点就是要到户，也就是让农户确确实实受益，不然精准识别之后没有采取帮扶行动的话，在基层社会很容易引发矛盾冲突以及对政府的不信任。具体来看，精准帮扶到户的措施主要表现在产业扶贫方面，目前从宏观层面来看，专项扶贫资金到了地方要求70%以上必须用于产业扶贫。而在中央推行的精准扶贫"五个一批"工程中，产业扶贫涉及对象最广、涵盖面最大，是实现精准帮扶的主要途径。

在产业扶贫方面，玉村得到的帮扶主要是整乡推进里面的产业部分，具体来看就是发展养殖业。玉村在产业扶贫上获得的指标是60头牛、100只羊和155头猪，对于养牛国家补贴5000元/头，养羊补贴1000元/只，养猪补贴1000元/头，但是相关政策要求产业扶贫资金70%以上必须补贴给建档立卡的贫困户。调研发现，村内的贫困户对于这些产业扶贫项目并不欢迎，反倒是非建档立卡农户进行养殖的意愿比较高，但是鉴于以上政策限制又不得不分配给贫困户，这样乡镇干部和村干部就犯难了：他们一方面开会宣传相关政策以及从事养殖的种种好处；另一方面，则为了完成任务，不得不把指标分配给一些条件稍微好的农户。为了防止政府采购来之后有农户反悔不养，镇政府还要求凡是参加产业扶贫项目的农户必须交押金，养猪、养羊交500元押金，养牛交2000元押金，采购回来之后超出的部分从押金里面扣。这里存在的问题是，贫困户对政府采购的品种、质量不信任，所以很多人不愿意参与。镇上最近想出了新办法，也就是在采购的时候会在村里选几个代表参与政府招投标和采购的过程。即使在这样的情况下，贫困户还是不积极，上一年分配的指标现在还没有完成。由此可以看出，在产业帮扶过程中，当地政府通过行政手段"逼民致富"，但是贫困户却不想发展政府推行的项目，与国家精准帮扶的政策要求发生了偏离。

调研发现，产业扶贫项目农户参与的积极性不高，不积极有以下几个原因。第一，政府采购的价格比较高。比如，政府采购每头牛的价格可能是八九千元，但是农户在集市上购买的价格也就3000元左右，也就是说，即使算上政府补贴，农户掏的钱也会高于自己在集市上买的价格。这主要是因为政府采购程序比较正规，需要检测血清、拍照、归档、统一运输等。

而农户在集市上购买则不需要这些程序，所以用比较低的价格就能够买到。第二，建档立卡贫困户大多是因病、因残致贫，家庭劳动力有限。但是发展产业需要很大的劳动力投入，尤其是养殖业则是劳动密集型产业。以养牛为例，每天需要五六点起床割草、打碎等投入大量的劳动才能够养殖好取得效益。第三，小农意识比较强烈。当地农民长期以来习惯于风险小的农业经营，很少从事类似的养殖项目，比较害怕市场风险。

3. 精准管理：权责不匹配与管理体制僵化

精准管理是精准扶贫的保证，具体来看主要包括以下三个方面。第一，对贫困户信息的管理。除了进行数字化建档立卡、动态管理等基本信息之外，还要根据每个贫困户的不同情况制定“台账”、脱贫计划以及帮扶措施等。第二，对扶贫资金的管理。主要是在扶贫资金分配、扶贫项目运行的过程中做到公开公正，防止资金“跑偏漏失”。第三，对扶贫事权的管理。各级部门按照自身事权推进工作，加大资金整合力度，集中解决突出问题。

在贫困户信息管理方面需要将贫困户信息建档立卡，并输入电脑存档进行信息化统一管理，但是这方面的政策到了农村后却很难执行下去。目前玉村村干部有7人，其中包括村党支部书记、副书记，村委会主任、副主任，以及妇女主任、监督委员会主任和副主任。一方面，村干部知识水平有限，其中最高为初中学历，不懂电脑，精准扶贫的很多表都不会填，镇里派人下去教，虽然花费了很多时间，但操作起来还是不熟练；另一方面，贫困识别、建档立卡对于村干部来讲是一件之前没有的附加任务，在工资水平有限的情况下加重了他们的工作负担，致使村干部工作不积极。如果任务压力过大，他们只能与上级玩“数字游戏”与“纸面脱贫”。为了使玉村能够尽早脱贫摘帽完成脱贫攻坚任务，政府还派遣了一支由省扶贫办、县扶贫办以及乡镇干部共14人共同组成的扶贫工作队进行驻村帮扶和开展精准扶贫活动。但是调研发现，目前工作队虽然住在村里，但他们主要的任务就是做“台账”，即帮助村子进行基础信息资料的调查整理并制订相应的脱贫计划；另外，扶贫工作队做的都是些承上启下的协调工作，对下就是搜集信息，对上主要是协助省扶贫办政策落地。在这个过程中，扶贫工作队没有任何权力，也不能给村里直接带来项目，这使其工作效果大打折扣。在扶贫资金管理方面，没有专门的人员进行管理，专项扶贫资金管理主体涉及财政、发改委、民委、农业、林业、交通等不同部门，其典型特点是分项投入、多头管理（许汉泽，2015）。扶贫资金管理仍旧是按照部门条块化各自运行，部门间缺乏相互协调，尤其是随着整合资金的增多，其管理成本和难度也大大增加。对于一个综合性的扶贫项目来讲，扶贫办的资金一般没有问题，但是其他部门的整合资金很多时候不能够及时下放，经常会影响扶贫项目工程的进度。在扶贫项目与事权管理方面，对于基层政府和干部而言也存在权责不匹配的问题，也就是说扶贫项目一旦审批下来就很难进行调整，项目一般不允许进行变更和调整，但是如果项目执行不好最后验收不过关，基层干部还要承担相应责任。以互助资金项目为例，该项目本着“民管、民用、民受益”的原则，资金完全依靠村民成立的互助合作社来使用和村民自行管理，但是基层干部却要承担监察和审计的责任，由于害怕被问责，基层干部往往不愿意申请此类项目。

由上可以看出，村干部、扶贫工作队以及县乡干部在进行贫困户信息管理、扶贫资金和项目管理的时候一方面承担了很多的任务和责任；另一方面在这个管理过程中没有相应的管理权力，只是扮演协调者的角色。项目进村之后，就很难再有调整和操作的空间，即使根据村庄实际情况做微调在程序上也极为烦琐。精准管理中的权责不匹配，导致对于管理者的激励不足，管理体制僵化，影响了精准扶贫政策的执行效果。

（二）精准扶贫实践与政策表达背离的乡土逻辑

精准扶贫政策主要是国家针对不同贫困区域环境、不同贫困户状况，运用科学、有效的程序对扶贫对象实施精准识别、精准帮扶和精准管理的治贫方式，其目的旨在改变以往粗放的扶贫方式，变“输血”为“造血”，更加突出扶贫资源的瞄准性，减少扶贫资金跑偏漏失。但是如上文所述，精准扶贫在基层社会尤其是村庄层面的具体实践与国家政策表达发生了偏离，而这往往是由乡土社会的特性所决定的，接下来我们分析政策偏离背后的乡土逻辑。

1. 乡土社会的模糊性与农民之间的平均主义

精准扶贫政策的第一步和最重要的步骤就是精准识别，精准识别是按照民主、合规的程序把贫困户找到，并将其相关信息建档立卡，对其进行数字化、清晰化的管理。贫困识别的过程也是发扬基层民主和农民参与的过程。但是玉村的贫困识别程序被改变，贫困户的确定不是准确找出最贫困的农户，而变成了小组内的协调和小组间的指标平均分配。

精准识别程序在农村的调整与改变主要有以下两个原因。第一，这是由乡土社会的特性所决定的。有学者指出，乡村社会是非规则性的熟人社会，表现出不同于城市陌生社会的非规则特点（杨念群，2001）。我们认为这里所说的乡土社会的模糊性有以下两层含义。首先指的是在乡土社会中农民生活、生计层面表现出的模糊性，即很难用货币化、数字化、清晰化的统计方法准确地呈现出来。与城市居民明确的工资性收入相比，农民的人均收入不好计算。其次指的是乡土社会中的人际交往与社会关系层面的模糊性。农民不是作为城市中原子化的个人独立存在，而是嵌入复杂关系网络的差序格局中，很难用分类化的方法进行认知和管理。以农民收入为例，统计部门依靠的是测算和抽样，玉村“挂包帮”干部在进行建档立卡的时候将土地收入折合成600元/亩。农户对此意见非常大，一方面，村内不同等级土地的产量是不同的，水源附近的上等田亩产值高于600元，但下等田的产量则远远低于这个收入；另一方面，土地每年的产量以及粮食的价格都有波动，2016年前后云南省遭遇了旱灾，农民收入降低很多。

> 对于我们当地农民来说，收入只是一个概数，并没有准确的概念，农业收入我们可以帮他估算，但是务工收入则完全靠嘴说，最后的误差能在1000元之内已经算是非常不容易了。（访谈编号20160410YLC）

第二，精准识别政策偏离是农民之间普遍存在的“平均主义”思想所致。我国农村长期以来虽然处在匮乏经济中，但是保持了一种相对稳定的状态，农民“不患寡而患不均”。近年来，随着对于农村资源输入和反哺的增多，在资源、项目分配过程中往往容易出现问题。有学者发现，扶贫开发不但没有增强村庄团结，反而在许多情况下会恶化村庄团结（王春光，2014）。我们也调研了解到，政策越精准，村干部越害怕。之前没有这么多资源投入扶贫领域的时候，村民对于“谁是贫困户”没有意见；但是现在大家都知道贫困户背后蕴含一系列优惠政策和帮扶措施的时候，就出现了所谓的“援助诱惑”，大家都争相申请做贫困户。在贫困户指标分配的过程中，如果处理不当，极易引发冲突和矛盾。村干部首要考虑的逻辑并不是找出贫困户，而是要在这个过程中维持村庄的稳定，确保名额分配“不出事”，所以就只能根据每个自然村人口的多少进行平均分配，然后由各个小组的小组长和村民代表来决定。这种做法是用“村庄内的公平”逻辑替代民主评议的程序，与精准扶贫的理念相背离。

2. 农村扶贫主体缺失与农民基于小农生存伦理的不合作

以往的扶贫模式主要通过依靠经济增长带来的“涓滴效应”，或者将大量扶贫资金投入基础设施，来带动区域内所有贫困人口脱贫致富。但是现在区域间的不平等与区域内部的社会分化程度开始加剧，所以国家提出精准扶贫、精准帮扶的政策，要求帮扶必须到户到人，做到让贫困户确实受益，这是具有严格瞄准性的扶贫措施，同样也对贫困户的参与提出了很高的要求。

虽然国家制定了一系列精准帮扶措施，投入了大量的资金和项目支持，但是我们调研发现，精准帮扶过程中贫困户的参与积极性并不高。相关产业扶贫项目的指标甚至都分配不完，在脱贫摘帽的压力下，很多地方甚至出现了“逼民致富”的情况，也就是地方政府为当地贫困户设计了相应的脱贫计划与发展项目，政府主动采取软硬兼施的办法让贫困户采纳政府规划并开展相应项目，但是贫困户的参与却严重不足，出现了扶贫过程中“官动民不动”的现象。在玉村的调研中，我们发现政府设计的项目老百姓参与不积极有以下两方面的原因。第一，农村扶贫主体的缺失。随着经济的发展，当地农民外出务工的人数越来越多，已经不再是传统的从事农业的村庄，农民对于土地的依赖程度也越来越弱。尤其是村内青壮年劳动力基本都已经外出打工，留下来的都是老人和儿童，而精准扶贫所规划的产业项目基本是劳动密集型，精准帮扶首先面临的就是扶贫主体的缺失，没有充足的劳动力来开展政府设计的相关产业项目。第二，农民基于小农生存伦理的不合作。正如斯科特对于东南亚的小农研究一样，农民有着自己独特的思考方式和对各种事件的逻辑处理方式，在他们的生存伦理中，始终有两个原则：“安全第一”和“回避风险”。“生存在同一共同体中”的农民始终遵循“尊重人人都有维持生计的基本权利的道德观念”（斯科特，2001）。对农民来讲，生活的选择都是围绕生存进行的，他们极力避免外界对其基本生存构成直接威胁的风险。中国农村的贫困户也有类似的行动逻辑，贫困户面临的首要问题就是生存，也就是在现有的资源条件下首先追求的是生活层面的稳定与保障，满足于自给自足。而国家推行的帮扶项目多属于发展型项目，很多都是基于市场的规律，希望能够通过开展项目快速致富，但同样也伴随很大的市场风险。当贫困户的生存伦理与国家项目设计的发展主义逻辑不一致时，精准帮扶就会出现“逼民致富”、贫困户参与不足等各种问题。

3. 部门之间条块化分割与基层社会的组织困境

精准管理需要做好农户信息管理、资金项目管理以及扶贫事权管理，是对基层治理能力的考验。但是从村干部、扶贫工作队以及乡镇干部多个帮扶主体来看，制度上并没有赋予这些基层管理者相应的权力，却让他们承担了过多的任务和责任，各部门之间的条块分割与权责不匹配导致了精准管理中的激励不足和体制僵化。

首先，虽然扶贫专项资金“四到县”之后，县级政府对于扶贫资金方面的权力有所增大，但是具体的项目管理办法所支持的方向却一直没有进行调整。现在扶贫资金被分为十几类，很多项目的前提条件都没有改，还是按照之前的办法进行管理。用基层干部的话说就是“做选择题，游戏规则并没有改变，怎么也跳不开这个紧箍咒”（访谈编号 20160411MDZ）。现在基层行政压力和风险很大，政策设计过死，只能去主动整合行业扶贫资金。但是由于各个部门之间的条块分割，行业资金的使用会出现以下问题：第一，受制于各个行业各自的管理办法；第二，其他行业对于扶贫资金管理认识不足甚至发生冲突；第三，不同行业部门资金下发时间不一致，影响基层项目实施。所以乡镇不能够突破各个部门的条例和规定，各种扶贫项目和资金被整合到扶贫领域，看似热闹，但是各自为政，很难达到“同炒一盘菜”的效果。

其次，扶贫项目下达到农村后，没有一个专门的组织进行对接、管理和监督。作为社会领域公共利益的重要承载体，社会组织在弥补政府、市场公共物品供给危机、协调不同利益主体间关系以及推动公民意识形成等方面扮演着重要角色（蔡斯敏，2012）。但是现在农村扶贫项目的管理主要依靠扶贫办、乡村干部以及扶贫工作队等外部力量，基层扶贫工作人员和项目实施各单位之间缺乏有效配合。目前乡镇没有专门的扶贫部门，在村干部工资待遇很低的情况下也很难调动他们的积极性。现在随着输入农村的扶贫资源和项目越来越多，基层干部的任务也就越来越重，大量的外来项目增加了他们的工作负担。另外，项目一般都有临时性、短期性的特征，一旦项目完成，之后就没有后续资金投入，但是项目需要有人进行长期管理和维护。以产业扶贫项目为例，现在很多地方出现了产业扶贫的“一次性怪圈”，也就是认为对农户进行一次性补助农户就会持续增收，而忽视了产业发展所面临的后期维护、管理和市场等问题，而这方面则不能依赖政府部门，最好能由农村内部人员进行管理与维护。现在项目管理面临的主要问题就是农村社会组织的缺失，发展产业也都是农户分散的种植、养殖，没有形成规模效益，农民难以被组织和动员起来，背后缺少村庄内生型合作社的支持、带动和管理。

四　精准扶贫与基层党建的耦合

传统上西方国家为了追求行政效率而采用科层制的方式进行治理，但是这样长时间之后就容易导致行政部门之间的分割和利益集团的形成。也就是说，各个部门的官员为了本部门的业绩而去追求自身的利益，这种单纯为追求效率而去政治化的行动倾向也会对治理过程产生阻碍。从中国目前的精准扶贫经验来看，只有利用行政化的方法才能突破科层制的界限。行政突破科层的逻辑根植于两个方面的基础：一是我党本身追求社会公平正义的政治逻辑；二是对合法性追求的治理逻辑。党建扶贫就是高度政治化的治理方式，通过把政治资源转换成组织资源，然后利用组织化的机制来克服科层治理导致的资源限制和利益分割的结构，最终实现治理的合法性与有效性。在茶乡的调研中，我们发现了精准扶贫与基层党建之间耦合性的治理关系。

（一）茶乡案例：精准扶贫与基层党建的耦合机制

在基层党建方面，茶乡有党支部 26 个，党员 784 人，其中机关党员 48 人，林业站 7 人，卫生院 6 人，学校有党员 60—70 人，其他就是农村党员，每个村 20—50 人，党员总数占全体人口的比例为 2.96%，低于全国平均水平。而且茶乡党员结构出现了较为明显的老龄化现象，50 岁以上的占 60%—70%，例如茶乡 SW 村有 35 名党员，其中 35 周岁以下的 5 人，35 ~ 45 周岁的 4 人，45 ~ 55 周岁的 7 人，55 周岁以上的 19 人。年轻党员外出打工的比例较高，常年在外的党员无法按时参加组织活动，也很难发挥基层党员的先锋模范作用，基层党组织的力量较为薄弱。

在茶乡的调研发现，在其开展精准扶贫的时候并不是将扶贫作为一项独立的专项任务来对待，而是与其他工作方法相结合，尤其是精准扶贫的实践与基层党建的开展紧密联系在一起。从理论上讲，党建工作具有很大的政治性，扶贫工作则是纯粹的行政任务。但是在中国农村的政策实践过程中政治与行政很难区分开来，尤其是当遇到依靠传统科层体系难以解决的问题时，往往需要政治力量的介入，将行政问题政治化。在现实过程中，二者的结合一方面通过党建能够很好地促进精准扶贫政策的开展；另一方面通过精准扶贫也可以推动基层党建向务实的方向转型，实现耦合性的治理机制。

1. “党建促扶贫”的实现路径

从国家治理的角度来讲，政治权力的来源本身并不是当下中国的核心问题，同样党组织所具有的政治资源也不是目的，增强基层党组织的力量也不是为了单纯提升党组织能力，党建工作的最终目的是“为民谋利”，最本质的目标还是在于通过党建带动扶贫，实现村民富裕。而在实际情况中，党对农村的领导是使贫困乡村摆脱贫困的重要保证（习近平，2014）。2015 年 7 月 12 日，茶乡所在地的市委书记在茶乡开展了为期 3 天的扶贫工作专题调研。在与茶乡党政领导座谈交换意见时市委书记提出基层在扶贫工作中“要充分发挥党的基层组织的凝聚力、号召力和战斗堡垒作用”。之后茶乡严格贯彻落实市委书记的要求，将“围绕经济抓党建、抓好党建促发展”作为脱贫攻坚的指导原则，并将这一原则贯彻到所辖每一个行政村，要求村党支部在扶贫攻坚过程中发挥核心作用，党员干部带好头、做好先锋模范。

（1）组建“党员 - 贫困户”脱贫帮扶对子

“结对子”是我党群众工作中常见的工作方法，党员干部与困难群众结对帮扶，收入较高、能力较强的党员与生活困难的群众结成对子，使困难群众生产生活中所存在的实际问题得到切实解决。具体而言，茶乡的“党员 - 贫困户”脱贫帮扶对子组建后主要采取以下措施：

> 安排党员、村上的村干部、驻村干部、外面的企业家，对贫困户进行结对子帮扶。最直接的就是逢年过节的时候给村上贫困户送一些

日常生活用品；在扶贫工作上，如果有一些村上的政策贫困户不懂的，党员就会给他做解释、宣传，一个一个贫困户地走，他就会问贫困户具体有什么需要帮助的困难，然后给他们做一些更有针对性的事情。有时候结对帮扶的党员还会帮贫困户争取一些扶贫资金。（茶乡扶贫站工作人员访谈记录，访谈编号 20170322LZZ）

这种结对帮扶方式一方面能够通过“输血”的方式切实提升困难群众的生活水平，同时党员扮演贫困户和国家政策之间的衔接者角色，能够克服政策执行过程中科层性和乡土性之间的错位以及学者所批评的村级组织的官僚化特征（欧阳静，2010），将贫困户纳入国家政策的覆盖范围，实现脱贫致富；另一方面，能够很好地提升党组织和党员在人民群众心中的形象，进而实现政权的道德化，为政权的合法性问题提供基层回答和实践基础。

（2）无职党员设岗定责

在精准扶贫过程中，基层党组织发挥作用的方式并不仅仅有结对帮扶，同时还有对于无职党员发挥作用的方式进行制度化、常规化的“无职党员设岗定责”。无职党员是指不在村“两委”担任相应职务的党员，“设岗定责”则是将这些无职党员充分动员起来，承担村庄公共事务职责。这些岗位包括但不限于和精准扶贫有关的事项，还包括其他和村庄公共事务相关的事项。

例如，BF 村的无职党员岗位就设置了文化宣传岗、环境卫生岗、治安巡逻岗、民主监督岗、致富信息岗、民事调解岗、计划生育协管岗、流动党员岗、村情民意收集岗、公共设施维护岗 10 个不同的岗位。BF 村为了调动党员积极性，还模仿上级政府后备干部制度设置了本村“干部后备”制度。

BF 村第一书记：村上从党员里面选出一些年轻的，村民代表和党员一起选储备干部，我们村上就选了 5 个储备干部。30、40 多岁，都是一些年轻、比较有能力的人。他们主要做一些村上的事情，帮着村里进行调解、修路，帮着贫困户申请项目、交一些材料之类的，如果村上有什么事，也可以给这 5 个储备干部锻炼的机会。

访谈员：他们愿意做村上的事情吗？

BF 村第一书记：有一些不愿意的肯定是不会被纳入储备当中的，后备只会后备那些有意愿的。（访谈编号 20170326QWJ）

在制度激励下，BF 村的无职党员岗位获得了很好的运行，每个岗位都有两名党员负责具体事务，能够起到联系群众的作用。

（3）支部为点，以点带面

客观而言，精准扶贫一直存在项目制运作偏差、资本入侵扭曲扶贫初衷的问题（许汉泽、李小云，2016b）。事实上，这个问题背后隐藏着一个悖论，即：弱势的贫困人群与强势的资本之间存在冲突，后者的强势地位必然压制贫困人群的主体性，进而出现“精英俘获”。学者对中国贫困农村的扶贫投资项目的研究也发现了类似的问题（Park & Wang，2010）。但是作为弱势群体的贫困户没有充足的力量来对抗资本的逐利性，能够承担这一责任的只能是村集体以及村党支部。

在茶乡产业扶贫过程中也会存在相应的问题，引入外来资本对本地茶叶进行市场化开发，贫困人口一方面需要借助这些外来资本的力量实现脱贫，另一方面需要防止外来资本进行掠夺性开发，那么如何将产业扶贫的成果惠及贫困户就成为需要考量的制度问题。在实践中贫困户多数会将无息贷款名额转让给合作社，由合作社“统贷统还”，合作社连续三年向贫困户发放 7000 元/年的红利，贫困户还可以到合作社打工或者参与经营。为防止合作社损害贫困户利益，出现资本化剥削，或者随意解除劳动合同，村“两委”在积极引入外来资本，创建合作社的同时，也明确要求合作社与贫困户之间必须就权利义务关系以书面的形式写清楚，而且合作社必须与到合作社就业的贫困户签订劳动合同。通过这种方式，村“两委”就成为贫困户利益的代理人，为贫困户提供了一定的保护。这种模式一方面限制了资本的逐利性，另一方面给贫困人群带来了切实利益。例如，BF 村 177 户贫困户全部加入了合作社，还有其他村的一些贫困户，一共带动了 1100 多人。

2. “扶贫带党建”与党建的“务实”转向

农村基层党组织是我们党最基本的制度单元，是党在农村地区实现执政权、发挥影响力、增强执政合法性的基础。但客观而言，当前农村基层党组织和党员群体依然存在很多问题，如党员队伍整体素质不高、基层党组织设置方式滞后、党组织社会整合功能不强、部分基层党组织软弱涣散（崔建平，2012）。在党建方面最直观的体现则是出现以召开会议、撰写材料为特征的“党建务虚化”倾向，而这种务虚化很容易导致农村党建走向形式主义。调研发现，农村党建的会议化、材料化很可能会走向以考核为中心的形式主义，基层党组织和人民群众的关系并没有实质改进。

> 咱们村里的一些党建工作能做起来吗？咱这形式上做起来了，开开会，把材料写在纸上、贴在墙上，也无用，没力量。一般的都是村干部为了应付检查抓党建。我去年还讲的，检查打的分数越高的越假。（BF 村支书访谈记录，访谈编号 20170318SZS）

事实上，农村基层党建要想取得效果并不需要过多的会议和材料，而需要从“务虚”走向“务实”。在茶乡调研实践中我们能够发现，精准扶贫的有效开展为农村基层党建提供了契机，通过激活党建工作、吸纳更多的农村青年入党实现精英替代、在实际工作中践行群众路线等方式，实现了农村基层党建的务实转向，提升了基层党组织的力量，也更有利于密切基层党组织和人民群众的联系，提升了基层党组织在群众中的正当性地位。

（1）扶贫激活党建

精准扶贫的开展为农村基层党建带来了新的契机。农村党建的有效开展需要具备一定的条件，并且能够激发基层党员的积极性。但是在农村空心化的背景下，财政资金、场地的缺失导致农村基层党组织自身财力再生能力不足，“导致农村党建普遍缺乏服务群众和开展活动的物质基础和抓手”（田改伟，2015），而精准扶贫的有效开展为农村基层党建带来了新的资源。

首先是带来了经济资源。通过国家扶贫资金的发放，村级财政充盈，有财力进行基础设施建设，为基层党建提供一定的物质基础。如 BF 村以前党组织软弱涣散，很大的原因就是党员没有固定的活动场所，所以通过扶贫资金建了一个村民服务中心，党员有了固定的活动场所。而且通过精准扶贫，基层党组织和村集体获得了自我发展的能力，如 SW 村通过精准扶贫开发资金，发展了一片村属的 150 亩茶园，村集体经济能够进行良性循环了。BF 村则利用扶贫资金的集体部分向合作社入股 50 万元，每年有 6 万元的村集体收益。这些收益一部分作为村集体修建公共设施的资金，另一部分成为党建工作的经费。

其次是带来了精神资源。精准扶贫的开展使农村地区的党员更加有动力，无论是参加村党支部的会议，还是开展进村入户结对帮扶，党员都具有了更高的积极性。

> 这几年一些外出打工的党员也愿意回到本村参加本村事务了，像 JZM 他以前就是在外面打工的，现在村里搞扶贫，他觉得村里会有更多的发展机会，去年就回到村里，为村上做了很多事，还担任了村民监督委员会的主任。（茶乡党建专干访谈记录，访谈编号 20170318NGS）

（2）精准扶贫“倒逼”精英替代

当前农村基层面临党员老龄化的现象（杨胜利，2005），在茶乡同样也有这种问题，“60 以上的党员占到 70%，年轻党员、40 岁以下的少。党员严重老龄化”（访谈编号 20170319SJL）。而且一些村党支部书记、委员也存在年老体弱、知识更新迟缓、工作能力不足的问题。

> 我们的老支书在家里想不到发展模式，他没到外边去了解过，没有看到过别人的发展和现状。我们以前的老领导，他到外边去讲土话，稍微高级一点的普通话都讲不出来，他怎么带领我们搞扶贫致富？这个是不是他天生的缺陷太大了呀？（SW 村 QYT 农业合作社经理访谈记录，访谈编号 20170319SJL）

在这种环境下，精准扶贫是无法有效开展下去的。精准扶贫前期的访村入户、建档立卡、操作贫困户信息系统、定期进行数据清洗这些工作需要身强力壮、掌握现代办公技术的年轻人，后期开展的招商引资、开拓市场、和外界进行交流这些工作需要一些更具有沟通能力、对政策把握更精准、具有一定社会阅历的中年人。可以说精准扶贫的开展在实践过程中“倒逼”农村基层党组织进行“精英替代”（Bass & Steidlmeier，1999），吸纳更多的年轻人和地方精英入党，替换为更有工作能力的“能人”担任村支书。

首先是党员的年轻化。按照上级发展年轻党员的要求，2016 年茶乡发展了 12 名党员，都是 45 周岁以下，45 周岁以上的除非有非常特殊的原因才会列入发展范围。通过这种硬性指标基层党员年龄结构降低。

其次是将地方精英吸纳入党员队伍。例如，BF 村 2016 年将本村一个林业合作社经理发展为预备党员，SW 村也将返乡创业的合作社经理吸纳进党员队伍。

> 将致富带头人吸纳到党员队伍当中，村里很多扶贫的事情会更好做一些，党支部的力量也就加强了好多。（BF 村第一书记访谈记录，访谈编号 20170326QWJ）

最后则是直接实现村党支部书记的更替。例如，SW 村党支部通过选举，将从长沙经商返乡的 S 选举为新一任支书。

> 他年轻有能力，就能去外面找找项目呀，加上现在国家的精准扶贫政策来了，他就能够每一个政策都对接上呀。这个很重要吧。（SW 村 QYT 农业合作社经理访谈记录，访谈编号 20170319SJL）

（3）以精准扶贫实现群众路线

群众路线是我党的基本工作路线，甚至说党建的核心目标之一就在于加强党和人民群众的联系。从政治学的角度来讲，孟天广、田栋（2016）认为，“群众路线是建构政府与群众互动机制的本土化制度资源，发挥着政治代表、利益聚合、政治参与和政治沟通的功能，调节着政治系统的输入、输出、反馈之间的关系”。在历史上，党和群众的密切联系是通过“访贫问苦”的方式实现的（李放春，2010），精准扶贫的开展为党组织和党员深入人民群众、践行群众路线提供了更具务实特征的可能。

首先，这个过程是打破科层组织的过程。中国的科层组织具有一定的制度弹性，在实践过程中能够缓解科层组织政策部门化、制度僵化等“科层制反功能”（林雪霏，2014）。从另外的角度来讲，这种制度弹性其实也就是打破官僚主义的僵硬特征，在上层消解利益固化的可能性，在基层消除基层党组织的科层化冲动。当前的扶贫工作在一定程度上利用了这种制度弹性，打破了官僚主义和形式主义。这个过程是通过建立上下贯通的工作组来完成的，例如 BF 村的扶贫工作组由市委、市财政局、市工商局、市残联、市团委的工作人员组成，打破了原有科层制管理的既定秩序，既有秩序在此过程中成为相对次要的秩序；同样，村党支部的运行逻辑也走向了“非科层制”的道路，村“两委”负责人、村“两委”委员、普通党员，共同参与到扶贫工作当中。

其次，精准扶贫的过程也就是实现基层党建务实转向的过程。精准扶贫的开展使基层党建从务虚化走向了务实化，一些支部在“两会一课”“两学一做”中则直接将内容转换为了重点学习中央关于精准扶贫的相关政策，学习习近平总书记关于精准扶贫的一些重要讲话：

> 让村里召开“三严三实”的党建专题会很多人都不想去，说要解读、学习中央关于精准扶贫政策、习近平总书记关于精准扶贫的讲话，大家反而积极多了，毕竟和他们相关的。（茶乡党建专干访谈记录，访谈编号 20170318NGS）

更重要的是，精准扶贫的过程也就是加强党员与群众联系的过程。在前期精准识别中，上级工作组、本村党支部、党员代表需要深入每家每户，“一看房，二看粮，三看有没有读书郎，四看劳力强不强，五看有没有病人躺在床上”，以更好地了解村民的具体情况。在制定脱贫政策过程中，也要进村入户，到每个贫困户家里，根据他家里的具体情况制定不同的措施，帮贫困户搞扶贫。在这个过程中群众能够体会到基层党组织对自身生产、生活的关注，特别是一些贫困户，更是能够感受到基层党组织的力量和意义。

3. 扶贫与党建之间的耦合性

从以茶乡为核心的基层治理实践可见，精准扶贫和基层党建之间的耦合性主要是通过主体、制度和目标的三重耦合来实现的。

首先是主体层面的耦合。如果说在县域以上存在分层设科的治理结构，那么在村一级甚至乡镇一级是无法实现充分的分类治理的。在主体上，从事精准扶贫和基层党建的人其实是同一批人，更为重要的，在全能型社会的背景下，提供权威性的主体也只可能是公共权力，社会力量只是提供辅助作用。而精准扶贫为基层治理主体能力提升提供了一次机会，在“精准”所蕴含的理性化动力驱动下，扶贫主体和党建主体一并实现了精英替换，基层治理主体的能力（包括财政能力、办事能力、协调能力）都得到了明显的改进。从国家能力的角度来讲，则是“基础性国家能力”（王绍光，2014）得到了一次提升，包括精准识别所体现的国家认证能力、精准管理过程所体现的规管能力、扶贫资金分配所体现的再分配能力，均得到了很好的提升。

其次是制度层面的耦合。通过结对帮扶、无职党员设岗定责等微观制度，基层党建跳出了以召开会议、撰写材料、应付检查为中心的格局，不再就党建谈党建，实现了外向化和务实化，打破了基层党建边际效益递减的内卷化困境。同样通过村“两委”在农村扶贫过程中发挥的作用，包括强制合作社签订合同，保护贫困户利益，防止扶贫资金外流，促进扶贫内向化转型，实现从“输血”到“造血”的蜕变。党建的外向化和扶贫的内向化在乡村治理的大环境下实现了有效结合。这种结合不仅仅对贫困农民自身产生了良好的效果，同时还为基层政治和行政问题的双重解决提供了制度依据。

最后是目标层面的耦合。对于以往的治理创新，学者多是从治权角度进行分析，将地方治理看作“治权结构的有限重构”（肖斌、郭明，2013）。而此次在精准扶贫任务的驱动下，实现变革的不仅仅是基层治权，基层政权和基层治权在发展目标上也达到了高度的一致。基层党建的加强及其务实转向，既是一次国家权力下延的过程，也包含治权的扩张，党支部为精准扶贫提供了动力来源；反过来，精准扶贫的有效开展既是治权的现代化过程，也为基层党组织的权力扩张提供了道德基础，为国家权力进行了合法性论证。两者在动力机制上实现了有效的双向互动和双向支持，基层治理结构也从双规格局转向了双重推进的新格局。

（二）耦合性治理：比较视野中的“政治－行政”关系

如果借用萨托利“概念的抽象阶梯”（Ladder of Abstraction）对不同的治理结构进行分析（Sartori，1970）会发现，由基层党建和精准扶贫所形成的耦合性治理结构和以往政府治理范式形成了有效的对比，同时这种新型治理模式也成为“治理”这一上位概念的子类别，丰富了西方意义上治理所带有的单一维度，将治理提升到了政治层面。对此，我们可以借鉴事件社会学的“结构、局势与行动者”分析方式（应星，2017），以中国政治的党政互嵌为结构条件，以实现治理体系与治理能力现代化为现有局势，以地方行政组织、村“两委”、党员、地方精英、农民为具体行动者，对此进行“情境式”的理解，理解耦合性治理相对于其他治理模式的特征，同时理解耦合性治理作为治理模式的一种子类别对治理概念的丰富与拓展。具体来看，公共行政（PA）与新公共管理（NPM）、耦合性治理三种政府治理范式之间的区别如表4－4所示。

表4－4　政府治理的三个范式比较

比较维度	公共行政（PA）	新公共管理（NPM）	耦合性治理
前提假设	国家－社会分离关系	国家－社会合作关系	政党－国家互嵌关系
权力区分	公权力－私权利	公权力－社会权力	政权－治权
治理主体	政治家/政府	政府/社会	政党/政府
指导原则	遵循规章制度	效率和结果	公平、稳定
意义目标	严格管理	有效率的多元管理	实现政权、治权双重推进

1. 比较意义上的耦合性治理

21世纪以来，公共管理创新的中心已经由追求政府管理的高绩效转向社会治理结构的变革，公共治理中的政府权力本位开始转向公民权利本位（姜晓萍，2014）。而在这种理解之上，事实上存在“国家－社会”关系的分析范畴，其中的差别在于传统公共行政强调的是国家与社会之间的分离关系，由公共机构提供公共服务和社会管理职能，而新公共管理强调的是国家与社会之间的合作关系，提出公共机构的企业化运作，同时要求发挥社会组织在公共服务方面的有效作用。西方意义上的治理概念可以说是在新公共管理运动基础上的一次再提升，本质依然是在强调国家与社会关系的基础上，重构国家与社会的多元治理模式。按照学者的观点，治理的内涵包括管理主义、多元主义、制度主义、网络性和对两分法边界的跨越（余军华、袁文艺，2013）。从权力关系上讲，传统公共行政立基于自由民主（liberal democracy）政治理论，强调国家公权力与公民私权利之间的明确界限，由国家公权力承担公共行政的职责，而新公共管理运动将国家公权力与社会权力进行了有效结合，突出社会权力在公共治理过程中所发挥的作用。

对于中国的治理模式发展，多数学者也是按照这个思路进行分析，认为中国的治理模式经历了从磁斥治理结构到磁吸治理结构再到耦合性治理结构的转型过程，最终形成了具有认同性、嵌入性、渗透性的国家－社会关系（陈天翔、高锋，2014）。但事实上，国家－社会关系的范畴是以西方社会为特征而形成的分析方式，如果直接对应到中国实践当中，会出现“概念拉伸”（concept stretching）问题（Sartori，1991）。对于中国政治以及治理实践而言，“不能孤立地运用国家与社会关系范畴来分析当下的中国政治现实，而必须考虑政党的因素”（景跃进，2005）。中国基层治理模式的关系范畴并不是“国家－社会”关系，形成核心分析范畴的是以党组织为核心的“政权”和以精准扶贫为例的“治权”之间的关系。在这种治理模式下，政党（表现为基层党组织）发挥核心的作用，群众自治组织和社会组织发挥辅助作用，最终的目的在于在这种耦合过程中，实现由政权带动治权、由治权的有效运行反馈政权正当性的目标。

2. 耦合性治理结构、局势与行动者

从更深远的层面来讲，耦合性治理所立基的是“政党－国家”（Party-State）政治结构（或译为党政体制）。按照学者的观点，中国的党政体制有三个面向：首先，作为一种动员型政治，政党是国家和社会政治运动与变革的发动机；其次，作为一种整合型政党，政党的各级组织机构遍布全国；最后，作为一种全控型政治，通过垄断全部暴力资源和大部分人力、组织资源，主导国家的政治方向，规定国家的政治进程，决定政治价值的配置。政党成为国家和社会政治体制的核心结构，使整个社会政治生活具有浓厚的政党、国家和社会三者边界彼此重合、功能高度重叠的总体化色彩（景跃进等，2016）。在这种“政党－国家”的政治结构下，中国的治理模式也必然渗透着明显的政党色彩，基层党组织在其中扮演核心角色，发挥十分重要的作用。

耦合性治理所立基的局势则是治理体系与治理能力现代化的发展趋势。2013 年 11 月，党的十八届三中全会通过的《中共中央关于全面深化改革若干重大问题的决定》提出，深化改革的总目标是“完善和发展中国特色社会主义制度，推进国家治理体系和治理能力现代化”。国家治理现代化这一命题的提出，大大激发了学术界对国家治理体系和治理能力研究的兴趣。

更为重要的是，这一命题构成了当前国家发展的局势。在这种局势下，基层治理问题（包括精准扶贫问题）成为一定时期内国家发展的基础性问题，实现善治成为发展的主要目标。同样，基层党组织和基层自治组织都将参与到实现治理体系和治理能力现代化的过程中，对自身角色予以调整，以适应局势目标。

基层党组织和基层自治组织成为地方治理过程中的行动者。从理性选择制度主义的角度来讲，制度对行动者的行为起着塑造作用，制度为行动者设定了既定的选择空间；同时行动者的行为也被假定为对制度起着形塑作用，行动者对于制度本身的激励、约束能做出理性的反应和调适。在“政党 - 国家”结构中，在“完善和发展中国特色社会主义制度，推进国家治理体系和治理能力现代化”的背景下，作为行动者的基层党组织和基层自治组织必然会受制度约束，同样也会尽可能地依靠既有制度为自身的行为提供合法性基础，为目标的达成提供组织、物质资源，也即将基层党建和精准扶贫相结合，最终形成耦合性秩序。

五　进一步的讨论

2013 年 12 月 31 日，在党的十八届三中全会第二次全体会议上，习近平同志发表了题为《切实把思想统一到党的十八届三中全会精神上来》的讲话，首次明确了国家治理体系和治理能力的基本内涵。“国家治理体系和治理能力是一个国家制度和制度执行能力的集中体现。国家治理体系是在党领导下管理国家的制度体系，包括经济、政治、文化、社会、生态文明和党的建设等各领域体制机制、法律法规安排，也就是一整套紧密相连、相互协调的国家制度；国家治理能力则是运用国家制度管理社会各方面事务的能力，包括改革发展稳定、内政外交国防、治党治国治军等各方面。国家治理体系和治理能力是一个有机整体，相辅相成，有了好的国家治理体系才能提高治理能力，提高国家治理能力才能充分发挥国家治理体系的效能。”① 换言之，我们的“治理”并不是在西方国家 - 社会关系中谈论的狭义的治理，而是带有治国安邦的意思，内涵要比西方的治理概念更为

① 《习近平关于全面建成小康社会论述摘编》，中央文献出版社，2016，第 78 页。

丰富。

如果说“国家－社会”关系范畴中的治理强调的是国家与社会之间的合作，以此形成耦合，实现1+1大于2的效果，那么在中国“政权－治权”之间的双重推进强调实现部分之和大于整体的目标，以此形成另一种耦合秩序，在这种耦合下，两者的关系是相互促进、相互提升的。也就是说，精准扶贫的开展为农村基层党建的务实转向提供了契机和抓手，基层党建的务实转向又为精准扶贫的有效开展提供了力量保障。两者的相互作用形成合力，为政权正当性和行政有效性提供了基础。

第五章
行政整合市场：产业扶贫、合作社与精准帮扶

改革开放以来地方政府在推动经济增长方面发挥的巨大作用有目共睹，并涌现出了“锦标赛体制”（周飞舟，2009）、“地方企业型政府”（Blecher，1991）、“地方合作主义”（Oi，1995）等一系列理论来对其进行解释。但是伴随地方经济的快速增长，我国区域之间以及区域内部的差距开始拉大，城乡之间出现了社会断裂（孙立平，2002），大量农村贫困人口被甩在了发展行列之外，成为社会下层，于是精准扶贫作为一种再分配的制度开始在全国范围内推行。大量的扶贫资金和项目开始以转移支付的形式向贫困地区输入，通过国家层面的强行干预旨在消除贫困，缓解社会的不平等，朝共同富裕的目标迈进。我们考察精准扶贫政策的执行过程发现，国家的行政力量不仅仅在制度设置以及精准识别环节发挥着主导作用，在精准帮扶阶段，政府对贫困地区以及贫困人口也进行着各种“设计”与“规划”，行政力量在市场领域仍旧发挥主导性的作用。作为一种社会政策的精准扶贫，其主要的目的就是对贫困人口进行精准帮扶使其能够摆脱贫困，此项政策也应该从根本上区别于国家之前所推行的以直接谋求经济增长为目的的发展型政策。但是，从目前来看，地方政府进行的社会政策创新隐含了另一种发展逻辑，地方政府并未向服务型政府转型，发生变化的实质是，一种新型的、以社会政策为工具的地方发展型政府正在成为中国地方政府的新形态（郁建兴、高翔，2013）。

精准帮扶是精准扶贫的关键。贫困人口被识别出来以后，需要针对扶贫对象的贫困情况制定相应的帮扶措施，确保帮扶效果。从目前的帮扶手段来看，存在从“输血”向“造血”的转变，也就是说，从对贫困户直接救济的扶贫方式转向了利用贫困地区现有资源进行开发性生产建设，进而形成具有独立生产和发展能力的开发式扶贫方式。而在开发式扶贫方式中

产业扶贫成为最重要的方向，也成为中国扶贫的特色。

本章从精准扶贫政策精准帮扶环节出发，以产业扶贫为例尝试阐释地方政府行政主导下如何进行产业打造，主要采取什么样的组织方式具体开展产业扶贫，以现有的公司、合作社为主的产业扶贫的组织模式能否真正带动贫困户脱贫。这些都是本章所关注和尝试解释的问题。

一 产业扶贫的谱系：历史脉络与概念分析

目前学术界普遍认为中国的反贫困主要沿着两条路径在推进：一条路径是通过社会救助实现收入维持；另一条路径是通过地区发展带动脱贫的开发式扶贫（李棉管，2017）。开发式扶贫主要是指在政府的必要支持下，利用贫困地区现有的资源，进行开发性生产建设，形成独立的生产和发展能力，依靠地区自身资源来解决脱贫和发展问题。中国农村开发式扶贫的重点是贫困地区的经济增长和贫困人口的收入增长（刘坚等，2009）。而产业扶贫是实现经济增长与农民增收的有效途径，是开发式扶贫的核心。在产业扶贫方面，《中国农村扶贫开发纲要（2011—2020 年）》明确指出："充分发挥贫困地区生态环境和自然资源优势，推广先进实用技术，培植壮大特色支柱产业，大力推进旅游扶贫。促进产业结构调整，通过扶贫龙头企业、农民专业合作社和互助资金组织，带动和帮助贫困农户发展生产。"从扶贫政策来看，中国的反贫困已经从过去的救济式扶贫转变为开发式扶贫，有的地方叫产业扶贫（王春光，2015）。目前对于广大贫困地区来说发展的方式有很多，但中国政府已经将产业扶贫作为一个重点政策来实施。在扶贫资金规划使用方面，国务院扶贫办明确提出每个贫困县用于产业发展的扶贫资金要占财政专项扶贫资金的 70% 以上。2015 年《中共中央、国务院关于打赢脱贫攻坚战的决定》将发展特色产业脱贫作为实施精准扶贫"五个一批"的重要环节，通过产业扶贫，完成 3000 万农村贫困人口脱贫，由此可见产业扶贫的重要性。

2016 年 5 月由国务院扶贫办、农业部、国家发改委等九部门联合印发的《贫困地区发展特色产业促进精准脱贫指导意见》（以下简称《意见》）开始实施，《意见》明确指出产业扶贫是打赢脱贫攻坚战的重要保障。"发展特色产业扶贫是提高贫困地区自我发展能力的根本举措。产业扶贫涉及对象最广、涵盖面最大，易地扶贫搬迁脱贫、生态保护脱贫、发展教育脱贫都需要通过发展产业实现长期稳定就业增收”，并指出目前产业扶贫需要“在精准扶贫基本方略的指导之下紧紧围绕建档立卡贫困人口增收脱贫，发挥新型经营主体和龙头企业带动作用，整合财政涉农资金，加大金融支持力度，加快培育一批能带动贫困户长期稳定增收的特色优势产业”。产业化扶贫是一种建立在产业发展和扶持基础上的扶贫开发政策和实践，相比于一般的产业化发展，产业化扶贫更加强调对贫困人群的目标瞄准性和特惠性，更加强调贫困家庭从产业发展中受益。有学者认为，产业扶贫的主体是企业和农村经营主体，客体是建档立卡贫困人口，核心在于构建两者之间的利益联结机制（殷浩栋，2016）。

目前学术界对于产业扶贫的概念及其含义还没有统一的标准，大多数的学者认为产业是指进行同类经济活动的组织的总和，或者是围绕某一核心产品由多个企业和部门组成的生产和服务的综合体。产业发展的相关理论主要研究产业发展过程中的发展规律、发展周期、影响因素、产业结构优化、资源配置、发展政策等问题。产业的发展是指产业的产生、成长和进化的过程，既包括单个产业的进化过程，又包括产业总体，即整个国民经济的结构变化过程（郑宝华等，2013）。叶兴庆（2016）认为20世纪70年代末80年代初的农村经营制度改革所带来的农业的发展大面积解决了中国农村的温饱问题；之后农业发展带来的减贫效益递减，作为第二产业的工业的发展以及农村城市化对于减贫的贡献开始增加，通过农业没有解决温饱问题的农村人口通过工业化的进程，即通过进城打工、务工而实现脱贫；在农村通过农业发展、工业化和城镇化都没有脱贫的剩余贫困人口（5000万人左右）只能通过产业扶贫来解决。这里的产业扶贫主要包含两个特征：一是扶贫的过程中能够有效利用贫困人口自身的资源，比如人力资本、土地资源等；二是产业扶贫中间有合作社、龙头企业等中间组织与平台。

“产业扶贫”是一个极具中国特色的专业术语（王春萍、郑烨，2017）。产业扶贫并不是一开始就存在的，如果将产业扶贫放在政策史的语境中进行考察，其产生有着特定的历史与制度背景，我们可以看出在20世纪80年代几乎没有所谓产业扶贫的提法，而学术界对于产业扶贫的关注也比较晚。产业扶贫政策的提出有着特定的历史背景，其政策本身也在不断发生变化与调整。可以说其政策内涵经历了从“通过产业进行扶贫”到“产业扶贫”的一个演进过程。

2001 年江泽民在中央扶贫开发工作会议上提出，“要特别注意研究市场的变化，根据市场需求，探索扶贫开发的新思路。要积极调整农业和农村经济结构，发展农业产业化经营，促进农业劳动力向二三产业转移”①。当时政府主要是通过调整农村经济结构和发展农业产业以及转移农业劳动力来增加农民收入。

一开始的产业扶贫是以扶持和发展扶贫龙头企业为主。2004 年 11 月 29 日，国务院扶贫办下发了《关于申报国家扶贫龙头企业的通知》（国开办发〔2004〕83 号），启动了国家扶贫龙头企业的申报审批工作。2005 年，国务院扶贫办、中国农业银行下发了《关于印发〈关于大力支持国家扶贫龙头企业发展的意见〉的通知》（国开办发〔2005〕9 号），加大对国家扶贫龙头企业的扶持力度。同时，各地在农产品加工、基地建设、培训等方面给予信贷扶贫资金和财政扶贫资金支持。

对于产业扶贫概念来讲，有宏观的产业扶贫与微观的产业扶贫之分。宏观的产业扶贫是指一、二、三产业以及上述产业本身发展所带来的经济增长和贫困人口减少；而微观的产业扶贫则指的是被纳入国家扶贫计划之后在具体的扶贫政策指导下所开展的产业发展实践，这样的产业扶贫具有一定的组织形式基础并特别强调对贫困户的瞄准性，强调在具体产业的发展基础上贫困户能够由此获益。

从历史上看，产业扶贫政策的提出主要有以下三个方面的宏观政策背景。第一，20 世纪 80 年代，中国农村人民公社制度解体和一系列改革之后农村市场经济开始建立，党的十四大提出建设社会主义市场经济，农村的发展开始进入市场化的大潮中。市场化有助于解决农村“货往哪里卖，钱从哪里来，人到哪里去”的三大现实难题，有利于增加农民的收入、实现农民农村的富裕（习近平，2001）。第二，20 世纪 90 年代初“农业产业化”政策被提出，主要是在农业领域从计划经济向市场经济转变的过程中在企业带动的基础上生产经营一体化，以及形成风险共担、利益均沾的利益分

① 《江泽民在中央扶贫开发工作会议上的讲话》，中华人民共和国中央人民政府网，http://www.gov.cn/gongbao/content/2001/content_61073.htm。

配调解机制（熊万胜、石梅静，2011），而这种农业产业化的发展模式和利益分配模式与农村扶贫具有内在的耦合性。第三，扶贫政策从救济式扶贫向开发式扶贫转变，尤其是1994年《国家八七扶贫攻坚计划》公布实施之后国家主导的开发式扶贫开始启动。在以上农村市场化、农业产业化和开发式扶贫政策的背景下，产业扶贫才开始进入人们的视野并逐渐上升为国家层面的扶贫政策，并发挥越来越重要的减贫作用。

从扶贫领域本身来看，当时产业扶贫的提出也非常有必要，这主要是因为：第一，我国贫困人口分布的一些地区自然资源较为丰富，可以说是一种“富饶的贫困”，因此对于贫困地区的帮扶不能完全依靠国家财政的转移支付，需要利用这些资源来发展产业增加贫困人口的收入；第二，中国的贫困人口绝大多数分布在农村地区，从事的主要产业是农业，所以要想改善贫困人口的生活水平我们需要从他们最为熟悉的产业出发；第三，与第二、第三产业相比，农业部门的增长具有较高的减贫效应（李小云等，2010）。汪三贵通过相关数据分析得出以农业为主的第一产业增长对贫困发生率的弹性为 -1.13，是整体经济增长减贫弹性的2.2倍（汪三贵，2008）。中国的农业发展是过去30年经济增长和减贫的主要支柱（李小云，2010）。所以发展产业，尤其是发展作为第一产业的农业产业能够发挥巨大的减贫效应。

地方政府的产业行为是一个极其复杂的问题，目前已有不少学术成果。刘军强等（2017）解释了为什么一些地区农业结构调整会陷入新产业—低效运作—新产业的重复低效的怪圈，并提出了“积极的惰性”概念。冯猛（2014）分析了基层政府通过发展地方产业谋求晋升的运作机制，指出了在中国转型背景下政府干预经济与社会创新活动中存在共通的内在逻辑。但是他们并没有对产业本身进行分类，主要研究对象还是作为经济发展的地方产业，但是扶贫产业并非一般意义上笼统的地方产业，尤其是在精准扶贫政策中更加强调的是产业发展的扶贫功能。所以地方政府在打造扶贫产业的过程中又会呈现与以往发展产业所不同的实践逻辑。

二　地方政府主导打造扶贫产业的实践逻辑

扶贫产业项目不同于一般意义上的经济发展类产业，尤其是在精准扶贫的巨大考核压力下，我们可以将扶贫产业看作一种“弱激励－强惩罚”的政治性任务。如果说在晋升激励的条件下地方政府热衷于不断打造新产业，那么在面临考核压力的情况下，地方政府在打造产业的过程中更多的则是遵循“不出事的逻辑”和“完成任务的逻辑”①。前者使地方政府在产业选择的过程中会倾向于对本土已有产业的支持，而非另起炉灶选择和扶持风险较大的新产业；而后者使地方政府为了完成上级考核任务，不得不对既有产业进行重新打造与包装。

H省对不同贫困地区的产业选择有着一个整体性的规划。在脱贫攻坚巨大的政治压力下，各贫困地区并没有一窝蜂地上马新的产业项目，而是在结合本地产业发展优势和地方特色的基础上对扶贫产业进行选择性扶持。所选择的这些扶贫产业很多则是在长期的发展基础上有着各自的比较优势、市场风险较小的产业。以特色种植业为例，H省将本省的贫困县划分出12个不同的种植类型，在尊重地方特色的同时也规避了产业趋同发展的风险。

A县位于H省中部偏北，受到当地的地理条件和产业发展传统的影响，近年来当地的黑茶产业发展迅猛。本章主要以笔者在A县茶乡的调研，特别是有关地方政府的运作以及产业发展资料为基础，尝试阐释地方政府在精准扶贫过程中干预地方产业发展的过程和逻辑。调研发现，在对贫困户进行精准帮扶的时候地方政府并非因人因户施策，而是热衷于打造产业。产业扶贫成为精准扶贫最重要的手段，这一方面是因为当地政府希望通过包装“美化”该产业并将其顺利转换为政绩而加以宣传（冯猛，2009）；另一方面，虽然精准扶贫成为地方政府的中心任务，但是地方政府在之前发展主义意识形态指导下的工作方式并不容易发生转变，而产业发展既是之前工作惯性的延续，又能够跟当下扶贫的中心任务相结合。可以说地方政府热衷于对产业的打造，并不是单方面的“压力型体制”使然，背后也有着自身的“主动性”。就这样，茶乡将打造茶叶产业与精准扶贫有效地结合了起来，当地政府希望在依靠产业推动经济增长的同时也能够完成精准扶贫的任务。笔者将地方政府干预产业发展的行为称为“做产业”。

（一）“再造历史”与产业包装

H省茶叶种植历史悠久，种植面积较大。据相关资料记载，A县的采

① 这两个概念来自刘军强、鲁宇、李振（2017：140—165）。

茶历史可以追溯到北宋年间，当时所采的茶叶主要是在山崖、河边生长的野生茶叶。早在元代，A县茶叶就已经开始人工种植，茶树丛植，行距八尺至丈余，丛距五至六尺不等，多以间作的方法，结合中耕培育，采摘一般按时期分为春茶、仔茶、禾花茶、白露茶四次，采摘时不留余叶，一次将新叶采光，红茶区有留蓄顶枝和根基枝的习惯。但是A县现在所打造的茶产业也并非之前的茶产业，而是在政府主导下对之前产业的一种再造。

而且根据当地老人回忆，历史上A县的茶叶主要是红茶，在20世纪五六十年代用于出口，当时在国际上也产生了很大的影响。根据史料记载，1915年A县的红茶在巴拿马国际博览会上斩获金奖。当时占据主导地位的并不是黑茶产业，黑茶当时在A县默默无闻，而且生产规模也非常小。

在人民公社时期这里的茶叶实行的是计划式生产，每个公社都有收购站，还有国营的茶叶加工厂。改革开放后，随着人民公社的解体，这些计划式的生产方式也取消了，与此同时，农民生产的茶叶没有市场可以销售，很多人就不再种植茶叶，当地的茶产业就没有继续做下去。即使是茶农个人种植、加工的茶叶，由于没有统一标准，生产出来的茶叶品质也受到了很大的影响。

我们这个黑茶是粗制茶，叶子很大，相对于社会要求的精品、精细化还有一点差距，消费者不是很认。你看这茶，叶子这么大，现在城市里也不可能买这么大的。我们这个黑茶就是没有很好地适应市场。90年代茶园很多就改成树林了，茶农也不种茶了，甚至有一些人毁掉茶园，改种其他的。（访谈编号20170319SJL）

2006年之前，这里主要种植红茶，政府不允许种植黑茶，因为我们这里的茶的质量比较好。我们这里的红茶出口苏联、俄罗斯，茶叶品质必须跟得上。我们县在2006年后才开始大规模发展黑茶产业。做黑茶也是政府主导的，原来Y市的一个领导认为A县黑茶的条件比较好，要做出来。这个产业的发展必须有政府的支持，现在每亩1000元的补贴。（访谈编号20170508GME）

从以上访谈中我们可以看出，当地原本并不是以种植黑茶为主，即使是有种植历史的红茶在20世纪90年代之后由于市场原因也没有发展起来。但是近年来由于当地政府的主导，考虑到继续种植红茶的话没有特色和比较优势，于是就另辟蹊径发展黑茶产业。一方面，在品牌建设上，利用各种渠道大力宣传当地的黑茶，每年政府主办黑茶的博览会，将其打造为A县的一张名片；另一方面，在项目资金上，对发展黑茶产业的企业和农户进行补贴和支持，鼓励扩大黑茶的种植面积，并定期组织农业专家对茶农进行技术指导和培训。

在问到如何进行产业扶贫的时候，百园村村党支部书记详细说起了该村的产业扶贫做法：

> 第一是茶产业，第二是林业产业，第三是养殖业。林业产业就是山上的这些树啊，这个茶产业有规定，就是每个贫困户必须完成两亩，有能力的可以多发展。这个林业产业发展就是消灭宜林荒山，根据条件发展养殖，（如）养蜂、养牛、养鸡、养鱼。我们正在建设十亩鱼塘，要把集体经济做起来。还有药材合作社和SM茶叶种植合作社、QYT农业产业发展有限公司、JXY公司第二生产基地。以这些东西为依托，发展村庄的集体经济，打造百草园，就是一个药材基地。（访谈编号20170515SDB）

由此可以看出，该村在发展茶产业的同时通过创办合作社和壮大村级集体经济的方法进行产业扶贫，虽然在产业发展方面也有林业和养殖业，但是茶产业始终处于核心地位。

（二）典型产业的选择与打造

产业扶贫已经成为全国各地精准扶贫的主要措施。对于具有开发能力的贫困人口而言，即使他们收入较低也不应该实施现金转移扶贫，只有通过个人自身的努力实现从“输血”向“造血”的转变才能够从根本上解决贫困问题。产业扶贫首先面临的是具体产业的选择，也就是贫困地区选择何种产业作为发展方式，产业选择是产业扶贫的关键所在。至于一个地方具体选择什么产业，这背后往往蕴含着复杂的政治逻辑和社会逻辑。

首先，地方政府对于产业的选择并不是一成不变的，产业扶贫中具体产业的选择服从于整体的政府发展计划与规划。对于县级政府来讲，每年的工作报告都规定了相应的经济增长速度、产业发展方向等。以调研的 A 县为例，其政府工作报告明确指出，“全县地区生产总值年均增长 10% 以上，期末总量翻一番，财政总收入年均增长 11% 以上，固定资产投资年均增长 20% 以上。县域支柱产业发展壮大，新兴产业蓬勃兴起，茶旅一体化高度融合，县域发展后劲和优势明显增强，经济实力跻身全省第二方阵”[①]。在具体产业的打造方面，政府工作报告指出，“加快茶园提质扩规，整县推进生态观光茶园建设，力争茶园总面积达到 40 万亩。加快行业和资源整合，大力扶持龙头企业通过引资引智做大做强”[②]。而各个乡镇则需要按照县级的目标设定完成相应的经济增长和产业发展任务。茶乡乡长在 2017 年的全乡经济工作会议上明确强调，“2017 年全乡发展的主要目标是：财政税收达到 1800 万元，培植、引入 1—2 家规模企业，1126 人按计划如期脱贫，贫困发生率控制在 3% 以内”。在具体产业的打造上他强调，“做强一个茶品牌。坚持巩固基础与升级提质两手抓，促进茶产业稳健发展。加强生态化、规模化的基地建设，在源头上抓品质，强质量，不断落实清洁化、标准化生产措施。在身份上做名片，严把进出关，规范茶叶市场。以马村为核心辐射旅游环线公路两翼创建万亩有机连片茶园，集中打造茶品最优、产量最丰的现代化茶叶供应区。着力培育几家龙头企业，抱团发展精细化、专业化、集群化的黑茶产业带”。

另外，从乡镇政府来讲，镇上的产业分布和规划与县上的资金分配有很大的关系。随着扶贫资金“四到县”的改革，现在对于地方政府来说，在扶贫项目和资金使用方面县级政府的权力非常大。这样来看，在扶贫资金分配以及项目的申请方面，乡镇一级更是需要做到与县级产业规划的紧密结合。在扶贫资金有限、扶贫压力增加的背景下，地方政府为了保证列入计划的贫困村脱贫摘帽可以在乡镇内部协调资金用途。

镇上的产业分布首先要服从于县级的产业规划，你不这么做的话

① 参见县十七届人大一次会议文件《2016 年 A 县政府工作报告》。

② 参见县十七届人大一次会议文件《2016 年 A 县政府工作报告》。

产业项目就不会申请到；其次，要做到每个贫困村都有产业项目的发展，如果不能够做到都有的话就容易激发矛盾；最后，产业的选择和发展也要结合本村的特点。全镇产业扶贫资金有180多万元：其中到户的产业扶贫资金有69.5万元，2个互助协会互助资金40万元，R村（2017年脱贫的村子）用于环境整治、土坯房改造55万元，其中主要用于沿街的63户改造，房屋粉刷、换顶。另外，对于龙头企业的产业扶持资金16万元，X村8万元（村委会主任的那个公司），R村8万元。对于合作社的扶持的话，合作社需要向上申报自己的发展规划，并说明资金用途，合作社要保证吸纳和带动贫困户。程序是：首先村上上报有意申请的合作社；然后合作社上报发展计划和提供具体方案，分解细化，其中包括怎么组织、分红，说清楚如何发展；最后开会研究，并要进行监督和持续跟踪，我们弄了惠农一卡通，分配权在村上目前5家合作社、2家龙头企业。要申请的话需要把3年以上的账目说清楚，示范合作社还有贴息的优惠，人寿也会投入资金供其使用。（访谈编号20170505LZB）

从以上的访谈中我们就可以看出扶贫资金并不是按照贫困人口的多寡进行分配。当年脱贫的村庄会被集中分配扶贫资金，而且在资金的用途上更多的资金被投入了可以“看得见”容易出效果的面上工程。而大量的产业扶持资金也是优先被分配给当地比较有实力的合作社和公司，容易出现“精英俘获”的后果。当然乡镇政府这么做也主要是基于应对考核的逻辑，只有将有限的资金投入容易做出“效果”的领域，才能够顺利完成上级扶贫考核。

其次，每个地方都需要打造自己的典型产业。所谓典型产业，就是指对于当地来讲无论从项目申请还是发展程度上都占据优势的产业。典型产业区别于主导产业、支柱产业和特色产业等，主要是政府干预和打造的结果。对于地方政府来讲，一方面，由于地方的资金有限，在进行产业扶持的时候往往就会集中资源和项目来重点打造某一类产业，基于政治考量这样更容易做出所谓的政绩，有利于宣传；另一方面，发展区别于其他地区的属于本地的典型产业更容易申请到上级的项目和资金。从项目申请的角度来看，如果发展与其他地区类似的产业的话则往往会面临区域之间的激烈竞争，后来发展该产业地区如果没有很大程度的创新，则很难在政府内部的项目申请以及政府之外的市场竞争中占据优势。对于精准帮扶来说，产业扶贫作为精准帮扶的重要举措，地方政府领导反复强调“只有做出点事情，将来才好说脱贫”。对于扶贫工作本身来讲，脱贫考核的巨大压力也倒逼地方政府进行产业打造和创新，以便在将来的评估考核中完成任务。

最后，从地方典型产业的打造来看，典型产业也并不都是新产业，而往往是在传统常规产业基础上的再造。因为对地方政府来说，选择发展一种当地完全没有做过的新产业的话面临巨大的市场风险和政治风险，所以对于产业扶贫地方政府还是优先从当地既有的产业形态中选择，再加以打造、包装与创新，凸显出其地方特色优势和扶贫功能。另外，从精准扶贫打造的产业来看，其实很少存在纯粹为了扶贫而打造的新产业，这主要是因为发展新产业风险性和不确定性非常大，一个地方如果有发展某个产业的优势也早就会有人做起来。大多数的情况是将产业扶贫所发展的产业吸纳进地方政府的宏观产业发展目标，并赋予当地典型产业的扶贫功能。一方面，地方政府可以在不影响既有的整体经济发展和产业规划基础上完成规定的经济任务；另一方面，可以拓展原有产业发展的单一经济增长的目的，增加其社会方面的扶贫功能，完成扶贫的政治任务。这种一举两得的政策执行逻辑在基层社会非常普遍，也是基层政府自主性的体现。虽然地方政府受到了上级的层层压力与考核约束，但是在具体政策执行的过程中也能够发挥很大的政策自主性。“上面千条线，下面一根针”，虽然上级部门条条众多，每个部门都有自己内部的政策规定和框框，但是政策落实到基层社会往往都会被吸纳进原有的发展计划中，出现了发展吸纳扶贫的现象，这也是地方政府的发展惯性使然。

其实不仅仅是H省A县，全国其他贫困地区的产业扶贫基本上也是遵循上述逻辑。笔者2016年在秦巴山连片特困地区的L县调研时，发现当地典型产业的打造也是与主导产业、传统常规产业以及特色产业的发展相结合。政府看似对于产业发展的强制和干预都是与当地原有的产业基础和贫困户的发展需求结合起来的。

X镇的主导产业主要分为三个方面：第一，食用菌，主要是袋料香菇，年产220万桶，经济效益比较平稳（投资1万元，利润为2万元）；第二，天麻、猪苓等中药材，但是这两年的市场效益不太好；第三，乌鸡和蜜蜂，这是特色产业。乌鸡养殖对外号称25万只，但是实实在在养殖的不过是2万只左右，之所以上报这么多主要是为了向国家申请地理标识。养殖乌鸡之所以不赚钱，主要是因为：第一，市场销路不行；第二，技术不过关，乌鸡长得太慢；第三，没有形成品牌效益。本地乌鸡卖的价格没有优势。养蜜蜂的话年产2万斤蜂糖，养蜜蜂主要是蜜源优先。如果发展产业大家都去养殖的话就会发生都采不到蜂蜜的情况。从目前来看，养蜂的效益比较明显，一箱蜜蜂500元，采的蜜能够卖出1000元左右。另外，蜜蜂在养殖的过程中容易死和跑掉，如果大家都去养的话，当地土蜜蜂的发展就会受到影响。

贫困户的产业扶贫主要是中药材和食用菌等当地的传统常规产业。目前L县划区作战，五大战区分别有五大产业：烤烟、中药材、种植、食用菌、养殖。每个片区都有自己的主导产业，形成了一村一品。比如，县城东面土地比较平整，以种植为主；西面山地比较多，以养殖为主。现在主要的问题就是土地细碎化，一户农户土地不到1亩，连不成片，种植成本太高，难以形成规模化。（访谈编号20161203GDZ）

茶乡整合的产业扶贫资金在用途上也是集中在当地的典型产业——茶产业方面。无论是传统的茶园、公司，还是新建的合作社、生态庄园等，都是围绕当地的茶产业来建设和打造。而在资金分配的过程中，地方政府有关部门诸如产业办、茶叶办、农技站、经管站等都给予了政策和技术方面的支持（见表5-1）。

有学者研究发现中国地方领导任期与政府行为模式之间存在相关关系（耿曙等，2016），并认为出于政治上晋升的考虑，地方政府新任领导会倾向于发展有别于上任领导的新产业。行政干预导致了地方产业的频繁更换（刘军强等，2017）。但是在精准扶贫背景下贫困地区的地方政府并没有频繁更换产业，而主要是在传统常规产业中选择一项或者两项作为典型产业和重点产业包装和打造。从贫困治理角度来看，这与扶贫考核制度有很大的关系。《脱贫攻坚责任制实施办法》规定，“贫困县党政正职不脱贫不调

表 5－1　2017 年 A 县茶乡精准扶贫统筹整合使用财政涉农资金项目明细

建设地点	建设内容	建设性质	建设规模（亩）	整合涉农资金投入（万元）	扶持贫困户（户）	扶持贫困人口（人）	牵头部门	协助部门单位	绩效目标	备注
茶乡岩村岩屋一组	A 县二字界中药材种植专业合作社	新建＋扩建（新建基地、扩建厂房）	1000	37.5	75	247	产业办	农技站	中药材基地建设	
茶乡马村板楼五组	H 省 GMS 农业有限公司	新建	3000	37.5	176	551	茶业办	农技站	茶叶基地建设、茶叶生产销售	贫困村
茶乡溪村金沙小组	A 县 JH 生物科技有限公司	新建	8000	37.5	206	571	产业办	农技站	中药材基地开发、植物提取物研发和销售	贫困村厂房建设 2017 年 3 月已完工
茶乡岩村岩屋五组	CF 生态庄园	新建	660	37.5	75	247	产业办	经管站 农技站	茶园观光、中药材种植、休闲养老	

整、不摘帽不调离”[1]。所以扶贫产业政策的实施迥异于一般意义上的产业，在扶贫考核的强大压力下，地方政府也会对发展新产业的风险进行评估，完成任务的“不出事”逻辑就会压倒出于政绩考量的数量发展逻辑，于是，地方政府对产业的选择就会更加保守，这也更加强化了产业发展中的扶贫功能。

（三）产业扶贫中的行政发包制

“行政发包制”是近年来学术界用来总结中国社会治理模式的一个理想类型与分析框架。所谓行政发包制，指的是政府内部上下级之间的发包关系，并且突出表现在行政权分配、经济激励和内部控制三个方面（周黎安，2014）。简单来说，行政发包制主要是上级政府为了减少治理成本与完成治理目标，将以任务下达和指标分解为特征的行政事务层层发包给地方政府来做的一种治理模式，区别于科层制治理结构中的权责明确、各司其职。产业扶贫在实际过程中采取的也是行政发包的治理模式，也就是说上级政府在制定了统一的产业发展目标和脱贫任务后，将产业扶贫任务层层下发给下级政府来具体负责。与一般的行政发包模式类似的是任务指标的发包、地方政府自筹资金的预算包干以及以结果为导向的考核和检查（周黎安，2014）。但是产业扶贫领域的行政发包制也与一般的行政发包制有很大的不同，其主要区别在于扶贫领域的行政发包仅仅是扶贫任务本身的逐级发包，发包的过程中虽然地方政府也有自主性，但是并没有随着发包而具有很大的自由裁量权，也少有相应经济层面的激励，只有政治层面的有限激励，实际上更多的是考核和问责压力下的被动执行。

第一，产业扶贫中的行政发包制首先表现在不同行政部门的其他包干。精准扶贫以来贫困县已经形成了“领导挂点、部门包村、干部帮扶”的工作机制。一般对于县级的扶贫工作来讲，不仅仅是扶贫办的任务，每个县级的行政部门都有相应的包干任务。尤其是在精准扶贫之后这种包干制度在基层进一步得到了强化，这一方面是因为面临巨大的脱贫压力单纯依靠扶贫部门短期内不能够完成任务，需要广泛动员各个部门的力量参与其中；

---

[1] 参见《脱贫攻坚责任制实施办法》，http://www.cpad.gov.cn/art/2016/10/17/art_46_54504.html，2016 年 10 月 17 日。

另一方面则是上级部门出于便于考核与管理的目的，需要明晰责任、明确分工。我们调研的S省L县之前也存在类似的行政发包制度，但是精准扶贫之后进行了进一步调整，采取的是一个县级政府部门对口分包一个贫困乡镇[①]，这样一个部门整体结对帮扶一个乡镇，也便于上级对于脱贫攻坚的考核与管理。而在产业扶贫的过程中，各个行政部门则根据自身的优势帮助所分包的乡镇进行产业打造与项目申请，有的部门甚至还会直接拿出资金和项目进行帮扶。

这种采取行政部门结对包干贫困乡镇、贫困村的扶贫模式一方面能够最大限度动员各个行政部门本身的资源并有针对性地投入帮扶的区域中，比如林业局对于林业资源丰富地区的结对帮扶、交通局对交通不便地区的结对帮扶、教育局对教育资源匮乏地区的结对帮扶等，都能够有针对性地发挥作用或者是直接带来相应的扶贫项目，这是精准扶贫的表现；另一方面，过多的本职工作之外的任务使行政部门负担大大增加，势必会影响到行政部门本身所负责的业务。作为中心任务的扶贫工作与本职业务工作之间的冲突是包帮干部当下所面临的主要困境。

第二，在行政包干的产业扶贫中地方政府成为无限责任公司，干预的深度和广度也随之加深、扩大。在以往的产业发展中，地方政府起到的作用仅仅在于做好规划以及在基础设施层面做好工作，吸引外来投资。但是产业扶贫则不仅仅是招商引资这么简单，需要在发展培育产业的同时将贫困人口带动起来。笔者从调研的茶乡内部《经济社会发展情况汇报》看出，乡镇对于产业的干预主要表现在以下几个方面。首先是对全乡域内的茶园基地进行统筹规划和建设，并划分出重点核心区域，全乡统一规划布局。其次是相关基础设施的投入与建设，产业发展并不仅仅是发展产业本身，同时还需要将公路、土地以及相关配套设施建设完成。当地为了能够招商引资发展茶产业，在土地征用、基础设施建设方面都是由地方政府出面协调各个部门予以优先保证，为此乡镇党委政府专门成立相关产业班子，派一名乡镇人大副主席来抓茶产业。最后是相关政策项目的实施与侧重，每亩新建茶园补贴1000元，并对大户、企业基地建设进行政策支持，并结合

---

① L县之前的干部包村主要是因人而异，一个乡镇可能涉及很多个单位的干部来包村。精准扶贫调整之后原则上是一个县级单位包一个乡镇，责任更加明确。

新区开发的机遇，招商引资和建设产业园。而招商引资的企业类型也是以茶产业为主（见表5-2）。我们可以看出地方政府在打造扶贫产业的时候可以说是不遗余力。

表5-2　茶乡三年内招商引资项目（2015—2017年）

公司名称	项目情况	招商引资年份
GMS农业有限公司	建设生态茶园基地1万亩，固定投资6000多万元，省外大型销售网点3家	2015
LSDT茶旅有限公司	投资5000万元，打造一条茶旅休闲一体开发路线	2015
SLX茶业有限公司	占地12亩，项目总投资4000万元，建成黑毛茶2000吨生产线	2015
TBL茶业有限公司	建设新老茶园1万亩，产值5000万元	2016
JXY公司	投资1000万元，新建5000亩茶叶基地，1个毛茶加工厂	2017

致力于做强茶产业，立足资源禀赋，以“一切为了茶，为茶做一切”为中心，加快茶产业培育发展。目前，全乡共有茶园1.8万亩，有大小茶叶企业50余家，茶业专业合作社4家，从事黑茶加工人数1000余人，销售人员500余人，实现茶产业综合收入过亿元。一是加快基地建设。统筹规划全乡茶园基地建设，以马村为核心区，以茶马古道至九龙池公路沿线为两翼，以海拔500—800米为重点区域，规划基地布局。目前，已进行规划板块57处，总面积2.5万亩。党委政府成立专门茶产业班子，明确乡镇人大副主席来抓茶产业。在政策上，每亩新建茶园补贴1000元，同时积极实施金融“双千万”工程，支持茶叶大户、企业发展基地。二是加快招商引资。抓住县城东部新区开发机遇，积极规划黑茶产业园建设，加快沿资江的金竹、茶家、鹊坪“河边一块地”开发。从2012年开始，启动了三村土地储备和实物量调查，配合做好了园区土地征收、“三通一平”、房屋拆迁（含企业搬迁）、环境维护等方面的工作，至去年底已征收土地1600亩，完成了主干道路路基建设。目前，园区完成总投资5亿元，已入园茶叶企业5家。三是加强原产地保护。将W片区9个村划定为马村原叶基地核心保护区，设置警示标志，提醒群众和企业自觉保护马村品牌，并引导群众、企业出台自律章程。大力宣传马村茶、皇家茶园茶、六洞茶等优质茶叶，积极推介茶乡白村原叶茶，加强茶路、茶亭、茶廊建设，加

大古民居的修复和保护力度，推进辰山绿谷茶、旅、禅一体化开发。①

第三，基层党支部与农业合作社之间的合作与监督实现了对于贫困户利益的支持与保护。为获得更为稳定的收益，茶乡贫困户多数会将无息贷款名额转让给农业合作社，贷款资金由合作社进行“统贷统还”，同时贫困户到合作社打工或者参与经营，合作社在支付工资的同时需要连续三年向贫困户发放7000元/年的红利。为防止出现项目制运作偏离目的、资本入侵扭曲扶贫初衷，或者合作社违背贫困户利益，随意解除劳动合同的问题，村“两委”在积极引入外来资本、扶持合作社、鼓励村民入股的同时，明确要求合作社必须以书面的形式将双方转移无息贷款份额产生的权利义务关系写明，合作社必须与雇用的贫困户签订劳务合同。而且村党支部还要求支部成员要经常和合作社以及参加合作社的贫困户进行沟通联系，防止“合作社为套取资金任意上马短平快的项目”（李博，2016）以及随意解雇农民的情况出现。

在这种三角关系（见图5－1）中，基层党支部与合作社之间一方面对其进行支持，另一方面对其进行监督，保证贫困户能够在合作社参与中获得稳定的就业和收益。基层党组织成为贫困户利益的代理人，对农业合作社进行支持的同时也对其进行监督，确保参与合作社的贫困户得到应有的支持与保护，基层党组织成为村庄层面的“保护型经纪”（杜赞奇，2010），限制了资本的逐利性，为贫困户的合法利益以及可持续脱贫提供保护。

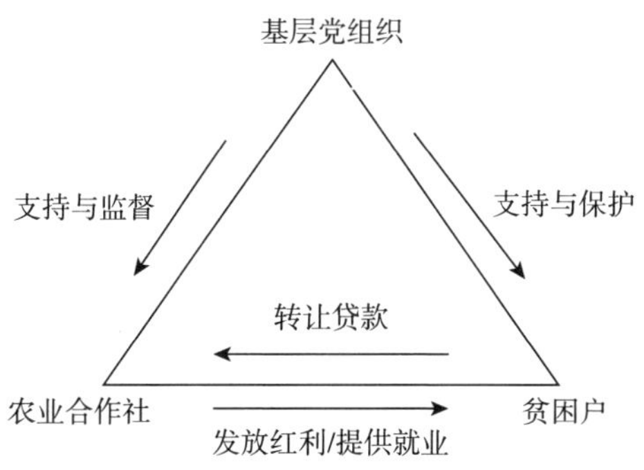

图5－1　基层党组织、农业合作社、贫困户关系示意

① 参见《茶乡经济社会发展情况汇报》，2015年7月13日。

行政发包是一种目标导向的治理模式，它所关注的是上级发包的任务最后是否完成，至于执行过程中采取什么手段以及具体如何完成则不是上级政府考虑的重点。行政发包制是以层层发包代替专业化分工和一体化协调，最小化总部协调功能（周黎安，2014）。所以说在行政发包的模式下更多的是一种基层承包人的整体性治理，并不存在精准性。但是就精准扶贫中的产业帮扶而言，层层发包到了村这一级，行政发包却更加强调产业帮扶的精准性。到了村级产业扶贫，具体的任务落在了结对帮扶单位、驻村干部、乡镇联村干部以及村干部的身上。他们首先会根据贫困户走访和建档立卡的情况对贫困户的致贫原因进行分类，之后再进一步申请相应的产业项目。扶贫干部在精准扶贫领域对于贫困户的包帮超越了一般意义上行政包干的内容，可以说是一种技术化与精细化行政包干，“包干”与“精准”之间没有产生矛盾。随着产业帮扶工作的深入，作为承包人的基层干部所发包内容的广度加大、深度加深，不仅仅停留在贫困户致贫原因的分析、产业扶贫项目本身的完成，同时还包括贫困户贫困文化、生产生活观念的引导与改变，在经济上帮扶贫困户的同时也对贫困户进行身心和价值观念层面的“改造”①。

> 我所在的Z村，2016年精准识别出贫困户14户20人，其中一般贫困户1户2人，低保贫困户6户11人，五保户7户7人。致贫原因主要是缺资金、因病、缺劳动力、因残和自身发展动力不足等。缺资金致贫占总量的28%，因病致贫占总量的14%，缺劳动力致贫占总量的42%，因残致贫占总量的14%，自身发展动力不足致贫占总量的14%，全村贫困发生率为4.8%。2017年，又根据政策新增一般贫困户3户15人。
>
> 贫困户产生的具体原因多种多样，我认为根本上可划分为家庭环境条件和个人思想观念两大类。我县根据扶贫政策，针对不同贫困户致贫原因，提出了对应的帮扶方式，我们按照精准帮扶的策略对症下药，据情施策，夯实措施，都产生了明显的成效。但是如何引导全村人民发展产业、实现长久增收致富，却是一个沉重的课题。因此，我

① 扶贫并不仅仅是经济层面的物质帮扶，同时还包括“扶志”，即对贫困户身心的整体改造。

认真观察分析了农民的生活生产问题。由于环境闭塞、条件艰苦、教育不够、信息不畅等因素，很多中老年农民习惯了那种已经形成的传统的生活生产方式，个人情感和人的惰性，使他们不愿意也不想去改变现状，除非他们身边的环境条件发生巨大改变，否则他们绝对不会积极去创造和适应这个外部环境的；而那些受过现代教育和有过外出经历的年轻人则思想不同，他们很愿意接受新事物、新环境，并主动尝试去改变人生。大浪淘沙，一部分不愿改变的农民就遗弃成为贫困户，我们要帮扶他们，不但要积极改变农村的生活生产环境条件，更重要的是教育他们积极健康地面对人生，引导他们学习和适应变化，指引他们学习先进的生产之道，坚强主动地生活生产，才为脱贫致富之正道；否则，一时的政府恩惠也终将付诸东流。

通过梳理分析，我总结到我村农业生产基础的主要特征：一是耕地资源不足，且不易耕作；二是生产技术落后，生产效率低下；三是年轻人外出务工、助学等占总人口的近48%，劳动力短缺；四是近30%的成年男性未结婚成家，不思生产自救；五是森林资源丰富，为重点生态保护区，有发展食用菌、中药材和养殖业的良好基础等。对此，我思考发展农村产业当前之计还是要求真务实，量体裁衣。一是，引导教育农户甄别选择，加大扶持，积极开展适宜自己的种植业和养殖业等，扩大增收项目；二是，培养产业发展带头人，鼓励本地农民专业合作社发展，培育和引进现代化、专业化农业生产企业等，聚合资源和技术，带动农村产业普遍发展；三是，通过有针对性的考察学习、“红娘计划”（我个人设想的扶贫队充当“红娘”，联络其他贫困村，吸纳和“引进”条件更差的女性来百园村结婚成家、生活生产的一项活动）、农业技术培训和创业技能培训等活动，激发农民的生活生产信心，提高他们的生产技术能力，就地开展自主生产；四是，倡导新一代年轻人带技术、带资金进城入镇创业，留下土地山林让政府重新规划发展，实现现代化农业产业升级。当然，按照国际现代农业发展趋势，发展我国农业的根本之计还必须是把个体农民从土地上剥离出来，摒弃简单粗放的个体劳作，把生产土地交给具有现代化技术、专业管理与营销体系的农业企业生产经营，实施现代规模化、专业化的农业大生产。我相信，我们国家今天已经具备了这些基础条件，现代农业产业时代正在向我们健步走来；也只有发展现代化农业，才能实现农业生产价值的飞跃和农民生产生活的彻底改观。（访谈编号20170321LYJ）

一般意义上的行政发包制不同于强调程序和规则的科层制，它更加强调结果导向、人格化的责任分担（周黎安，2014）。可以说在产业扶贫方面是一种目标责任压力下的行政发包制度，虽然在执行过程中没有一般行政发包的经济层面的强激励，但是在强大考核的压力下承包人不得不采取各种非正式的策略与手段来完成上级的发包任务。H省的《关于建立贫困退出机制的实施意见（试行）》规定贫困村退出，主要按照贫困发生率和村级集体经济收入两项指标确定，统筹考虑村内基础设施、基本公共服务、产业发展等综合因素，即"贫困村贫困发生率降至2%以下，当年村集体经济收入在4万元以上（不包括转移支付收入）"。也就是说，贫困村要想脱贫摘帽就必须有集体经济收入，这意味着此标准作为一项脱贫考核的硬指标必须完成。"村级集体经济是村级组织运转和农村事业发展的物质基础，也是增强农村基层组织凝聚力的坚强后盾。村级集体经济发展困难，是当前农村工作中面临的主要难题，特别对于贫困村而言，就难上加难。"（许思阳、赵萌青，2010）从实际操作层面来讲，发展村级集体经济主要是打造集体产业。但是对于贫困村来讲，可以借助外力的干预打造相关产业，即使集体经济建立起来，贫困村仍然面临持续收益的问题。所以在目标责任考核的压力下，对于那些难以完成任务的贫困村来讲，扶贫干部往往通过扶贫政策的"变通"执行来完成扶贫任务。

如上所述，为了应对上级政府下派的任务，"共谋"在中国基层政府之间已经成为一项制度化的非正式行为（周雪光，2008）。在调研的A县茶乡百园村，为了能够使村庄有集体经济和每年4万元的集体经济收入，市政府办牵头组成的扶贫工作队主要做了以下两方面的工作：首先是帮助村集体发展150亩茶园，这150亩茶园是两年前由外地商人到村上承包土地流转而来的，当时正值黑茶市场价格比较高，就有不少外地商人来茶乡租地种茶，但是由于后来市场行情反转再加上资金周转不善，外地商人就不再继续经营，还欠了村民几十万元的租金。后来，扶贫工作队进入百园村，扶贫干部筹了几十万元将外地商人的欠款还清，并将150亩茶园收归村上算作集体经济，并专门雇人管理茶园。但是考虑到茶苗刚刚种植，三年后才能够采摘，这就意味着三年内不能产生经济效益，而按照计划百园村 2017 年底必须脱贫摘帽，扶贫工作队撤出。于是经过政府办领导的多次协调，百园村在 2016 年 9 月成功和市城市建设投资有限公司签订借款保本分息合同，目前借款标的 100 万元已划入市城投公司，约定年息 6.8%，借款周期为一年，本息一次性偿还，解决了 2016 年村集体经济收入无来源的问题。也就是说为了完成集体经济年收入 4 万元的考核目标，扶贫工作队将扶贫资金借给市城投公司进行投资，投资的收益算作集体经济收益，其实真实的情况是 2016 年村上并没有集体经济，也没有集体经济收入。这种单纯的资本运作代替了集体经济的打造，这是扶贫政策在村庄"变通"执行的一个突出表现。虽然上级考核的任务完成了，村庄账目上会有 4 万元的集体经济收入，但是并没有给村庄带来任何实质性的变化，贫困户也没有真正参与其中。在扶贫工作队与村支书讨论的过程中，村支书为此感到担忧，但是扶贫工作队队长说他们也没有办法，从目前情况来看只能先完成任务再说。

（四）目标责任下利益联结机制的建立

目标管理责任制是一种目前中国地方政府运作最具代表性的实践形式，其核心是通过构建指标化的目标体系和实施考评奖惩措施，在科层体系内部以及国家与社会之间建立起一整套制度性的联结关系（王汉生、王一鸽，2009）。强调指标化、上下责任联结的运作逻辑在精准扶贫方面表现尤为突出，精准帮扶的主要措施被总结为"五个一批"，其中"发展生产脱贫一批"主要指的就是产业扶贫。而每个贫困县在产业的发展方面都制定了详细的发展规划，而产业发展的目标以政治任务的形式被自上而下分配下来。

按照 A 县县委、县政府提出的 2019 年实现脱贫和黑茶生态产业精准扶贫"五化"（开发生态化、适度规模化、经营集约化、管理科学化、技术标准化）要求，从 2015 年至 2018 年，在全县 18 个乡镇新建黑茶精准扶贫高产生态示范基地 5000 亩，每年建设 1000 亩，其中 3000 亩用于精准扶贫，形成一批精准扶贫生态高产黑茶林示范基地群，按每个贫困人口 1 亩的标准，辐射带动 960 户约 3000 人参与发展黑茶产业，让贫困户获得长期稳定收益，达到脱贫致富目的。

A 县县政府确立的产业扶贫扶持政策的原则是“政府引导、企业带动、贫困户受益”。对企业的种种扶持都是建立在贫困户受益的基础上，在政府的行政干预下建立起市场与贫困户之间的收益机制，确保贫困户的参与和利益分配。在项目的申请方面，政府规定优先满足有一定数量贫困户入股或吸纳一定数量贫困户就业的黑茶种植企业和大户的需求，并按标准对其进行补助。茶乡政府制定的《茶乡贫困户脱贫项目建设实施方案》明确规定对参与贫困对象 5 户以上的，给予此新型农业经营组织 200 元/户奖补，同时有效实施委托帮扶（签订协议）一户，按照每户 100 元奖励到该经营组织。[①] 在鼓励新型农业经营主体（农业企业、农民合作社和家庭农场）参与产业扶贫的同时要“建立利益联结机制，明确权责关系”，在国家扶持的产业项目分配收益的时候与贫困户按比例分成。

为了建立村集体经济，使村庄能够有持续的收入，除了以上通过在城投公司集资获取利息的“变通”策略外，在产业扶贫、打造产业的压力下，茶乡的每个贫困村都要建设一定规模的集体茶园。JXY 公司是 A 县第一家集茶叶种植、产品研发、生产、销售于一体的大型黑茶企业，拥有年产 1.5 万吨优质黑茶生产线，目前由于茶叶市场拓展需要扩大茶叶基地的规模。茶乡政府领导找到 JXY 公司进行协商，希望公司将茶叶基地建设在该乡市长的扶贫点百园村，这样对于乡政府和市扶贫工作队来讲也算是自己的一项政绩。对于 JXY 公司来讲，他们主要考虑的是一方面可以获得国家扶贫政策的支持，另一方面可以直接申请到政府的项目。从现实的情况来看也确实如此：省级茶叶产业发展专项资金中，要求每年安排 50% 用于支持有一定数量贫困户入股或吸纳一定数量贫困户就业的企业和大户进行低产茶林改造；对于吸纳贫困户达到一定数量的企业，在项目资金、信贷规模、技术服务等方面予以重点支持。[②]

通过市扶贫工作队以及乡镇干部的争取，2016 年百园村吸引了 JXY 公司到村庄建设茶叶基地和毛茶加工厂，上文中集体培植的 150 亩茶园就转租给了 JXY 公司，该公司还保证优先收购村民种植的茶叶，但是由于交通不便，如果收购的鲜叶运输到山下的工厂加工的话成本较高，所以 JXY 公司

① 参见《茶乡 2016 年贫困户脱贫项目建设实施方案》，2016 年 12 月 8 日。

② 参见《2016 年茶乡产业扶贫实施规划》（内部文件）。

还计划建设一个毛茶加工厂。建设工厂最重要的就是面临征地的问题，村庄的毛茶加工厂选址涉及十余户农户的土地，但是其中有4户农户不同意将土地租给JXY公司建厂，在这种情况下，乡镇干部、扶贫工作队以及村干部出面做了多次工作，最后以村庄脱贫为由跟贫困户反复沟通，说如果不建设毛茶加工厂，JXY公司就可能撤出村庄，前后花了两个多月的时间终于说服这几户“钉子户”同意与JXY公司签订土地租用合同。还有就是工厂建设的过程中，需要安装一个大功率的变压器和电线线路，与村庄的民用线路分开。为此又是扶贫工作队出面，在工作队队长的带领下，多次到县电力局、环保局等部门找到相关领导，直接协调线路改造事宜。按照常理来看，工厂建设、基地培植、线路改造等都是企业自身的事情，但是在实际操作的过程中，扶贫工作队与地方政府却承担了很多本应由企业承担的工作。地方政府职能之所以能够得到拓展，主要是因为产业扶贫本身的复杂性，当产业扶贫不仅仅是纯粹的经济层面的产业发展，而是演变为一项政治任务的时候，扶贫干部就面临巨大的脱贫考核压力，使地方政府官员不得不参与到产业的选择、招商引资、说服“钉子户”以及基础设施建设等工作中。

（五）“打包”发展与示范带动机制

上文主要论述了精准扶贫中地方政府对于产业的选择、再造以及政府科层制内部如何对产业扶贫任务进行层层行政发包。但是发包的任务到了基层社会之后如何具体执行？尤其是对于贫困户来讲，如何能够真正使他们参与到产业扶贫中？如果还是仅仅依靠行政权力强制作用，“官动民不动”甚至“逼民致富”现象则很容易产生。所以接下来我们会详细论述产业扶贫项目到了基层是如何进村入户的。

对于乡镇这一级的地方政府来讲，它们往往是既缺钱也缺权。一方面，在资金有限的情况下乡镇政府要完成产业扶贫任务，只能够整合其他项目进行“打包”发展。这种将多个项目整合起来“打包”发展的思路有效地应对了资金不足的问题，可以说利用有限的资源达到了多方面的目的。另一方面，这种“打包”发展、项目整合也是地方政府创新的表现，地方政府官员出于晋升的考虑，在进行产业扶贫的时候就不能延续前任领导发展的思路或者是单纯的就产业而发展产业，政治考核与晋升偏好使地方政府在进行产业扶贫的时候要进行创新和展现出所谓的特色，这也是产业扶贫项目被“打包”发展的重要原因。

以调研的茶乡为例，茶乡的产业扶贫并不仅仅是茶叶的种植，镇政府与县城投公司合作，由县城投公司作为投资主体来开发温村，并整合了“易地扶贫搬迁安置”项目和“地质灾害避险安置”项目，结合了温村的红色文化、黑茶产业、绿色生态进行“美丽乡村”建设，计划逐步将温村打造成旅游中转站，带动茶乡的产业转型政绩。该项目开发面积1平方公里，总投资2.8亿元，第一期开发核心地段268亩。目前，第一期的征地工作已经完成，房屋拆迁启动，整体规划设计成型，“三通一平”工程进入招投标程序。对于全镇的产业发展也不仅是茶产业本身的扶持，目前茶乡实行的是“推进茶旅一体，走特色乡域经济发展”的思路。“而所谓茶旅一体，并非茶产业与旅游业的简单结合，而是以茶为主题，以旅游为内容，将茶园建成旅游景区，将茶产品开发成旅游产品，将茶民俗、茶文化打造成特色旅游品牌。茶乡下一步拟通过筑巢引凤、借鸡生蛋的方式，打算将温村打造成富有梅山风情，融红色记忆、茶旅文化、饮食文化、农耕文化、休闲文化于一体的最美乡村。茶乡推进茶旅一体化发展，通过茶产业带动旅游业，旅游业促进茶产业，实现双赢互补协同发展。”① 以上可以看出茶乡的产业打造并非单纯的产业发展，而是将产业发展与“美丽乡村”、“易地搬迁”和“灾后安置”等结合起来，并整合了诸多其他项目的“打包”发展。该乡对于茶产业的打造也在原有单一产业的基础上提出了“茶旅一体”的发展思路，而这其实更多的是一种产业发展的包装与创新行为。

产业项目进村之后则面临的是如何使贫困户脱贫致富的现实问题，如果说之前的产业选择、再造、发包以及“打包”发展都是行政科层内部的行为，那么项目进村之后与贫困户的对接以及如何让贫困户发展产业脱贫致富则是打造产业的最后也是最为关键的一个环节。

叶敏、熊万胜（2013）认为示范机制的运行在逻辑上可以分为两个过程，也就是行政过程与社会过程，前者发生在国家政权组织内部和干部之间，后者发生在社会组织和群众之间。示范本身具有一种社会改造的目标，它尽管不像政治运动那么激烈，但也必须充分发动各级政府、干部和群众

① 参见茶乡乡长《在全乡经济工作会议上的讲话》，2017年3月21日。

投身其中，因此，在行政过程中包含了丰富的行政内容。但就示范这种特殊的政策执行机制来说，动员是确保示范成功的最重要和最基本的执行手段。如果说科层制内部的动员可以完全依靠行政压力传导以及目标责任的管理体制，那么继续采取这种强制方式对于社会尤其是贫困户的动员则是无效的。扶贫的过程中对于贫困户本身的动员需要调动他们的能动性，让他们主动参与到政府主导的项目中来，其核心的做法就是示范带动机制。示范本身所打造的亮点并不重要，重要的是其所发挥的推广和社会动员作用，也就是会产生示范效应，带动更多的贫困户参与到政府多主导的项目中。

我们在西北地区 L 县调研的产业扶贫就呈现以上逻辑。林下经济示范点采用的是合作社带动 + 林业局示范园区 + 农户换工带动综合性的推广机制。“往年的文件里面明确规定要求发展林下经济的项目必须带动贫困户。袋料香菇往年是 30 元一斤，今年是 20 元一斤，这样就会没有多少利润了。需要打锯末、装袋、高温杀菌、采摘。附近的农户都会过来帮工，在帮工的过程中就会把技术学到，这也是发挥了带动作用。X 镇主要是资源广，但是放到全县来说经济情况就很一般了，这里山林面积多，坡陡，自然环境比较差。东面的乡镇矿产资源比较多，还好一些。”（访谈编号：20161208ZKZ）我们可以看出这种政府推动模式采用的是示范和带动相互结合的模式，政府主动打造示范园区的同时也要求合作社带动，其中并没有对贫困户和农民采取行政强制。与自下而上农户主动发展模式不同，这种方式主要通过自上而下做出成绩后对贫困户进行吸引和吸纳。

L 县计划全县 2019 年脱贫，2016 年全村人均收入 6000 元。扶贫要扶到点、扶到户和扶到根上。扶到点上指的是每个贫困户要进入产业，进入家庭合作社，纳入产业链；扶到户上主要是扶贫要以户为单位；扶到根上主要是针对贫困户具体致贫的原因，进行有针对性的具体帮扶。进行分类治理，绿色牌子的是一般贫困户，红色牌子的是低保户。我们一个季度换一次责任牌，进行督查和考核。干部的照片和电话都要显示在上面，还要写你主要干了些啥。我们中心 19 个人包了 19 户。首先对于贫困户来说要多沟通，分清楚什么是假困难，什么是真困难，要摸清楚实际情况。现在贫困户不敢贷款，担心还不上，H 村一共贷款

56万元，真正需要发展产业的大户却贷不出来，于是就出现了一种情况，就是产业发展大户和合作社以贫困户的名义进行贷款。这样做的话，我们政策上也做了调整，就是可以把金融扶贫贷款以股份的形式注入专业合作社。（访谈编号20161209JCZ）

我们可以看出这种示范带动机制离不开农村带头人和农村能人的影响，如果没有这种作为农村能人的大户，地方政府就会以政策优惠作为吸引来让村干部从事相关产业承担扶贫功能，村干部由于经常与地方政府打交道，所以自然在政策信息获得上也有先天的优势。这种上级行政干预扶持起来的合作社中政策补贴优惠是与带动贫困户脱贫责任捆绑在一起的，其所发挥的扶贫作用往往大于普通的合作社和农业公司。

案例5-1：村干部主导型合作社

在发展产业方面，X村主要利用村干部进行带动，成立产业协会和专业合作社。目前该村有4个专业合作社，其中分别是乌鸡专业合作社、蜜蜂专业合作社、中草药专业合作社和果园专业合作社。目前村里种植食用菌的有10户，养殖乌鸡的有30户，养蜜蜂的有15户。果园方面，2013年成立了CH农业发展有限公司，主要种植香红李。规模目前有102亩，采用的是公司加农户的形式，目前有34户加入。土地流转费用是500元/亩，目前公司固定雇工3人，工人工资1500元/月，农忙临时雇用零工的话是每天100元。现在流转的土地主要是零星的流转，由于该村土地较少，人均土地只有1亩，公司跟农户签订了10年的协议，一次性给清5年的钱。公司的总经理就是村委会主任，他是从2008年开始做村委会主任的，之前他在乡镇干了十几年，但是一直没有解决编制问题。该镇是纯农业乡镇，缺少致富带头人，最初想成立的是专业合作社，但是后来想公司的面可能更广一些，所以又注册成立公司，公司的话种植和养殖都可以搞，经营比较灵活。村委会主任说，合作社最初投资有60多万元（自己投了30万元），还包括市科技创新项目10万元、县农业产业扶贫项目5万元、乌鸡孵化项目3万元、农工部帮扶借款3万元。由于村委会主任与乡镇联系比较密切，所以上级对于农业经营和产业扶贫方面的优惠政策他能够优先享受到。（2016

年12月在S省L县调研整理而得）

总结来看，示范的带动作用可以分为以下几种类型。第一种是政府直接打造示范点和示范项目，如上文提到的林业局自己建设的袋料香菇示范园，这属于外部带动，是自上而下的推动机制。第二种是通过对当地合作社、村干部、致富能手等的帮扶来依靠他们对周边的贫困户进行带动。当周围的村民和贫困户看到合作社、村干部和致富带头人从事的产业项目能够产生切实的收益的时候，就有可能发生吸引作用，他们就会很自然地主动尝试从事相关产业，这属于村庄内部带动。第三种是农户之间的带动，在农村社会从事农业劳动的过程中很自然地会产生一些诸如换工的互助行为。换工不仅是农民改善生计的一种生计策略（任守云、叶敬忠，2011），换工的过程也是农户之间信息传播、技术学习的过程，而与此同时发生在农户与农户之间的带动作用就自然产生。像L县袋料香菇产业的发展就主要依靠农户之间的带动，农户之间通过自发地相互帮工、换工学习香菇培育技术，并不是通过自上而下的农业技术推广而习得相关知识。

三 几种产业扶贫模式的比较分析

（一）产业扶贫的微观组织模式

产业扶贫的具体实践形态在不同的区域表现出很大的差异。在产业扶贫的组织模式方面，大致可以分为以下几种类型：直接带动模式、就业创收模式、资产收益模式和混合带动模式（汪三贵，2016）。几种模式①的比较如表5-3所示。

表5-3 产业扶贫几种主要模式的比较

种类	特征	方式	优势	挑战
直接带动模式	多主体分工合作、链条式发展	公司+合作社+贫困户	优势互补、优化配置	要有农民合作组织和龙头公司

① 这里需要说明的是，这几种模式仅是一种类型学的划分，在现实情况中很多是以上几种模式的混合形态。

续表

种类	特征	方式	优势	挑战
就业创收模式	直接创造工资性收入	直接为贫困户提供就业机会	非技术性、低强度的工作机会的劳动密集型的农业产业	贫困户必须具备一定劳动能力
资产收益模式	扶贫效率到户，而非资金到户	赋予贫困户产权或股权	不依赖农户的独立经营能力，有利于贫困户积累资产	贫困户要有土地、森林、水面等资产或有国家资金支持
混合带动模式	以上几种模式的混合	将农户参与（生产或就业）和资产收益结合起来	贫困户既有资产性收益，又通过参与生产或就业提高自我发展能力	对于贫困户资产和劳动能力都有一定要求

由表5－3可以看出，无论是直接带动模式、就业创收模式还是资产收益模式与混合带动模式，这几种产业扶贫的模式都具有以下共同特征，就是通过某种组织形式将贫困户吸纳进市场，并且使其通过利用自身的劳动力或者其他资源（贫困户的土地、森林等资产）来产生持续性的收益，从而摆脱贫困。而无论是直接将贫困户吸纳进去就业的公司还是多主体共同参与的合作社抑或是二者的结合，本质上看都需要通过某种组织化的载体和勾连机制将贫困户与市场相连接，而非直接将贫困户个体推向市场。

> 发展特色产业脱贫。制定贫困地区特色产业发展规划。出台专项政策，统筹使用涉农资金，重点支持贫困村、贫困户因地制宜发展种养业和传统手工业等。实施贫困村“一村一品”产业推进行动，扶持建设一批贫困人口参与度高的特色农业基地。加强贫困地区农民合作社和龙头企业培育，发挥其对贫困人口的组织和带动作用，强化其与贫困户的利益联结机制。支持贫困地区发展农产品加工业，加快一二三产业融合发展，让贫困户更多分享农业全产业链和价值链增值收益。加大对贫困地区农产品品牌推介营销支持力度。依托贫困地区特有的自然人文资源，深入实施乡村旅游扶贫工程。科学合理有序开发贫困地区水电、煤炭、油气等资源，调整完善资源开发收益分配政策。探索水电利益共享机制，将从发电中提取的资金优先用于水库移民和库区后续发展。引导中央企业、民营企业分别设立贫困地区产业投资基金，采取市场化运作方式，主要用于吸引企业到贫困地区从事资源开

发、产业园区建设、新型城镇化发展等。①

但无论是公司+贫困户、合作社+农户，还是公司+合作社+贫困户等模式，是否能够真正带动贫困户脱贫致富？以上的带动贫困户致富的产业扶贫模式的运作机制与内在实践逻辑是什么？上述具体产业扶贫政策在基层实践的过程中又往往容易遭遇到什么样的困境？这些都是下文尝试解释与阐述的问题。

李如春、陈绍军（2017）认为农民合作社通过“政府－市场－社区－合作社”四位一体的扶贫模式，可以促进政府、市场、社区扶贫资源与合作社对接，吸纳和再造贫困户自有资源；通过发挥合作社这一重要载体的作用，增强贫困农户的自主发展意识和话语权，形成一种贫困农户资产收益长效机制，转变产业链中贫困农户的角色分工，提高贫困农户的自我发展能力。赵晓峰、邢成举（2016）也认为农民合作社的制度安排具有益贫性的特征，可以通过建立合作社与普通农户之间的利益联结机制来实现精准扶贫的目标。以上学者主要是从政策文本的角度进行分析，认为合作社的组织形式从理论上可以增加贫困户的收益，有助于改善贫困户家庭的生计。但是在农村扶贫的基层实践中合作社模式是否又能够真正实现精准帮扶的目标？我们认为并不是所有的合作社都能够带动贫困户脱贫致富，需要对合作社本身进行分类研究和区别对待，合作社带动贫困户脱贫有一定的限度。

（二）合作社带动贫困户脱贫的限度

恰亚诺夫认为合作社在理论上能够更多地照顾到参与其中的穷人的利益，而非照顾资本或资本家的利益，合作社本身具有益贫性（Chayanov，1991）。但是合作社放在中国来说由于具体情况十分复杂，其本身的分化也很严重。并不是所有的合作社都能够带动贫困户脱贫，要看合作社的具体组织形式以及贫困户的参与方式、分配机制等。

合作社是具有中国特色的农民专业合作经济组织，在一般的民法体系

① 《中共中央、国务院关于打赢脱贫攻坚战的决定》，http://news.xinhuanet.com/politics/2015-12/07/c_1117383987.htm，2015年12月7日。

中可以将其看作与企业或社团并列的组织，但是直到现在它的定义与面貌仍然是模糊不清的（熊万胜，2009）。有学者认为当今在中国很多农村合作社被包装成下乡资本的牟利工具，普通农民并没有从中受益（冯小，2014）。还有学者认为合作社本质上是为了实现潜在的经济规模，并应该遵守"所有者与惠顾者同一"的组织原则。但是在实际的情况中，目前中国绝大多数的合作社都不具备以上的组织原则，其本质仍旧是公司或者"公司+农户"等其他类型的组织（邓衡山、王文烂，2014）。如果抛开理想类型与独特的组织原则，现实中的合作社大多是一种混合与模糊的形态。所以在下文的论述过程中并没有纠结于合作社的概念本身，而将在现实中注册挂牌的合作社都看作研究的对象，其中有"公司+农户"的形式、农村大户主导的形式以及外来资本主导模式等，我们都将其笼统地归为合作社扶贫模式，区别于企业直接定点扶贫的模式。在《中华人民共和国农民专业合作社法》规定中，合作社并没有扶贫的功能，仅仅是一个农民合作的经济组织。但是在精准扶贫的背景下，政府赋予了合作社扶贫功能，而合作社或者企业本身也只有具备了带动与吸纳贫困户的能力后才能够申请到政府的相关项目与资金。

产业扶贫并非完全依靠市场机制来进行产业发展的扶贫模式，从上文的论述中我们可以看出产业扶贫从产业选择、产业打造以及具体管理等方面是处在行政干预下的发展模式。在国家推行精准扶贫的战略下，由国家设定了脱贫的日期，具体依靠产业脱贫的指标数量也需要按照"规划"来完成。在国家层面实施了"五个一批"计划，其中要发展产业脱贫3020万人，作为任务的产业扶贫被层层分配到了各级政府。2017年，茶乡所在的H省计划通过发展生产带动50万贫困人口脱贫。

案例5-2：红太阳金银花专业合作社

J村的红太阳金银花专业合作社成立于2011年4月，是一个集金银花种植、育苗、金银花系列保健品开发、金银花中药鸡养殖并具有金银花茶生产标准和资质于一体的专业性农民合作社，合作社注册资本150万元，在册金银花种植、黑花生种植、金银花珍兽养殖社员共计852户，建有百亩金银花标准化种植基地、黑花生种植基地、珍兽养殖基地各一处，下设明珠农业科技开发有限公司、御史庄园家庭农场、红太阳金银花专营店以及在省会设有农产品销售点。

实际上调研了解到，该合作社目前种植金银花1000亩、黑花生400亩，养鸡3000余只，占地80亩。登记注册的农户有152户，另外还有300多户流动（不固定）农户参与。在扶贫方式上该合作社采取的主要是以下三种方式。一是入股的方式。其中有112户贫困户将每户5000元的财政扶贫资金作为股份加入合作社，每年每户分取8%，也就是400元的“红利”。二是劳务的方式，主要是吸纳贫困户进入合作社打工，雇用贫困户从事产业劳动。三是示范带动模式，也就是通过经营收益好的合作社做好示范，间接带动周围村庄贫困户也去种植黑花生和养鸡，而非直接雇用或者吸纳贫困户进入合作社。

在入股方面，政府直接把财政资金打到贫困户账户上，合作社目前一共容纳了217户贫困户，其中有112户贫困户选择了资金入股，而为了保持平等与平均，每户贫困户入股都是按照5000元来算。在劳务方面，目前合作社长期固定用工30—40人，这些主要都是附近村庄的留守妇女，不加班的话每天的工资是50元，每人每年能有1万元的收入；短期用工的话主要是临时工，农忙最多的时候用工240人，每人每天40—50元工资，主要集中在每年的5—8月。合作社需要用工的时候社员就会开上几辆车装上大喇叭到周围的几个村庄去宣传，临时用工招来的主要是留守妇女和留守老人。在示范带动方面，合作社本身土地种植面积有限，而所在的地区由于处于丘陵山区土地细碎化严重而不能够连片经营，劳务的话也只能局限在附近村庄，其他村庄距离太远劳务输出不方便，这样只能依靠农户自己种植，然后合作社对其农产品进行收购。合作社为农户免费提供种苗、地膜和农药，甚至相关种植技术也是合作社提供，此种方式主要是通过这种订单农业带动更多的农户参与进来。目前主要是黑花生这一块已经带动了80余户农户（其中含贫困户30户），总共种植面积200多亩。在带动贫困户脱贫方面，贫困户并没有种植金银花，这主要是因为：第一，金银花种植属于劳动密集型产业，劳动力投入比较多，而贫困户家庭往往缺少劳动力；第二，金银花种植的周期比较长，种植之后前三年没有任何收益，前期投入成本也比较大。但是黑花生由于种植方法比较简单，种植后也不用过多的管理，于是比较适合缺乏劳动力的贫困户家庭。

但是合作社理事长 GXF 说："真正靠合作社脱贫是不可能的！"根据以上收入的分析，一方面农户加入合作社打工取得的收入仅仅够自己的基本开销；另一方面虽然名义上说是带动了贫困户，但是到合作社务工的贫困户的比例并不高，我们了解到实际上在合作社打工的大多数是村庄中生活比较好的富裕户，家里住着两层楼房。因为合作社的工资比较低，所以容易形成"没钱的人看不上，有钱的人看得上"情况。还有一个情况是在合作社里打工的以女性为主，她们都是周围村庄的留守妇女，需要照顾家庭，所以为了让她们能够照顾小孩上学，合作社的工作时间是上午 6：30—10：15，下午 12：00—16：15。

合作社理事长 GXF，40 岁，以前是 YS 村的村监委会主任。在产业选择方面，合作社并不是一开始就种植金银花和黑花生，贫困地区的产业选择大多还是集中在传统种养业上。GXF 说道，最早之前他种植过丹参，但是中药市场参差不齐。全县目前有 20 多家合作社，大多还是以种植、养殖类为主。中药材的话，比如说种植较多的猪苓、天麻等中药材市场价格波动非常大，往往难以预料。养殖的话周期虽然较短，但是产业链太长，手续麻烦。他将土地租下来后又去了河北、山东等地考察，打算种植一次性投入后年年能够有收益的品种，如果每年都重新种植的话人力成本太大。他比较了很多项目后还是感觉种植金银花合适，前有出路后有退路，金银花既可以作为药材又可以做菜，用途多、市场广，种植风险较小；黑花生的话则完全没有风险，所以最后才决定以金银花为主、以黑花生为辅，并适当开展特色养殖的产业发展模式。GXF 说，2013 年他去合肥参加专业合作社带头人培训大会，遇到了东北地区的合作社带头人也过来参会，在东北地区三个人就能够种植 2000 亩土地。但是由于贫困山区土地非常分散，没有搞规模连片经营的地理条件，即使流转土地也需要一户一户的进行谈判，谈判成本非常高，这是合作社目前发展的最大瓶颈。因为土地不能连片规模经营，他们只能通过示范带动的模式，也就是合作社首先经营让农户看到了效益后再带动他们进行种植。

合作社目前流转土地 280 亩，涉及 60 多户农户。这片土地涉及了周围的三个村庄，最初有人在这里租地种植烤烟，当时流转土地是每亩 450 元，但是后来经营失败就荒废了。GXF 于是就把这片地收了过来转租，金银花和养殖租地租金是 180 元/（亩·年），签约 20 年，用作金银花加工比较平整的场地租金是 450 元/（亩·年），80 亩用作黑花生种植的土地租金是 300 元/（亩·年），至于其他的土地就是按照之前种植烤烟的租金来算。政府对合作社的支持主要包括以下几个方面。第一，在合作社成立之初需要土地的时候，主要是镇政府出面找村上协调。在农村经营农业类合作社首先需要解决的就是土地问题，规模大的合作社一般流转的土地不限于村庄内部，很多都超越了村庄的边界。与不同农户和村庄谈判的时候交易成本非常高，这就需要乡镇政府出面协调。第二，扶贫资金的直接支持。政府给 112 户贫困户每户配套 5000 元注入合作社，总共资金 56 万元，当时政府还配套了 24 万元进行合作社基础设施建设，这样下来合作社成立后在扶贫方面获得了政府 80 万元的资金。80 万元的产业扶贫资金是以带动贫困户的名义注入合作社的，只不过其中 30% 用于基础设施建设，70% 用于发展产业。第三，扶贫之外其他项目的支持。除了上述产业扶贫资金以外，合作社获得上级项目支持还有 30 万元的科技项目资金，主要是用于产品研发、新品种引进创新方面，这主要是向当地科技局申请获得；30 万元左右的农业项目资金，其中有基地建设项目、标准化规模化种植项目、新技术推广项目等；2 万元的妇联和残联资金支持，由于合作社吸纳了大量妇女以及几个残疾人工作，所以能获得相关方面的少量资金支持。第四，在农业技术指导和推广方面，为了解决合作社新品种的研发和种植的问题，地方政府还协调了当地的 S 学院、农检站和农技站，定期请一些专家给农民讲课，用当地人的话来讲就是"这种现场说话的方式比较接地气"。

种植金银花主要工作是田间地头的管理，其生产周期为 3 年，但是一次投入之后就可以永久收益，目前金银花的净利润在 3000 元/亩；种植黑花生的周期就比较短，一级果产量在 400—500 斤/亩，二级果产量在 100 斤/亩，平均收益在 2000—3000 元/亩。目前合作社的销售主要依靠代理，就是在县城和县下面设立专卖店，电商作为补充，主要是因为现在电商人才比较缺乏，如果招人专门做电商销售的话每个月工资支出为五六千元，电商销售模式人力成本过高。理事长 GXF 介绍说 2017 年合作社的重点放在销售环节上，而不是放在种植规模的扩大上。现在一年的销售额有 500 多万元，效益有 90 多万元，也就是说能有约 20% 的利润。合作社经营主要是没有中间商，成本方面占 50%，产品认证和宣传包装成本占 20%，工人工资支出占 20% 左右。因为现在的销售越来越重视产品的包装，现在的包装成本与工人工资差不多，如果说花生卖 80 元，包装费用就占 10%。

从以上这个案例中我们可以看出，利用合作社进行产业扶贫并不是都能够使当地的贫困户脱贫致富，合作社带动贫困户脱贫具有一定的限度。合作社的产业选择、经营规模、组织方式、政府支持以及贫困户的参与程度等多方面因素决定了其扶贫的效果，在缺少外部环境支持的情况下合作社扶贫也难以发挥其应有的作用。

（三）合作社参与贫困治理的政治逻辑

调研了解到，精准扶贫之后地方政府对于合作社的扶持力度明显加大，无论是在资金项目的数量还是在扶持的面上都增加很大。以前当地的合作社基本没有什么项目，即使有项目一个县里也只有一两个名额，轮也轮不到。现在一个县专门用财政扶贫资金来扶持全县 40 多家合作社，起到的作用非常大。但是在对合作社的项目、资金分配的时候也并不是雨露均沾平均分配，政府对于合作社支持力度的大小大致可以归结为以下两个方面：一方面是合作社规模的大小，一般情况下是合作社规模越大所获取的项目和资金就越多；另一方面是带动贫困户的能力，对于带动贫困户越多的合作社扶持的力度就越大。这一点从对于合作社扶持资金使用情况就可以看出来，政府规定 70% 用作贫困户入股资金，只有 30% 可用于合作社的基础设施建设。比如红太阳金银花专业合作社就由于在 2016 年使一部分贫困户脱贫，另外又吸纳了一批新的贫困户，所以 2016 年上级政府对于合作社基础设施的扶持资金是 15 万元，多于 2015 年的 9 万元，算作奖励。

但是，合作社在成立之初并没有带动当地贫困户脱贫的任务，理事长 GXF 说："我们成立合作社主要就是用来发展经济、带动村庄发展的，并没有专门的扶贫功能。但是精准扶贫政策以后则要求合作社必须带动当地贫困户脱贫致富。现在县上、镇上和村上都在抓扶贫，2016 年旁边的两个村子主要就是以黑花生为突破口而整村脱贫。"由此我们可以看出，合作社的扶贫功能是在精准扶贫政策之后才逐渐凸显的。具体来看，合作社在得到政府政策优惠和项目扶持的同时，也承担了相应的扶贫功能。比如，在当地，合作社想申请获得国家开发银行 400 万元的财政担保贴息贷款，必须以带动一定数量的贫困户脱贫为前提条件。其中 200 万元的贷款要带动至少不低于 70 户的贫困户，也就是说平均一个贫困户脱贫需要 3 万元。

周雪光（2017：212）认为政府内部的考核机制在很大程度上促成了基层政府间利益共同体，从而使基层各行为主体为了完成上级目标而参与共谋行为，并最终产生目标替代。以该合作社周边的Y村为例，目前Y村有106户贫困户，90%以上的贫困户都加入了合作社。在这106户贫困户中参与入股的有87户，进入合作社打工的没有多少，只有不到10个人，其他的都是通过示范带动，还有的就是这几种模式的混合。而在合作社打工的人中90%以上又都是妇女。因为Y村2016年要整村脱贫，所以侧重点就放在了Y村。在当年的扶贫资源分配上乡镇与合作社之间有着很大的默契，乡镇相关领导会主动提前找合作社协商，明确让合作社把指标多向Y村倾斜一些，因为扶贫贷款以及贫困户合作社入股都是比较灵活的，在数量总额不变的情况下，可以在合作社内部也就是周围几个村庄之间进行比例的调整。县级政府具有项目和资金的分配权力，但是乡镇政府则可以对扶贫任务以及脱贫次序进行调整，他们可以根据脱贫计划来选择给予哪个村庄更多的支持，以及在村庄内部优先安排哪些预脱贫的贫困户加入合作社。但是，很多情况下并不是最贫困的村庄获得最多的扶持，而是服从于政治考核。也就是说在脱贫先后次序的压力下，地方政府可以与合作社之间形成某种程度的共谋行为，来共同完成上级的扶贫任务与考核。

地方政府对合作社的直接干预就体现在脱贫攻坚工作室在合作社的直接设立，工作室人员主要由乡镇扶贫干部与合作社理事长构成，平时处理合作社扶贫的相关事宜，乡镇的权力直接嵌入合作社，不仅平时有固定干部负责“联系”合作社，甚至关于合作社产业的选择也要服从全县大的产业扶贫规划。L县脱贫攻坚划区作战，全县被划分为五大战区，分别是烤烟、中药材、其他种植、食用菌和养殖。每个片区都有自己的主导产业，最终形成一村一品。所以合作社的发展方向和计划都要服从于全县的脱贫规划。

为什么地方政府能够使合作社负担起扶贫功能，而这仅仅依靠行政命令是不够的。我们可以将其概括为“利益捆绑、责任连带”的治理模式。所谓“利益捆绑、责任连带”，指的是在向合作社附加扶贫责任的同时也会在项目、资金等利益方面向其倾斜，合作社在获得利益的时候也被捆绑了相应的扶贫责任。而这一治理模式之所以在现实中能够有效实施，对于合作社来讲主要是因为目前合作社本身处在一个比较劣势的地位。用合作社理事长 GXF 的话来说就是，“我们合作社只是一个空壳子和一个平台，没有钱啥都办不成！乡镇政府给的各种项目和资金加起来能有 100 多万元，对合作社的发展起到了很大的作用!”。而扶贫攻坚不能完全依靠政府的行政力量，尤其对于产业扶贫来说则需要一个执行具体政策的载体，而合作社作为这样一个平台被地方政府吸纳过来一同完成行政任务，所以脱贫攻坚的任务就自然而然落到了合作社身上。更进一步来讲，地方政府的基层干部一直都在讲，脱贫摘帽的话总要去做点事情，如果这个村子脱贫了但是什么工作都没有做的话考核都说不过去。所以地方政府与合作社双方的需要使“利益捆绑、责任连带”的模式得以实施，地方政府与作为市场主体的合作社达成了一致。

案例 5－3：星辉林业开发专业合作社

A 县的星辉林业开发专业合作社被作为地方政府重点支持的扶贫项目。该项目投入总成本 2000 万元，其中国家投入 300 万元，信贷资金 300 万元，合作社自投 1400 万元；其中茶叶基地 1000 亩，用材林 300 亩，中药材 1000 亩，其他种植业 200 亩，林下养殖 10 万羽。合作社计划 2017 年年底建成年产 200 吨茶叶加工厂、300 吨竹笋加工厂，并扩建林产品加工厂使其年加工量达到 5000—10000 立方米，天子山庄可以在年底投入营业，天子山金鱼、鸡、猪基地可以陆续建成，加上合作社各项投资稳固发展，项目建成后年收入可达 500 万元。

项目建成后，一是合作社各类基地面积在 10000 亩以上，合作社茶园品质得到提升。竹笋、药材、林下种养业得到有序发展，并结合当地的生态旅游将产生很高的经济效益。二是贫困户在自主创业过程中可获得合作社免费技术培训，还可获得每年人均 1000 元的分红。三是合作社通过金融帮扶、劳务用工、土地入股分红等多种方式带动贫困户脱贫。与合作社签订种养协议的贫困家庭可同时享受产前、产中、产后一系列帮扶措施。四是合作社各项产业项目建成投产后，可为贫困人口提供就业岗位 40 个以上，争取完成贫困户人均年收入 2000 元以上。

陈总 2013 年成立 A 县星辉林业开发专业合作社，在此之前他也是搞林业开发，从 1992 年开始在明星村种树。2013 年成立合作社的时候他联合了

7个造林大户，一共有15000亩林地，吸纳了周围5个村子的1500人，主要经营茶叶、竹笋、林下养殖（主要是散养一些鸡、鸭、猪、羊）。合作社投资290万元成立了“五马坊农产品销售公司”，2016年合作社的收入是270万元。其中70%以上用于支付人员工资，工资一项投入就是200万元。

合作社对贫困户的帮扶主要采取的是以下几种模式。第一，金融帮扶，主要就是政府为贫困户提供1万—5万元的扶贫贷款，由于涉及信誉和担保的问题，所以由合作社和农商银行直接对接，贫困户利用这笔贷款来发展相关的产业。第二，委托帮扶，针对的是残疾、五保以及没有劳动力的贫困户，主要采取的是现金帮扶的方式，用扶贫资金发展生计重点产业和林下经济，每年保证人均有1000元的红利，目前参加委托帮扶的贫困户有200人左右。第三，直接帮扶，主要是贫困户利用自己的土地和劳动力，合作社全程直接提供技术、资金、肥料和种子等给贫困户，并且保证将贫困户生产出来的农产品全部回收。这里主要针对的是三个基地，即天然林、集体林基地，中药材培育基地，以及茶叶种植基地。合作社用工工资不低于100元/天，茶叶种植基地用工工资更高，男工150元/天，女工120元/天，并且要保证用工人数的30%以上是贫困户。第四，股份帮扶，主要是针对资本入股以及土地入股的贫困户按照股份分红，保证每年30%的效益，其中有20多个贫困户参加。

对这几种帮扶模式进行比较，合作社理事长反映委托帮扶效果最不好，容易养懒汉。委托帮扶由于是采取现金帮扶的方式直接将国家的扶贫资金注入合作社用来给缺少劳动力的贫困户分红，贫困户完全没有参与到合作社的组织中，也就是说贫困户除了分红之外跟合作社没有直接联系。而相比之下直接帮扶的效果最好，原因主要有两点：首先，贫困户可以通过利用自己的土地和劳动力参与到合作社的经营中来；其次，合作社能够利用机械设备为贫困户平整土地，以及为他们提供竹笋、茶叶品种培育的技术、肥料和资金支持，然后与其签订订单合同，这样能够使贫困户生产农产品销路稳定且收入有保障。其实这种将贫困户经营的土地通过订单的形式纳入合作社，从而扩大合作社规模的模式也能够方便合作社本身集中起来争取专门的产业项目和资金，目前该合作社就利用这种形式达到规模效应，从而争取到了300万元的省级产业扶贫项目。据估算，参与直接帮扶的贫困户如果每月出工20天，一个月就会有300元的收入，每年就会有近4000元的收入；而委托帮扶的贫困户每人每年却只有1000元的分红。但是从另一个方面来讲，直接帮扶由于必须有具体的产业项目，所以对于合作社来讲压力也比较大。

我们可以看出，金融帮扶和委托帮扶的共同点都是将国家的扶贫贷款或者扶贫资金注入合作社，合作社只是一个资本运作的平台，并没有与帮扶户发生其他关联，贫困户只是扶贫资金的获益对象，并没有参与到合作社的实际经营中来。这两种帮扶方式仅仅是资本的运作，所以最后的帮扶效果并不是很好。而直接帮扶、股份帮扶的方式都是贫困户直接投入劳动力或者利用自己的土地、资本加入合作社，贫困户与合作社发生了密切的联系，贫困户及其各种资源嵌入合作社中，也就是说贫困户真正参与到合作社中进行生产经营，积极性被调动起来，所以最终的帮扶效果很好。

由此我们可以得出，合作社扶贫的效果并不在于合作社本身规模的大小以及贫困户数量的多少，而主要在于两个方面：一是贫困户参与合作社的程度，贫困户参与合作社生产程度越深，则帮扶效果越明显，反之亦然；二是政府是否对经营主体（合作社/公司）进行资本逐利性的规制，而这种规制主要体现在对贫困户的吸纳与利润分配上。如果存在政府的规制的话则扶贫效果凸显，反之如放任资本的逐利性的话，贫困户即使参与进来也会很快被边缘化，最终获益的是少部分精英。

案例5-4：外来资本下乡型产业扶贫合作社

星耀公司是H省的明星企业，是一家集食品保健品研发、生产、销售和茶叶种植、黑茶生产销售、接待服务及文化传播于一体的现代化高科技企业。最早的时候该公司并没有涉及茶叶，主要是一些保健品的生产销售，但是由于近年来黑茶市场价格猛增，该公司就开始将大量资金投入黑茶产业，并将公司的品牌打造成规模化、产业化和行业领军品牌。最初该公司仅仅做的是黑茶的加工和销售，并没有涉及茶叶的种植和生产，关于原材料的采购为了降低成本甚至收购了四川、贵州等地价格较低的鲜叶，再用本地的工艺制成本地品牌的黑茶。随着黑茶市场的逐渐成熟以及逐步分化，这种做法也越来越不得人心，对于茶叶生产的话产地极为重要，所以星耀公司近年来急需在本地打造属于自己的茶叶基地，以保证茶叶原料的品质。而S村地处大熊山腹地，拥有历史上皇家茶园的品牌和茶文化历史，与茶马古道、九龙池风景区相邻，区位优势明显，平均海拔600—850米，常年云雾缭绕，地表以云母石和花岗石为主，土壤富含硒等对人体有益的微量元素，生态资源丰富，土壤肥沃，非常适合种植茶叶，素有“皇家茶园”的称号。

在以上背景下，S村的驻村扶贫工作队就主动联系上了星耀公司，打算吸纳星耀公司进入S村进行扶贫。据了解，2016年双方洽谈了多次，基本上已经达成协议。首先，该公司要建立产业发展带动机制。积极引导承包土地向专业种养大户、家庭农场、农民合作社、农业龙头企业流转，增加贫困户财产性收入。推行“公司+合作社（基地）+贫困户”等模式，提高贫困户的组织化水平，让贫困户从产业发展中获得更多收益。公司在S村建立原生态茶园基地1000亩，带动贫困户100户以上，保证年人均纯收入增加2000元以上。但是相应地公司需要承担村庄的扶贫任务，也就是在危房改造、保障扶贫以及临时救助方面给予村庄贫困户资金帮扶。比如，查阅之前公司与村庄签订的相关协议我们可以看到：农村危房改造户、搬迁移民户可享受农村危房改造、搬迁移民扶贫补助，公司针对贫困户建房每户帮扶1万元。其次，提高贫困户的生活保障。针对S村低保、“五保”、贫困户，星耀公司每年组织人员进行慰问并送慰问金1000元。承诺帮扶敬老院建设，提高管理服务水平。全面推进城村居民社会养老保险，S村有五保户15人、低保户72人，该公司要帮助S村新建一所敬老院，投入帮扶资金20万元，让贫困对象实现“老有所养”。在临时救助方面，公司要积极推进“救急难”工作，对因病、因灾、因残等支出型特殊原因致贫的困难家庭实施临时特别救助，给每户发放2000元，帮助他们渡过难关。[①] 从整体上看，这就是企业与农村联姻，帮助改善贫困村生产生活条件，加快S村生态文明建设，推动城乡协调发展。

一方面，“公司+合作社（基地）+贫困户”模式对于公司本身是一种负担，也就是说，公司除了带动贫困户脱贫外，还要对村内其他贫困户进

① 以上具体帮扶措施参考《H省星耀生物科技有限公司与S村手牵手帮扶方案2017》（内部资料）。

行帮扶，甚至承担村庄的公共事业，星耀公司担心扶贫负担太重，从而影响公司的业务经营；另一方面，S村地处山区，土地细碎化问题严重，很难连片经营，开辟的茶园面积也有限，新开辟的茶叶基地三年内没有任何效益。所以综合了投入和成本后，星耀公司最后没有进驻S村。我们可以看出，这种外来资本下乡开展产业项目的首要目的还是营利，在承担了过多的社会责任后他们可能不会继续进行相关的投资行为。

提及这件事情S村的驻村干部都表示非常遗憾，由于最终星耀公司没能在S村建茶叶基地，之前做的很多工作都付诸东流。现在驻村工作队在吸纳另外一个茶叶公司进来建设茶叶基地和毛茶加工厂，而这次工作队的工作策略做出了很大的调整，一开始并没有强调公司具体的扶贫责任，而是承诺会给公司很多项目以及政策优惠。

案例5－5：大户主导型合作社模式

A县茶乡X村的万丰种养专业合作社就属于大户主导型的合作社。所谓大户主导型合作社，主要是指合作社内有一个大户起到主导和带动散户的作用，与公司型合作社以及由行政力量主导的合作社有着很大的区别，并没有特别严密和完善的组织结构，而这种合作社组织结构也比较松散，规模也不大。这种大户主导型合作社在A县的农村中非常普遍。

焦山溪是X村万丰种养专业合作社的理事长，该合作社成立于2013年，目前主要是自己在乡镇政府旁边租了80亩地种植水稻，他还收购当地一些农民的大米；除了种米、收米和卖米之外，他还经营农资、农机等生产资料。万丰种养专业合作社实际上就是焦山溪这个大户主导的一个松散的合作社，加入合作社的就是周围村庄种地面积较大，以及购买他农资、农机的农户，对于这些合作社成员也没有实质性的约束。在焦山溪的主导下，合作社成为一个对接农产品的平台，2016年仅卖米收入就有15万元。

万丰种养专业合作社的运作模式比较特别，焦山溪并不参与水稻种植，之前承包的80亩地现在也种起了油菜花。焦山溪说道："我不种田，你这15万元，刨去农资、农机，这些成本应该占了一大半，其余的是人工。人工做得好的话一亩能够产300斤谷子，400元左右的利润。也就是说你10

万斤大米要120亩左右，应该就有三四万元的利润，其余的东西就全部在我的运作里面，加上农资、农机的话能够有10万元的利润。再加上一些补贴的话都需要用我这个窗口来对接，如果说在我这里对接好的话，那么对农民的支持力度就会大一点。”

因为焦山溪发现在A县人们吃的都是外地大米，而现在一些大农场也是只知道卖米，比如说今年生产出来10万斤大米，最终的目标就是卖掉这10万斤大米赚3万元，但是却没有整套的发展思路。万丰种养专业合作社卖米的做法一样，但是发展的思路不一样，它是通过卖米带动产业发展，不局限于卖米，这样合作社的机动就会变强，风险也随之降低。“首先，米不能赔，我的米定位就要高。我们这个定位是三块到三块五，有工资的人都能够吃得起。还有一个就是说这个价格也并不高，城市人稍微讲究品质的就不会在意这个价格，这个价格就是合理的价格三块钱。现在为什么这个价格这么低，是因为市场竞争下变低了，其实按照农户的米三块一斤是合理的，如果达到三块稻子的价格是一块七八的样子。只有到了一块七八，按照种田的模式才会有种头，种好了，不用补贴也可以生产，形成一个良性的循环。农业现在是靠补贴生存，我们没有补贴的话农业就是死路一条，因为支撑不起啊。如果我把价格回归到正常的范围之内，我们需要做的第一是质量，第二就是信息处理，我们要更专业。”焦山溪认为他的合作社理想状态是一种大户联盟，他现在就是朝着这个方向努力。

政府对于农村的各种补贴和项目到了基层社会大多是被公司和大户获得。了解到大户主导的万丰种养专业合作社2016年就获得了5万元的家庭农场补贴、2万元的农业保险补贴以及1万元的县农业局新型农业经营主体补贴。而上级一有什么农业方面的优惠政策，乡镇干部就会主动联系当地的大户和公司负责人。在5月刚结束的全乡经济工作会议上，焦山溪获得“全乡经济发展先进个人”的称号。

这种本土大户主导的合作社采取的就是伯恩斯坦所说的现代经济意义上的“农业部门”形式，不仅控制农业生产的“上游”，而且其经营活动拓展到了农业生产的“下游”（伯恩斯坦，2011），不仅关注基本的农业生产本身，而且包括加工、流通和销售，甚至还介入了当地农机、农具等农资市场，这样的话即使经营的农产品本身不盈利，那么也可以通过农资市场的收益来弥补。从某种程度上讲当地大户的经营更加综合化，这样经营风险被分散，从2017年的经营情况来看，该合作社仍处于盈利状态。

案例5－6：返乡资本创业型的合作社

沈岩波今年41岁，现在是茶乡S村QYT农业合作社的理事长，他之前在南京的一家材料公司工作，做公司销售十几年，最后做到了公司西南片区的经理，并积累了一笔不小的资产。在2015年的时候他返回家乡成立茶叶公司并同时建立了以茶叶加工和生产为主的QYT农业合作社。沈岩波回来的原因主要有三个：第一，父母年纪越来越大，尤其是他父亲去年生病住院之后需要人照顾，弟弟已经在外地工作定居，兄弟二人至少需要一个回来照顾父母；第二，当地传统上就是黑茶、红茶产区，他父亲已经经营了十几年的茶叶加工小作坊，自家也有百亩老茶园，有一定的基础；第三，近些年尤其是精准扶贫以来当地政府对于茶叶种植的鼓励和支持。当地对于个体农户的茶叶种植补贴标准是每亩1000元，对于规模化的茶园补贴力度更大，根据其种植规模的大小补贴标准则是上调到了每亩1000—4800元。政府的大力补贴，对于当地的茶叶种植大户和公司来讲也是一种不小的吸引。

在组织方式上，该合作社主要采取的是以下两种方式：第一种就是直接雇用当地的农户，普通工的工资是100元/天，加班是10元/小时，其中包含12户贫困户，师傅的工资则是220元/天，主要负责茶叶生产加工过程中的技术指导和把关；第二种是利用建好的加工厂为村上种植茶叶的农民提供茶叶加工服务，在没有建设加工厂之前村民的茶叶一般是运到山下加工，现在村民采摘下的鲜叶可以不用下山直接在其所建的工厂里加工成毛茶。在销售方面，合作社主要采取代理销售的方式，收购当地农户的茶叶，统一加工、生产和包装，打造品牌。利用茶博会等多种宣传方式联系各地茶商，把村里的茶叶向外界推销。

目前沈岩波已经投入了300万元的资金，建设有一个毛茶加工厂、一个办公楼，后来村干部跟他说村里缺少接待的地方，他就又出资建了20多间传统木房，打算将来既可以搞接待用，又可以搞民俗和农家乐。毛茶加工厂由于还在建设中，现在的生产能力是200多担，约2万斤的干茶，也就是能够加工10万斤的鲜叶。至于成本利润方面，目前加工的茶叶是4斤多鲜叶产一斤茶叶，但是还需要赶梗，要是生产天尖（茶叶的一种）出茶率就更低，需要五六斤鲜叶才能生产出一斤茶叶。目前收的鲜叶是七八元一斤，做成茶叶就会卖到50元一斤，现在的生产能力每天也只能够做10担（1000斤）茶叶。如果生产天尖鲜叶则是40元每斤，做成成品要卖到400多元每斤，但是每天只能够生产20斤左右。

通过以上这个案例可以看出，沈岩波代表了本地人外出创业成功后资本返乡创业的类型，区别于外来资本下乡型的农业公司和合作社。沈岩波也并不是一开始就打算返乡创业，该村外出做生意的也有十几个人，但是很少有再回来投资的，主要是回来投资并不一定能够找到合适的产业和市场，贸然转行则面临很大的风险。沈岩波说他一开始也只是怀念家乡，想为家乡做些贡献，但是考虑到以上风险以及回来后所带来的各种成本的增加，对于他个人来讲举家搬回来有很大的难度。由于两年前村里正在进行土地确权，他在这个时间点突然回来也会增加一些矛盾，当时对于村民来讲是既希望他回来，又担心他回来。

Sam Wong 在对孟加拉国和加纳两个不同类型的社区主导的扶贫发展项目考察发现，较之于政府完全对抗、限制本土精英以防止“精英俘获”发生的模式，在项目的实施过程中政府通过对社区内精英采取吸纳的方式则更有利于扶贫项目实施的最终效果，这是一种地方政府和社区“捕获精英”的行为（Wong，2010）。在中国农村精准扶贫的产业项目也存在同样的逻辑，案例5-6中沈岩波在返乡创业的过程中，当地村干部和乡镇政府也做了很多工作。首先，承诺在政策方面给予其最大的优惠，凡是上级政府的优惠政策乡镇政府都会优先考虑合作社，比如QYT农业合作社先后获得了茶园补贴、家庭农场补贴、产业扶贫资金等多项政策补贴和项目资金；其次，在基础设施建设投入的前提下，将该合作社的发展纳入整个村庄大的发展规划，将合作社建设的茶园、茶叶加工厂、民宿等放到政府规划的“茶旅一体”旅游线路上；再次，县乡政府、扶贫办主动为合作社茶叶寻找销路，依靠政府力量举办茶博会，联系各地茶商来考察，每年定期组织茶叶专家对农民创业带头人与合作社成员开展免费技术培训；最后，基层党组织对于合作社精英的吸纳，作为合作社理事长和公司董事长的沈岩波回来第一年就被发展为党员、村党支部委员，乡镇还推荐他做了乡人大代表，他的妻子也被乡政府聘为“便民服务员”，每月有2000元收入。地方政府的以上种种措施使沈岩波解除了后顾之忧，全心回来创业。

沈岩波认为政府对他的合作社的支持已经非常多了，“现在政府非常热情，支持和帮助是有很多的，该帮的也都帮了。我认为政府能够做的可能也就是这些了，如果再帮你经营、帮你这个帮你那个，那还不如把你直接招过去当干部！”被村上推荐、乡镇培育发展为党员和人大代表后更加激发了沈岩波服务乡村的热情，他说：“我现在已经是党员了，这都是回来之后他们帮我弄的，在竞选村干部的时候我也是对老百姓这么说的，如果村上有什么需要我，我会义不容辞！如果说村上能够给我一些时间，（合作社）那肯定会发展得更好，我也是一直这么认为，只有搞好了自己的生活才能够更好地带动村上的发展。”

以上几个案例分别呈现了不同类型的合作社参与精准扶贫的过程。从合作社的性质和特征来看，这些合作社有“公司＋农户”类型的合作社、大户主导型的合作社、外来资本下乡型的合作社以及返乡资本创业型的合作社，其中内部的组织形式也各异。总结起来，这些参与扶贫的合作社有以下几个共同特征。第一，合作社基本是以大户（农业资本）为主导，无论是直接的公司化组织完善的合作社模式，还是由一两个大户或者精英所成立和控制的较为松散的合作社模式，普通农户尤其是贫困户在资金、市场、信息以及地位等多方面处于劣势。第二，这些合作社的成立以及实际运行的过程都离不开地方政府所发挥的作用，地方政府利用政策优惠、项目分配以及资金补贴等各种策略为合作社的发展提供了不可或缺的支持，但是同时也加强了对合作社的控制和影响。第三，扶贫作为一项政治任务近年才被附加到合作社身上，贫困户以资金、土地、劳动力等各种要素为条件被直接或者间接吸纳到合作社中。合作社原本仅仅作为一种经济组织来发展经济，但是开展精准扶贫以来合作社则被附加了相应的扶贫任务，其发展目标逐渐变得多元化与政治化。第四，政府对于从事合作社的地方精英并没有采取完全对立的模式，相反，在干预、控制的同时也加强了政治上对其的吸纳，比如让合作社精英优先入党以及成为乡镇人大代表等。

从参与扶贫的市场主体角度分析，我们可以对以上参与精准扶贫的多种经营主体进行类型学划分，就其资本的来源和经营效益的去向划分一个 2×2 象限的话，可以划分为以下四种类型：第一种是资本内生内向型经营主体，也就是说经营资本主要来源于本地，产生经营效益后也主要面向本地的企业，像大户主导型合作社以及村干部主导型合作社都属于此类；第二种是资本内生外向型经营主体，即资本主要来源于本地，但是经营效益可能主要转向外地的积累与投资；第三种是资本外生内向型经营主体，资本虽然来源于外地，但是主要经营效益面向所投资区域，返乡资本创业型的合作社就是这种类型；第四种则是资本外生外向型经营主体，经营资本来源于外地，但是产生经营的效益也是转向外地，外来资本下乡型的合作社就属于此类。而从以上几种类型的合作社/公司扶贫的结果来看，我们可以总结和概括出一些规律，资本与利润内向型的经营主体，也就是图5－2中曲线部分所包括类型的合作社与企业一般来讲能够发挥扶贫功能，有效带动当地贫困人口脱贫致富。而外向型的合作社与企业则以企业本身的利益与盈利为主，产生收益后也很少投入本地的投资和建设，难以发挥扶贫作用。像上文中的星耀公司就是站在自身公司盈利的角度在与当地政府反复博弈后，最终没有进驻S村。所以地方政府在进行产业扶贫时，应该对被帮扶经营主体类别进行区分，加强对内向型经营主体的帮扶。

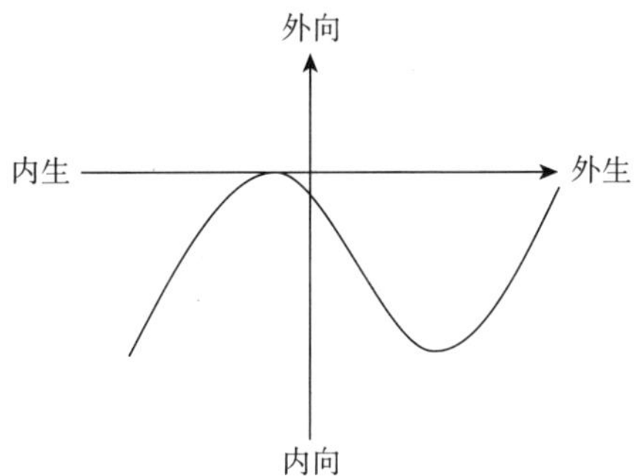

图5－2 参与扶贫多种经营主体类型分类

（四）产业帮扶过程中扶贫功能的凸显

产业扶贫的实践过程之所以容易出现问题，从根本上讲主要还是因为产业扶贫概念背后所蕴含的产业发展的市场逻辑与扶贫济困的社会逻辑之间的张力和矛盾（梁晨，2015；许汉泽、李小云，2017）。而以往对于产业扶贫失败案例的批判大多集中在其重视市场逻辑而忽视了扶贫功能，例如产业扶贫将大量公共资源投向了大户和龙头企业（孙兆霞，2015），产业扶贫资金资本化运作导致了扶贫工作的“在地性”困境（荀丽丽，2017），以及对产业扶贫过程中资本下乡行为的警惕与批判（贺雪峰，2017）。

产业扶贫效果不明显甚至失败，主要是因为产业发展的市场逻辑对于扶贫济困社会逻辑的遮蔽，如果完全依靠自由市场本身或者是贫困户自发的选择，处在市场劣势地位的贫困户并不能够在市场竞争中获得收益。所以要想在市场发展的同时也确保贫困户受益，二者之间必须有政府行政力量的干预，对市场本身进行制度限定和对资本进行规制。在利用市场进行扶贫的实践过程中，地方政府的行为也从一开始仅重视对龙头企业和大户的支持转向对贫困户收益机制的关注，产业扶贫中扶贫济困的功能开始凸显，特别突出了对于贫困户的瞄准性和益贫性。

A 县的产业扶贫政策实践主要通过以下具体措施实现了上述的转型。第一，在扶持对象方面，明确指出要瞄准建档立卡贫困户。对于非贫困户的新型农业经营主体（农业企业、农民专业合作社、能人大户以及家庭农场）采取的是有条件帮扶，要求帮扶主体必须与贫困户结成利益共同体，帮助贫困户增加收入。第二，在产业扶持的重点方面，倾向于支持那些容易被贫困群众接受的产业和符合 A 县县域特色的产业，而不再盲目追求企业数量和规模的增长。第三，在资金来源方面，整合财政一般性扶贫资金、产业扶贫资金、涉农项目资金、金融信贷和其他资金等，通过整合资金的方式扩大产业扶贫的资金来源。第四，在扶持方式和标准方面，设立县乡两级产业扶持发展基金会。2017 年度暂定县级产业扶持发展基金为 1 亿元，乡镇产业扶持发展基金为 3500 万元。县级产业扶持发展基金主要用于对参与脱贫攻坚的新型农村经营主体的支持；乡镇产业扶持发展基金主要用于对本地扶贫产业的培育发展和对当年预脱贫对象的产业扶持。贫困群众以户为单位在直接帮扶、股份帮扶、委托帮扶三种模式中可任意选择一种。

产业扶贫具体实施要求①

1. 县政府成立县产业扶贫工作领导小组，负责全县产业扶贫工作的统筹领导，并按照地方资源禀赋、发展现状、产业前景制定《A 县产业扶贫实施细则》，领导小组下设办公室，办公室设在县农粮局。

2. 县政府将县乡两级产业扶贫发展基金于当年 4 月 30 日前分配拨

① 《A 县精准扶贫实施办法》（〔2017〕3 号文件），2017 年 3 月 2 日。

付各乡镇和县农粮局专户。县乡两级产业扶持发展基金均实施专账管理。

3. 乡镇、村支两委和帮扶责任人要认真核实贫困群众产业发展方式。在推进产业帮扶过程中，要尊重群众意见，能自我发展的，支持其自我发展；不能自我发展的，引导其委托企业或能人帮助他们发展；愿意与企业或能人合作共同发展的，支持他们实行股份合作。

4. 乡镇产业扶贫发展基金由乡镇制订具体实施细则，报县产业扶贫领导小组办公室备案。县级产业扶贫发展基金扶持的经营主体要设立准入标准，认真考察，慎重选择，分批发展，不搞普惠制。按照“有规模、有前景、有效益、有利益分配机制、有金融信贷资金、有完善的基础资料”的“六有原则”，由县产业扶贫工作领导小组办公室严格把关，成熟一家，确定一家。

5. 对带动贫困户 35 户以上或贫困对象 100 人以上的新型农村经营主体，以“一事一议”的方式，优先安排相关产业项目。

6. 张榜公示。各乡镇要严格按产业扶持对象、产业项目、帮扶类别、扶持资金、收益效益等要素，以村为单位及时张榜公示。

从以上地方政府实施产业扶贫的具体措施可以看出，地方政府对扶贫产业的选择非常谨慎，为此专门成立了产业扶贫工作领导小组。产业扶贫项目的实施尽量瞄准贫困户，如果是对于龙头企业和大户的扶持，在政府行政干预下采取“利益捆绑、责任连带”的项目实施模式，也就是龙头企业和其他经营主体要想获得产业扶贫资金和项目的支持，则必须直接吸纳或者带动一定数量的贫困户并保证其收益。于是产业扶贫过程中扶贫济困的社会逻辑凸显出来，更加强调产业扶贫的瞄准性和贫困户收益机制的建立。

四　行政工具化表达：对市场与资本的双重规制

波兰尼认为所谓的“自律性市场”从来没有被真正实行过，而对于市场自身所存在的缺陷，各国政府必须介入其内在的运作，尤其是减少其对于贫民的影响。现代社会的发展面临一对双重倾向的力量的支配：自由市场的扩张以及与市场扩张局限相对抗的社会保护力量。而英国最早的《斯皮纳姆兰法案》① 就是通过政府立法的手段来突出在市场发展过程中对于贫民的保护（波兰尼，2013）。所以为了弥补市场机制不足，除了社会自发的自组织力量之外，最直接也最有效的就是来自国家政府的干预与对市场本身的引导和整合。

发展型国家理论主张的就是政府对于市场的干预，并认为政府能够以整体经济发展为目标，制定有选择的产业政策，实现国家经济的高速增长（陈玮、耿曙，2017）。发展型国家理论有助于我们理解为什么东亚国家产业政策盛行以及产业扶贫政策会在中国产生。

关于市场行为与政府行政干预之间的关系，不同学者存在不同的观点。有学者通过相关数据模型论证了在贫困地区引入市场交易机制，政府引导贫困户参与市场活动能够有利于优化生产要素配置、实现贫困户收入的增加（李飞、曾福生，2015）。有学者认为市场经济对贫困地区发展的作用分为长期和短期，长期来看是利大于弊，但是短期分析的话市场经济容易对脆弱的贫困地区形成冲击（胡续平、邢燕芬，1995）。

还有学者认为关键点不在于政府是否应该干预市场，而在很大程度上依赖政府较之民间是否有更大的信息优势以及政府自身施政能力的强弱（陈玮、耿曙，2017）。一方面，贫困地区的农户大多处在一个相对封闭的状态，在信息掌握能力方面一般不如地方政府；另一方面，在完全自由竞争的市场中，贫困户又往往处在劣势地位没有竞争优势。所以这两点共同决定了中国贫困地区产业发展必须由政府干预，制定相关产业政策，并对扶贫产业的发展进行引导，建立贫困户参与扶贫产业并获益的机制，使产业在获得发展的同时能够真正带动贫困户脱贫致富。

以往对于产业扶贫失败的批判集中在以下两个方面：一是在不了解市场规律的前提下，地方政府为了政绩热衷于打造新产业，造成新产业往往以失败告终；二是产业扶贫往往强化了对公司和龙头企业的支持，在产业

① 此法案规定："当一加仑（重八磅十一盎司）用二等面粉做成的面包值一先令的时候，凡能劳动的贫民每星期应有三先令来供其自己的需要，不管他是以自己的劳动或其家属的劳动得来这笔钱，还是他从教区方面领到津贴。另外，为了养活妻子和家庭的成员，每人还应有一先令六便士。当一加仑面包值一先令六便士的时候，他自己每星期应有四先令，他的家属每人应有一先令十便士。以后就按此比例继续下去，每当面包价格涨一便士时，对他自己就增加三便士，对他各个家庭成员就增加一便士。"

项目的发展过程中贫困户并没有获益。我们认为以上两点放在现在来看都不能成立，因为在前者政绩思维主导下地方政府倾向于打造新产业的逻辑在精准扶贫巨大考核压力下已经发生了转变，地方政府的产业政策与以往相比更加保守；而后者对资本下乡的批判主要是产业扶贫重产业而忽视扶贫的功能，在这样的理由下就更需要地方政府的行政干预来对资本进行规制，使产业的发展更加具有扶贫功能。

由于中国扶贫机构与扶贫制度的设置伴随市场经济的建立与发展，所以中国政府最初的主要扶贫措施是被纳入贫困地区经济发展与市场发展中的。而20世纪90年代中期确立起来的开发式扶贫方式更是通过市场机制扶贫的方法向全国推广，其本质上是通过发展市场带来贫困地区经济发展与贫困人口能力提升以减少贫困。而伴随农业产业化、现代化产生的产业扶贫政策更是逐渐发展为开发式扶贫的核心。而在开发式扶贫的初期并没有专门的对于贫困户的保护机制，扶贫瞄准也比较模糊，往往追求区域性的经济增长与人均收入的提高，而在这个过程中贫困户的收入很容易因平均化而被拉高。《国家八七扶贫攻坚计划》中明确指出要在贫困地区建立社会主义市场经济体制，坚持效率优先、兼顾公平的扶贫开发原则，即扶贫开发在当时更多强调的是开发而其次才是扶贫，扶贫的功能并没有完全从市场发展中脱嵌出来。

在农村市场经济建立初期，由于农民处在一个相对平等的均质化社会中，市场经济增长所带来的好处大家都能够获得，但是20世纪80年代后期中国农村内部社会的分化与分层开始出现，农村社会不平等程度加剧，农民并不能够平等地享受到市场经济增长带来的好处。而随着市场化扶贫机制的建立与推进，利用市场机制进行扶贫所带来的种种问题也越来越多。比如，有的学者认为在发展农业产业的过程中，农户被排除在分享产品市场利润之外，反而是龙头企业获得了大部分利益，最终不仅没有实现扶贫效果，还拉大了贫富差距（阮池茵，2017）。而放到中国扶贫的历史中来看，“涓滴效应”对于减贫的影响也仅仅存在于改革开放的初期阶段，随着市场机制的进一步发展与社会不平等程度的加剧，贫困人口不仅享受不到经济增长的好处，而且处境越来越艰难。所以在扶贫领域就更加需要政府采取措施对市场机制进行干预和调节。

而现实的扶贫政策也是在实践的过程中逐步发展与完善的，特别是

2000年以来，减贫与发展领域出现了一种以新发展主义观念为基础，并逐渐与以往的经济中心主义发展模式相决裂的“政策更新”运动（吕方，2017）。而这种政策方向调整的关键就是逐步强化了政府力量对扶贫领域自由市场的干预与规制，2011年的《中国农村扶贫开发纲要（2011—2020年）》要求产业扶贫过程中要带动和帮助贫困户发展生产；2015年的《中共中央、国务院关于打赢脱贫攻坚战的决定》指出在发展特色产业脱贫的时候要“让贫困户更多分享农业全产业链和价值链增值收益、探索利益共享机制”；2016年《“十三五”脱贫攻坚规划》又专门强调建立资产收益扶贫机制与资产收益扶贫工程。通过政府的干预，在扶贫开发的过程中贫困户本身的权利和利益越来越凸显。

虽然在现实实践过程中存在各式各样的问题，但不得不承认中国行政主导型的产业扶贫模式在减贫方面所取得的巨大成效。总的来说，精准扶贫实践过程中的行政力量对于市场的干预需要整合以下三个方面：第一，对作为市场主体的合作社/公司自身组织方式的干预，不同于完全追求市场效率与经济利益的自由竞争主体，合作社/公司的行为受到了约束，政府行政力量对其的规制主要表现在组织方式与分配方式两个方面；第二，对于资本要素的整合，并不是所有类型的资本都可以进行产业扶贫，利用合作社/公司扶贫存在一定的限度，只有内向型资本才具有较大的扶贫益贫功能；第三，对作为人力资本的贫困户的整合与吸纳，利用市场进行扶贫不同于兜底式的救助式扶贫方式，在帮扶贫困户的过程中也要调动贫困户积极性，使其能够参与到产业链中，使贫困户的自主性能够与市场进行良好对接。

从上文的案例中我们可以看出，行政整合市场进行产业扶贫的困境主要体现在政府与市场各自所遵循逻辑之间的张力上：市场的逻辑主要追求的是经济效益的提高与资本的增值，而政府则主要想通过市场进行扶贫来带动贫困人口脱贫致富，遵循的是社会公平的逻辑。二者之间的冲突与张力导致了产业扶贫的困境，也是产业扶贫项目容易失败的根本原因。但是精准扶贫开展以来，地方政府通过整合资本、组织资源以及人力资本等强调市场主体扶贫的同时也为企业和合作社创造出一个良好的市场环境，而作为市场主体的公司/合作社等也需要地方政府补贴与各种政策支持。在脱贫攻坚的巨大考核压力下，地方政府与市场之间形成了一个“双向妥协机制”：一方面，政府在限期脱贫的压力下开始引入市场力量；另一方面，市场在政府的干预下开始更加注重公平。行政整合市场具体表现在政府行政力量通过对市场组织方式的再造与对资本主体的选择性引入，使贫困户能够有机会在产业扶贫的机制中获益，市场的益贫性最终才能够得到最大限度的发挥和体现。

在中国精准扶贫过程中，地方政府对于产业的打造以及市场的干预不同于为了经济增长而发展产业的行为逻辑。对于地方政府来讲，产业扶贫是在弱激励与强惩罚的激励结构下的理性行为，产业扶贫获得成功后对于地方政府来讲并没有太大的经济激励，而在扶贫考核越来越严格的环境下，打造产业成为地方政府面临的极为紧迫的行政任务。地方政府通过行政力量整合市场进行精准扶贫是一种行政工具化的表达。这种行政工具化表达体现在以下几个方面。第一，并非像发展经济追求 GDP 数字的增长而开展所谓的“产业锦标赛”，频繁上马新的产业项目。地方政府往往在脱贫的压力下寻求的是对于当地传统产业的激活与创新，遵循的是完成任务的“不出事”逻辑，这是地方政府在“弱激励 - 强约束”下的风险控制行为。第二，在发展产业的时候将贫困户的利益放在政策设置中，也就是产业项目的上马与对龙头企业的支持以其带动贫困户脱贫为前提。第三，地方政府在推动产业扶贫的时候，采用的是行政发包的办法，行政力量通过对市场的强干预来推动产业发展，地方政府的影响嵌入市场组织和主体中，同时政府的强干预也有助于推动当地产业结构的转型与创新。第四，行政整合市场还包括地方政府对于市场主体（包括农村大户、合作社理事长、公司负责人等）的吸纳，对其实施政策优惠的同时，采用让他们入党、当选乡镇人大代表或者给予其荣誉称号等具体措施对其进行激励，使其能够发挥带动和帮扶作用。

第六章 精准管理、分配政治与地方政府治理困境

精准扶贫在政策步骤上被划分为精准识别、精准帮扶、精准管理以及精准考核四个环节，即首先通过建档立卡准确识别出真正的贫困人口，然后根据识别出的贫困户的不同致贫原因施以差异化的帮扶措施，在精准帮扶的同时加强对农户信息、扶贫资金以及扶贫项目等的管理，确保贫困户能够受益，最后对扶贫效果进行评估与考核。对于以上步骤来讲，精准识别是前提，精准帮扶是核心，精准管理是关键，精准考核是保障。

在精准扶贫政策含义层面，通过建档立卡精确地识别出贫困人口以及根据贫困户的实际情况与致贫原因确定出不同的帮扶措施后，就是对扶贫对象和扶贫资源的精准有效的管理，确保扶贫的良好成效。但是实际政策操作层面，精准管理也早已超越了对贫困户信息、扶贫项目、扶贫资金以及扶贫事权层面的管理。随着精准扶贫以来大量的扶贫资金、优惠政策被作为稀缺资源分配给了贫困地区以及贫困户，大量资源输入乡村后并没有带来地方政府合法性的提升，相反却引发了各种矛盾和冲突。如果资源分配不好，还会对农村的治理秩序造成很大的冲击。从目前调研的情况来看，基层扶贫人员除了忙于建档立卡、制表造册等数字文牍方面的技术性工作外，对于由政策实施本身所引发的各种矛盾与冲突的协调、处理也花费了他们大量精力。所以更进一步说，随着精准扶贫政策的推进，精准管理已经不仅仅是对扶贫对象和扶贫资源本身的管理，更上升为一项治理问题并且伴随此项政策实施的整个过程。

一 国家资源分配下的精准扶贫

国家与农民的关系自税费改革以来发生了根本性转变。如果说税费改

革之前国家主要通过征收农业税等来实现对农民的治理，那么税费改革之后不仅这些汲取型政策被废止，而且国家对农业、农村、农民的资源反哺与输入与日俱增。国家与农民之间的联系建立在资源输入与承接的基础上，政府希望通过对农村大量的转移支付缩小城乡差距，实现共同富裕的目标。

虽然对贫困人口的政策帮助和扶持自 20 世纪 80 年代就有并逐步强化，但是精准扶贫政策实施以来就扶贫资金和扶贫项目的数量来看，其力度已经远远超过了之前任何一个历史阶段。习近平总书记强调，“扶贫开发投入力度，要同打赢脱贫攻坚战的要求相匹配。‘十三五’期间宁肯少上一些大项目，也要确保扶贫投入明显增加。支持贫困县围绕本县突出问题，以脱贫规划为引领，以重点扶贫项目为平台，把专项扶贫资金、相关涉农资金、社会帮扶资金捆绑使用”[①]。从图 6－1 中我们可以很直观地看出，尤其是在 2015 年后中央专项扶贫资金增长速度较之以往有了大幅增长。精准扶贫政策推行后，每年减少贫困人口 1000 万人以上，中央专项扶贫资金增长 30% 以上。[②] 2017 年，中央和省级财政专项扶贫资金突破 1400 亿元，H 省 2017 年财政专项扶贫资金达 75.97 亿元。从 2016 年开始，H 省财政厅推进贫困县涉农资金统筹整合改革，将中央 20 项、省 19 项涉农财政资金纳入统筹整合使用范围，2016 年，H 省财政下达各贫困县的整合资金达 180 亿元之多。

从目前的情况来看，扶贫资金已经不仅仅局限于中央层面的专项扶贫资金，在构建“大扶贫”格局的背景下，扶贫资金的概念已经扩展到了地方政府配套扶贫资金、整合的相关涉农资金以及捆绑使用的社会帮扶资金等内容。具体来看，贫困县统筹整合使用的资金范围是各级财政安排用于农业生产发展和农村基础设施建设等方面。中央层面的资金主要有：财政专项扶贫资金、农田水利设施建设和水土保持补助资金、现代农业生产发展资金、农业技术推广与服务补助资金、林业补助资金、农业综合开发补助资金、农村综合改革转移支付资金、新增建设用地土地有偿使用费安排的高标准基本农田建设补助资金、农村环境连片整治示范资金、车辆购置税收入补助地方用于一般公路建设项目资金（支持农村公路部分）、农村危

① 《中共中央、国务院关于打赢脱贫攻坚战的决定》，http://www.gov.cn/zhengce/2015－12/07/content_5020963.htm，2015 年 12 月 7 日。

② 《财政部：今年拟安排补助地方专项扶贫资金 861 亿元　比去年增长三成》，http://finance.people.com.cn/n1/2017/0307/c1004－29129130.html，2017 年 3 月 7 日。

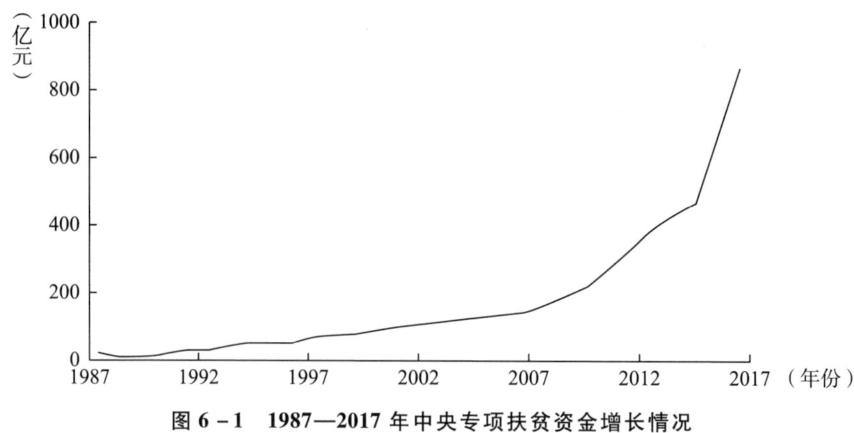

图 6－1 1987—2017 年中央专项扶贫资金增长情况

房改造补助资金、中央专项彩票公益金支持扶贫资金、产粮大县奖励资金、生猪（牛、羊）调出大县奖励资金（省级统筹部分）、农业资源及生态保护补助资金（对农民的直接补贴除外）、服务业发展专项资金、江河湖库水系综合整治资金、全国山洪灾害防治经费、旅游发展基金，以及中央预算内投资用于“三农”建设部分和教育、医疗、卫生等社会事业方面资金①等。由此我们可以看出，精准扶贫政策背后蕴含的是大量的资金与项目投入，此项政策的实施是对贫困地区一次大力度的资金反哺与资源再分配过程。

一方面，经典发展理论认为，一个地区的经济增长带来的是该地区的有效治理；然而另一方面，从对外援助的诸多文献中发现西方发达国家对于非洲等贫困地区的发展援助并没有实现应有的效果，甚至会产生过度依赖、腐败、市场扭曲甚至更加贫穷（Moyo，2009）。扶贫从某种程度上跟对外援助一样，都是采取直接干预的方式对贫困地区与贫困人口进行帮扶。中国政府对于贫困地区如此大力度的扶贫行动是否也会产生一些意料之外的后果，而反过来又会影响到精准扶贫政策本身？

目前我们先抛开扶贫政策本身以及扶贫资源传递、扶贫模式、项目管理、扶贫瞄准、扶贫效果等不讲，就只对作为资源传递与分配的精准扶贫对于基层社会秩序产生的影响进行分析。王春光（2014）研究发现，扶贫开发虽然增加了对贫困村庄和贫困人口的资源投入，有助于其改善落后的

① 《国务院办公厅关于支持贫困县开展统筹整合使用财政涉农资金试点的意见》，http://www.mof.gov.cn/zhengwuxinxi/zhengcefabu/201604/t20160425_1963571.htm，2016 年 4 月 20 日。

社会经济条件，但是从社会秩序的角度来讲，扶贫开发资源配置不当的话反而会出现破坏和损害村庄团结的问题。方劲（2014）认为，虽然中国农村扶贫成效明显，但是从逆向层面来看，当前的扶贫工作呈现扶贫投资边际效应递减、贫困治理体系架空悬浮、贫困农村内部分化加剧等“内卷化”的困局。万江红、苏运勋（2016）从村民自治角度深入探究了精准扶贫政策执行过程中由于村民对于贫困指标的期望以及平均主义的思想弥漫，被排斥在建档立卡名单之外的贫困户通过争贫和闹访的形式冲击村委会，严重影响村庄治理，而基层政府出于维稳需要，对闹访村民做出妥协，造成了村民自治权威的损伤和精准识别工作的恶性循环。徐琳、樊友凯（2017）认为如果对精准扶贫政策把握不当、实施不力，可能会产生由于扶贫资源分配不公而诱发乡村冲突、因扶贫资源靶向偏离而引发民众对基层政府的不信任，以及因扶贫中过度行政干预而挤压乡村社会自主性等一系列消极影响。目前随着精准扶贫政策的推进，大量扶贫资源在短期之内自上而下输入贫困村，扶贫资金和扶贫项目需要精准地传递到建档立卡贫困户身上，并且需要在规定的期限内完成相应的扶贫任务来实现上级所要求的脱贫目标，这样的难度可想而知。资源分配不当极易对农村秩序产生冲击，并引发基层社会治理问题。从基层治理角度来看待精准扶贫，或者说超越扶贫本身来研究扶贫问题，就必须考虑扶贫与治理二者之间的关系以及相互影响。

二　治理消解扶贫：基层治理对精准扶贫的影响

从原则上讲，扶贫就应该去帮扶最贫困的村庄和贫困户，精准扶贫政策更是如此，将扶贫瞄准单位下移到户、精准到人。但是实际的政策执行结果并非如此，Sarah Rogers 认为中国贫困地区的县级政府由于财力的限制，而倾向于将资源分配给基础条件较好的村庄，而不是给最需要的贫困村庄（Rogers，2014）。扶贫资源的分配以及扶贫项目的落地，是否真正贫困以及贫困程度的深浅仅仅是政策实施所考量的一个方面。在实际的政策执行过程中，地方政府对于扶贫资源“给谁不给谁，先给谁后给谁，给谁多给谁少”，有着一套自己的逻辑与策略。

首先，贫困村庄的政治、经济禀赋是影响其获得扶贫资源的根本原因。

按理说，贫困程度越深以及贫困人口越多的村庄应该获得更多的扶贫资源，但相反，在实际的情况中我们发现，在政治、经济等方面有优势的村庄吸纳了更多的扶贫资源和项目。一方面，扶贫本身就是一项高度政治化的治理任务，精准扶贫政策实施以来，对于贫困地区的地方政府来讲，扶贫成为头等大事，上升为地方的中心任务。所以扶贫工作的性质决定了其不能如同一般的行政任务来各司其职、按部就班地开展。另一方面，扶贫管理体制的改革也使资源分配的权力下移。随着扶贫开发“四到县”改革，即把扶贫开发目标、任务、资金、权责四个方面下放到县（市、区）一级政府，扶贫资金和扶贫项目分配的权力下放到了县级政府及以下。在扶贫资源总量不变的前提下，县、乡政府在资源的具体使用和分配方面具有很大的决定权。对于地方政府来讲，扶贫资源分配要首先考虑重点村庄。已经有不少学者发现领导重视程度是影响村庄获取扶贫资源的关键因素（许汉泽、李小云，2016；叶敏、李宽，2014），背后有诸多原因，有的是之前有上级领导考察、走访过，之后被树立为典型（冯仕政，2003）的村庄，有的是在某一方面资源禀赋比较突出，能够代表当地特色并且具有示范作用的村庄，还有的则是上级领导与权威部门直接帮扶、联系与所包的村庄。

笔者所驻村调研的 H 省 A 县茶乡扶贫资源的分配就呈现了以上的政治逻辑。茶乡目前有行政村 13 个，其中贫困村 5 个，非贫困村 8 个。在 5 个贫困村中，百园村建档立卡贫困人口 473 人、沙村贫困人口 520 人、茅村贫困人口 343 人、马村贫困人口 511 人、溪村贫困人口 361 人。从茶乡的脱贫攻坚时间表（见表 6－1）中可以看出，百园村并不是贫困人口最多和贫困发生率最高的村庄。但是由于百园村在 2015 年被确定为市政府办的精准扶贫联系点，随之而来的直接效应是百园村在预脱贫规划时间上被计划成为第一批脱贫摘帽的贫困村，获取的扶贫资源也远远多于其他村。A 县所属的 Y 市市委副书记、市长成为百园村的扶贫负责人，2016 年百园村又被确立为 H 省首批 100 个“脱贫攻坚示范村”之一。市长在 2017 年 1 月到百园村调研的时候就强调：“县委、县政府要举全县之力打赢脱贫攻坚战役。要自力更生，克服等靠要思想。部门之间要加强沟通，加大政策对接力度。扶贫工作组要紧紧扭住脱贫攻坚这个目标不放松……”市政府作为百园村的帮扶单位一方面能够直接为村庄带来各种资源和项目，市政府下派的工作队队长级别较高，也更容易协调、申请与整合各种扶贫资金与项目。另一方面，对于当地县、乡政府来说，百园村也是优先考虑和扶持的贫困村，示范村不仅仅是工作做得到位、完成标准较高，更重要的是吸纳了各种资源。可以说对于 A 县来讲，只要任何扶贫资源下来，政府优先考虑的就是百园村。

表 6－1　茶乡脱贫攻坚时间

行政区划			2014—2015 年脱贫摘帽	2016 年脱贫摘帽	2017 年脱贫摘帽	2018 年脱贫摘帽	2019 年脱贫摘帽	2020 年脱贫摘帽
合计		贫困村（个）			2	1	2	
		贫困人口（人）	1659	1108	1298	857	594	
贫困村	百园村	贫困村（个）			√			
		贫困人口（人）	166	169	131	7		
	沙村	贫困村（个）				√		
		贫困人口（人）	276	133	101	10		
	茅村	贫困村（个）			√			
		贫困人口（人）	99	79	165			
	马村	贫困村（个）					√	
		贫困人口（人）	109	85	123	107	87	
	溪村	贫困村（个）					√	
		贫困人口（人）	94	96	95	60	16	
非贫困村	峰村	贫困人口（人）	144	59	112	90	75	
	桃村	贫困人口（人）	114	60	75	124	61	
	坪村	贫困人口（人）	119	60	67	70	89	
	岩村	贫困人口（人）	58	86	53	55	32	
	天村	贫困人口（人）	119	81	95	86	70	
	温村	贫困人口（人）	143	89	112	98	73	
	田村	贫困人口（人）	80	34	54	60	29	
	龙门村	贫困人口（人）	138	77	115	90	62	

注：“√”指村庄在当年脱贫摘帽。

其次，作为代理人的村干部的能力是村庄能否获得资源的另一个重要因素。关于村干部的角色目前学界已经有不少学术积累，将其作为“赢利者”、“当家人”以及“双重角色”（吴毅，2002）等进行分析。我们在这里先抛开对村干部本身的研究，而从地方政府的角度来看，在扶贫资源分配的时候除了以上所总结的因素之外，作为贫困村带头人的村干部尤其是村党支部书记的能力如何则是其考虑的重要因素。这里所谓的村干部的能力一方面指的是村干部本身的关系、人脉等社会资本。因为在申请项目的时候除了普惠类的项目之外，基本上都是需要到各个部门去申请和争取，如果没有关系的话则很难申请到。比如我们所调研的茶乡的 XY 村的村干部就说：

> 像我们当地没有人在外面当过干部，又没有大老板。所以搞好这个地方相当难，但是老百姓不理解。我举个简单的例子，我们 2008 年并村，2012 年全县有 40 个水泥硬化路，那你（若）县里没人你这个指标就拿不到。周边村子有人就很快就把它建好了，你没有人你这个指标就搞不到啦。所以你想，确实也给老百姓带来不便，老百姓也有意见。你上面没有人，上面的指标没人打招呼的话就分不下来啊。（访谈编号 20170522BHC）

村干部没有关系的话就不容易申请到项目，还会进一步引发村民的不满。村干部的能力另一方面指的是村干部自身所具备的做事能力。茶乡百园村的村党支部书记申带兵就是这样一个典型，他之前在长沙工作多年，见多识广并有一定的社会资本，因此在村庄内威望较高，三年前他返乡担任村支书。之前市政府的扶贫点原本计划是要放在另一个条件比百园村更好的村庄，但是市长在召集当地村干部开会的时候，会议现场申带兵主动发言，侃侃而谈，将百园村的贫困原因、治理措施、发展规划等都逻辑清晰、重点突出地进行了分析和说明。市长对申带兵的能力很认可，会议当场拍板决定将市政府的扶贫点放到百园村。

不同的历史阶段所面对的治理任务各异，地方政府所倾向于选择的村干部的类型也有很大的不同，在税费改革之前征粮收税、抓计划生育等是村干部承担的主要任务，在这种完成任务的压力下村干部多数成为政府的代理人而非村庄的保护人。但是，精准扶贫开展以来从“国家－农民”关系的角度来看，国家层面无论是中央还是地方政府都将脱贫作为一项重要的政治任务，对于村民来讲脱贫致富也是他们的最大愿望，在精准扶贫方面二者的目标高度一致。这就意味着在村干部的国家代理人身份和村庄保护人身份高度重合的时候，其真正的能力就开始发挥重要作用。村干部不再是“赢利型”的经营者，也非完全代表社区村民利益与国家抗衡的村庄“保护人”。在这样的背景下，村干部的选拔与构成也会受到影响，作为乡村精英的老一辈村干部在精准扶贫的过程中由于已经不能适应上级的种种要求而在选举中被新的精英替代。就在最近一期的村“两委”换届中，茶乡一个乡镇2/3的村支书、村委会主任都换届成了50岁以下的中青年人，发生了“精英替代”的现象。

再次，村庄本身的治理情况是地方政府考虑是否分配资源与项目的关键因素。对地方政府来讲，除了政治因素和村干部能力之外，到了村庄层面，重点考虑的是村庄自身的治理情况。各种项目最终还是要在村庄层面落地，如果一个村庄内部矛盾突出、村级组织软弱涣散或者派系斗争激烈，则不利于承担和实施扶贫项目，即使申请下来也会影响到最终的扶贫效果。对于村级组织来讲，有健全完善的基层组织，以及基层组织能够具有组织能力与动员能力对于村级的脱贫尤为关键。这里的基层组织出现问题又可以细分为两种情况：一种情况是基层组织软弱涣散，没有组织能力，在有的贫困村甚至出现村“两委”不全不能正常运转，甚至有的贫困村村部荒废，村级层面多年没有开过会，村“两委”也形同虚设；另一种情况则是村里派系斗争激烈，长期不能选出代表村民利益的村干部，即使选出来以后村干部内部分化，村“两委”关系不和。在笔者之前所调研的WL村就出现了这样的情况，由于该村村“两委”关系不好，村委会主任和村党支部书记之间不和，相互拆台。驻村第一书记认为在村“两委”关系不和的情况下就申请项目的话，不但项目本身开展不顺利，还可能会由于项目资源的输入而引发新的矛盾与冲突，所以第一书记不去主动申请上级政府的各种扶贫资金和项目。2016年移民局要给村里建设一个村级活动广场，但是村委会主任在选址的时候没有开会就直接将活动广场设置在了一组（因为村委会主任就是一组的），在这个项目的带动下顺便也把一组的巷道进行了硬化，这件事情引起了村党支部书记和其他村民的强烈不满。对村民来讲，村民之间的团结程度以及村庄与村庄之间、村民与村民之间的矛盾与冲突都被作为地方政府分配扶贫资源的重要考量因素。

案例 6 -1：西村修桥事件

西村每年有两次庙会，一次是农历六月六，另一次是农历十一月十五。每逢庙会，村委会就会请来剧团进行演出，村子内以及邻村的村民都会过来看戏和赶庙会，邻村的亲戚朋友也会纷纷到家里做客。这是村子一年当中最热闹的时候。

2011 年农历十一月十五村里正在唱戏的时候，发生了集体抗争事件。事件缘起于南水北调工程在村南修桥，当时涉及两座桥，一座是 7.5 米的公路桥，另一座是 4.8 米的生产桥，设计图纸上明确标记出了两座桥的位置，但是在施工的时候突然说不需要了。后来村里人去上访，"要回"了其中一座桥，但是另外那座公路桥建在了邻村。村内部分村民就开始赌气，"要么两座桥都恢复，只恢复一座桥坚决不答应!"最初的上访只是想把两座桥都修在村子里，但是，由于村内部分人对村党支部书记不满意，后来的上访过程中又开始将矛头指向了村党支部书记，说他在任期间贪污腐败，村内谣言四起。

后来部分村民与乡镇干部发生了冲突，为此当地公安局还依法处理了带头闹事的几个人。村党支部书记文万顺[①]一方面由于在事件中处置不力，控制不住局面，另一方面受到了村民的举报，而被免去了村党支部书记一职。但是镇里对外则声称他是主动辞职。发生了这件事之后，很多应有的资金和项目都没有再给该村，像周围其他村安装的摄像头、自来水改造以及其他扶贫项目等，该村都没有得到。

从这个案例我们可以看出，在村级治理过程中矛盾冲突往往也会影响上级政府对于该村扶贫资源的分配以及精准扶贫政策的执行，导致"治理消解扶贫"现象的发生。以上这个案例反映了基层治理出现问题对精准扶贫政策实施所产生的负面影响。

最后，其他非扶贫性政策变化会对基层治理产生影响，进而对精准扶贫政策的实施提出挑战，这就是农村政策之间的连带效应。农村扶贫发展到现在已经不仅仅是扶贫部门自身的事情，当扶贫上升为地方政府的中心

① 文万顺之前是乡里的"头号红人"。他在村里办养殖场、虚报面积搞专业合作社发了财，引来了部分人的眼红。但是村里大部分人认为他在任期间为村里争取了很多项目，是一个有能力的村干部。

任务并构建出大扶贫格局之后，扶贫政策开始与农村的各项其他政策紧密关联。农村其他方面政策的调整很有可能影响到村庄扶贫资源的分配与获得，而这种对扶贫的重视也提高了农民对政策的期待，也许政策本身并不会带来很多的扶贫资金和扶贫项目，但农民并不这么认为，他们看重的是政策背后的资源和连带利益。村庄合并政策就对当下的基层治理产生了很大的影响，进而对精准扶贫政策的实施提出了挑战。有学者已经关注到村庄合并造成貌合神离、治理单元扩大、政权“再悬浮”等一系列负面影响，进而不利于精准扶贫政策的实施（李博，2017）。以往的研究都侧重于宏观层面的讨论，但是对于此项政策调整对基层治理产生的影响进而间接影响到扶贫工作的这种关联性的政策机制缺少详细讨论与微观分析。

笔者所调研的茶乡百园村就是村庄合并影响精准扶贫的典型案例。2016年《H省乡镇区划调整改革工作方案》（以下简称《方案》）公布，全省目标任务为合并乡镇500个以上，减幅约25%；合并建制村16000个以上，减幅约39%。对于村来讲，政策要求是合并1000人以内的建制村①。2015年底茶乡在之前24个建制村的基础上被要求合并为13个建制村，建制村的数量减少了将近一半之多。文村与白村原本属于两个不同的行政村，但是就在村庄合并的政策下被乡政府强行合并。在地理位置上，白村位于山下谷地中，人口居住比较集中；文村则位于山上，人口分散在大小几十个山坳、山湾中。山下的白村处于文村村民下山的必经之路上，在历史上还曾出现白村村民向过路的文村村民收取过路费的事情，并由此引发了与文村村民之间的冲突。一方面，从两村村民的心理上讲其实都不愿意合并；另一方面，从现实的情况来看，合并之后就需要重新选举村干部，组成新的村委会，以及新的村部设在哪里都是面临的非常现实的问题，如果处理不好非常容易引发冲突和矛盾。另外，还有问题就是文村是贫困村，现在已经被确立为省级“脱贫攻坚示范村”，而白村由于贫困人口数量相对较少，并不属于贫困村范围。如果并村，白村的贫困户也会被划进新的贫困村，扶贫台账和扶贫规划等资料都需要重新再做，无疑会增加扶贫工作队和地方政府的工作量，从这个角度来讲扶贫工作队和乡镇扶贫干部也并不想让两个

① 《H省乡镇区划调整改革工作方案》，http://www.cnfl.com.cn/2015/1009/210413.html，2015年10月9日。

村庄合并。但是在上级的政策压力下必须将这两个村庄合并，于是这两个村庄之间以及两个村庄与乡政府之间展开了一场持久的博弈。

文村的村党支部书记申带兵[①]在精准扶贫实施以来他又主动争取将村庄变成了市长的扶贫点，之后更是借此争取到了大量扶贫资金和项目，这使申带兵的威望进一步得到了提高。而反观山下的白村，由于村老支书私心比较重，在之前村庄诸如低保和贫困户评定等政策的实施的过程中没有严格按照程序，也没有公平公正召开村民评议，都是几个村干部私下商量后，优先将其分配给了自己的亲属和朋友，这种优亲厚友的行为导致村民的强烈不满。

并村矛盾集中表现在利益和资源的分配方面。2015 年 A 县开始为每个村建设一个标准化的村民服务中心，也就是所谓的村部，村民服务中心既为村干部提供了办公、开会场所，又为村民提供了办事的场所。由于地方财政有限，项目的实施也有先后之分，乡政府就把村民服务中心设在文村，这样山下的白村村民就不答应了，他们开始到乡政府闹事，在不得已的情况下，乡政府动用乡镇财政所的一笔资金也为白村建了一个同样标准的村民服务中心，但是该项目是以村小学建设的名义立的项。

村庄合并之后的首要问题就是决定村部设在哪里，在农村社会中，村委会是一个具有政治隐喻的场所。申带兵非常聪明，在新村的村名上没有坚持用文村的名字，而是接受了白村村民的意见，称“百园村”。于是在争取村部建设的问题上他就有了主动权，另外文村还是市长的扶贫点，村部这次应该设到文村。申带兵说：“这个并村后的名字，已经让他了。但是村部总得考虑两方的情况吧。我以前文村那么大的村，1100 多人，你得考虑他们的感受吧。当初乡领导找我也是这样谈的。我说村部放在文村，这是正确的。我们当支书是流水的兵，当一届就是一届，当两届就是两届。但是政府现在老是让我让让让，我就说了，我本人怎么让都可以，但是我的村民怎么搞？支书他们这个知道不可能了，从各种层面他都绝对没有（可能）。他现在放手一搏，还要把村部争到他们那里去。我说这个需要一个平衡点。这个平衡点不是支书和村部的平衡点，而是村民和村部的平衡点。

---

① 申带兵最早是文村的党支部书记，2017 年茶乡村庄合并，文村与白村合并为新的“百园村”，申带兵被选为合并后百园村的党支部书记。

我说你们不要想错了，一个中心，这个百园村的行政中心究竟定在哪里？你那白村七八百人，我这上面有1100多人，是我并你还是你并我？是大村并小村还是小村并大村？小村只能朝大村并。就我那个村而言，最远的到这个村部有8公里，他们那个村到我这里不超过5公里，你说谁是中心呢？你说现在村民办事方不方便，现在都是车，摩托车，三两分钟解决问题，有什么多大的不便吗？你是不便利吗？我支书天天开着车，你一个电话就能解决问题，我回来要路过白村。你说这个盖章的事情，为什么我在文村村民那里威信这么高？首先我就是从小事做起。我的村民要到政府来办事，要我开证明，我说我先不给你开证明，星期一政府全部的人都在那儿上班，我开车带着你一起过去，开什么证明我就给你开了，办什么事我也给你办了，你找不到人，我帮你找了。所以我的村民很幸福，他们办事很方便，都是我带着他们来办。”但是白村的村干部和部分村民还是不答应，他们以乡政府名义上建设小学但实际上却建了村民服务中心为由，多次到乡镇找乡长、书记讨说法，并表示如果不能解决的话就去省里反映问题。乡政府的初衷是给白村建设村民服务中心，但是在具体的项目操作层面没有严格按照相关程序，因此最后为给白村村民一个说法，只能把并村之后的村部设在了白村。发生这件事情后，乡镇干部与扶贫工作队都认为，将来申请下来的扶贫资源和项目，不能再分配给白村，因为如果把项目给白村，就很可能又会引发冲突和矛盾。而扶贫干部的想法是：在2017年底脱贫摘帽之前，首要目标是完成既有的扶贫任务，而对并村之后的附加任务和问题的态度则是多一事不如少一事。

由以上的修桥事件和村庄合并事件，我们都可以看出在当前的贫困治理过程中，地方政府社会维稳的逻辑与国家贫困治理逻辑之间存在一定的张力。国家考虑的是单纯的贫困治理的工作思路，即“谁贫困帮扶谁”。但是地方政府与村两委之间关系紧张导致一些贫困村失去了获得扶贫项目的资格。部分贫困村不稳定的基层治理状况消解了其原本应该享受的精准扶贫政策。因此，“国家－地方政府－村两委”三者的复杂互动关系对于当前的贫困治理产生了重要影响。

三　资源反哺背景下地方政府的治理困境

在税费改革之前的中国农村，基层政府和干部向农民征粮收税十分困难，经常会遇到各种阻碍，而且如果处理不好很容易引发冲突。税费改革之前政府与农民主要是通过各种“汲取”性的行为建立联系，但是由于这种行为与农民自身利益相矛盾，所以引发了农民抗争。在税费改革之后，国家对于农村的政策从“汲取”转向“给予”，开始向农村尤其是广大贫困村输入大量项目和资源。理论上讲，基层农民和贫困户对政府的满意度应该提高，进而政权合法性得到提升，基层的社会冲突与上访行为会随之减少。这也符合传统现代化的理论，即随着一个地区人们生活状况的改善，也就是经济层面的增长自然会带来社会领域的善治（Ang，2016）。

但实际情况并不像理论设想的那样。从田野调研的情况来看，精准扶贫政策实施后，随着资源的输入以及基层政府对农村社会公共物品与公共服务供给的增加，扶贫工作取得了巨大的成就，但意料之外的是，由资源分配而导致的矛盾与冲突也随之增加。A 县茶乡精准扶贫之后直接或者间接地因为扶贫资源的分配而上访的案例突然增多，这给地方政府造成了很大的困扰。因为贫困本身就是一个社会建构性的概念，国家与农民对贫困有着各自的理解，扶贫资源给谁不给谁在基层争议很大，导致在扶贫资源分配上的冲突。

与税费改革之前征粮收税一样，现在扶贫资源在村庄内部的分配成为精准扶贫过程中的难题。很多乡镇干部对笔者说的一句话是：“现在最难的不是没有资源，而是有了资源之后如何分的问题！”村干部也普遍反映：“现在的资源分配最怕精准！”为了应对精准扶贫之后出现的上访，该县扶贫办还专门设有精准扶贫信访接待办公室。

笔者通过查阅 A 县内部社会维稳材料发现，目前 A 县社会局势整体稳定，信访形势平稳可控。但是由于社会处于转型期，产生矛盾的原因较多，信访工作的压力较大。特别是在交通、信息更加便捷的条件下，“进京、进省非正常上访”成为当前信访工作面临的重点、难点问题。茶乡是 A 县农民上访次数最多的乡镇，笔者查看该乡内部汇编资料发现，仅 2016 年 7 月和 8 月，该乡就发生了 13 次上访，其中非正常上访（越级上访）7 次。通过对这些上访案例的具体分析，我们发现其中很大比例的上访案例都与扶贫有直接或者间接的关联：有的是精准扶贫精准识别、资源分配、项目实施过程中直接引发的矛盾冲突导致的上访；有的则是将自己或者家庭之前在历史上受到的某种不公正的待遇与当下重视民生、扶贫的话语相联系而谋求问题的解决；还有的则是将自己建构成一个贫困户而直接向政府要资源、要项目等。

对于这种由扶贫资源分配或争扶贫资源引发的农民上访，背后的原因以及这种现象发生的内在机制是什么，学术界目前的分析还远远不够。我们可以将这种由扶贫资源输入而引发的农民上访放在上访研究、农民抗争的大框架下进行理解，但值得注意的是，这种类型的农民上访又与一般意义上的农民上访有很大的区别，需要深入研究。

具体而言，这种由资源分配或争扶贫资源引发的农民上访大致可以分为以下四个类型：（1）扶贫政策本身及执行中引发的矛盾；（2）扶贫资源分配不均；（3）历史遗留问题的“再问题化”；（4）贫困话语的自我建构。

（一）扶贫政策本身及执行中引发的矛盾

此类矛盾产生的原因又可以细分为两种情况。第一种是基层工作人员尤其是村干部对扶贫政策的人格化执行导致的。扶贫政策的执行有严格的程序和规范，但是在政策实施的初期由于考核压力不大，所以基层重视程度不够，很多基层干部将扶贫政策看作一般性的社会政策，在实施的具体步骤上没有严格遵守程序，更有甚者将扶贫资源的分配作为自己行使权力的工具。

案例6－2：龙村低保评定问题

茶乡龙村（纪委举报信）

尊敬的领导：你们好！

我们是龙村村民，反映我们村村干部在处理低保问题时存在严重失职与违规行为；评定结果不进行公开公示，民主评议流于形式，优亲厚友、暗箱操作。优先照顾亲属、关系户、人情户，利用职权谋取私利，村（委会）主任住楼房、开猪场，家人享受低保，村支书嫁了的女儿都在享受低保，亲属就更不用说了。村里面一些生活真正困难的家庭却享受不到低保的补助。现在群众反响强烈，民愤极大。本来低保是国家对低收入人群的特殊关爱，不能成为特权的收入或照顾亲朋好友的礼物！应该让真正的贫困人口享受党的优惠政策。希望政府相关人员能走访核查，还村民公道。谢谢！

在接到群众举报之后，乡镇纪委立即调查了解情况，龙村低保工作在应保尽保“阳光行动”中，对应享受对象进行了重新评选，所有程序按照低保工作规定来办，通过召开驻村干部、村“两委”成员、各村民小组长、群众代表会议进行民主评定，并公示评定结果，相关人员签字确认。在此过程中龙村驻村干部蒋万里全程参与指导，公平公正主持，并对各程序录像备查，保证了低保评定的公平性。这次调整解决了群众反映的问题，重新选出了22户低保户。

案例6－3：溪村新建茶园产业扶贫补贴问题

A县政府在实施产业扶贫的时候，为了鼓励茶产业发展规定贫困村种植茶叶每亩补贴1000元。上访人谌某2016年5月5日向县纪委反映溪村2013年新建茶园过程中，在茶园补贴亩数方面村干部比村上其他村民多3000亩。其中，“村委四个领导陈金华、谌卫平、黄吉中、黄天然多3000亩，每亩360元，四人分1080万元”。但是经过调查，发现简要情况如下：溪村2013年新建茶园验收面积共计198亩，分别是谌任岩50亩、谌吉云50亩、谌正均50亩、GMEX公司48亩，2013年没有验收散户茶园面积。2014年新建茶园验收合格折算后面积共计1267亩，验收茶园是从2013年10月至2014年3月新栽种的基地，由县财政局、县发改委、县茶叶办组织验收，因当时溪村茶农申报茶园基地面积数千亩，申报水分过大，验收组通过随机抽样验收，最后确定验收合格的实际面积占申报面积的比例为36%，溪村所有新建茶园以36%的比例折算，申报面积每亩折算为360元，资金于2015年6月已经全部发放到位。关于蒋家村（其中一个自然村）蒋汉清禾场塌方补贴3000元一事：蒋汉清房屋属于危房加固，其禾场塌方，维修费用总共花去45000元，乡人民政府给予危房加固项目资金3000元。高家村蒋大汉家的房屋为危房，是建档立卡贫困户，经过党员代表会议确定并公示。全村救济款分配均通过党员组长代表会议商议评定，确定发放对象。其中关于村党支部书记陈金华虚报茶园亩数、套取国家扶贫补贴的违法犯罪事件，目前已经移交法院立案处理，同时其村党支部书记一职已经被撤销。

由上我们可以看出，目前扶贫政策的执行中存在问题的主要原因还是村干部利用职权和征地过程中的信息不对称来“欺上瞒下”，扶贫资源被“精英俘获”，而没有瞄准真正的贫困户。这种扶贫资源直接被村干部俘获的现象主要发生在精准扶贫政策实施初期，当时各方面监督管理都没有到位。但是随着精准扶贫力度的加大，以及考核监督制度的加强，对于基层干部的约束强化，此类直接俘获扶贫资源的情况与之前相比大大减少。

第二种是扶贫政策实施前后不一致或者与其他政策相关联引发的矛盾。比如，在精准识别动态调整的过程中就出现了这样的问题，有的贫困户在动态调整重新识别的时候由于某个指标超标而被剔除出贫困户系统。这种情况下，影响最大的是正在实施以及已完成的项目。比如易地搬迁、危房改造、产业扶贫等，都是要严格根据贫困人口人数进行分配的，动态调整后，之前发放给贫困户的补贴不能追回，继续补贴的话贫困户已脱贫，但补贴项目不能进行到一半终止，所以这带来的将是一连串的问题。在帮扶力度越来越大的背景下，贫困户对今后精准帮扶有很高的期待，谁也不想被剔除出贫困户系统进而失去贫困户身份，享受不到后续的政策优惠，所以在这样的情况下群众之间的矛盾就很大，尤其是对于地方政府来说这种利益关联性政策执行难度也随之加剧。

在具体政策执行中还存在一种情况，政策的执行并不是孤立的，而是与其他政策的实施相互关联[①]。扶贫资源的分配对村干部来讲是政治资源，也是其治理手段之一，比如村庄内有村民之前不遵守计划生育等政策，那么作为一种惩罚手段，在分配扶贫资源的时候村干部就会将其排除在政策受益的范围之外。现在精准扶贫只强调精准的话，容易忽视在村庄治理层面的政策平衡以及由此引发的村庄秩序紊乱。

---

① “关联性冲突”最早是由科塞提出，主要指的是社会结构中存在紧密关联的要素之间的对立和冲突。有学者将其用在精准扶贫领域，从政策运行与乡土社会互动的角度来解释这种“关联性冲突”（参见韩庆龄，2018）。但是在这里，笔者所指出的主要是多种政策本身之间的关联与矛盾，而非涉及与其他方面的冲突和互动。

（二）扶贫资源分配不均

扶贫资源的传递、分配以及瞄准问题一直是贫困研究领域非常重要的问题。从以往的研究中我们可以看出扶贫资源在传递过程中有不少发生了瞄准偏离的现象，但是以往的扶贫资源分配不均并没有在基层引发较多上访并给地方政府造成治理困境。但是精准扶贫政策实施以来，由于突出强调精准到户到人，可以说是对之前扶贫资源瞄准偏离和精英俘获问题的纠正，也是对农村传统权力结构的重塑，扶贫资源不再像之前那样被差序分配，而是瞄准真正的政策目标群体。但是依靠行政力量打破农村固有的权力结构，同时采用技术化、程式化的模式进行资源分配，也使贫困群体对于政府的期待增加了。

扶贫资源分配包括贫困户的名额分配、产业扶贫资金的分配、扶贫项目的分配以及后来被整合进扶贫领域的其他涉农资源的分配。以往的资源分配可以说是完全依赖国家在村庄社会中的代理人和村庄既有的权力结构，村民对此习以为常，形成了一种承认政治，很多村民认为这些资源都是村干部争取来的，所以他们有权进行分配，多得一点也理所应当。但是精准扶贫政策实施以来，各种媒体、舆论的宣传以及大量扶贫干部入户走访和政策宣讲，使这种传统的分配规则在农民心里发生了改变。

在贫困村河村调研的时候我们就遇到了这种情况，主要是因为村干部在分配贫困户名额的时候不公平公正，从而引发村民上访。

案例 6－4：河村贫困户建档立卡精准识别问题

上访人张现良 64 岁，是矿上的退休职工。他向我列举了村里家庭困难的几户人家，但是并没有被定为贫困户。比如他的邻居张向阳 32 岁，长期在外打工，父母双亡，与妻子离婚，还有一个小孩和一个 86 岁的婆婆需要照顾，但是没有被定为贫困户。张子成有两个孩子，家里四口人，妻子有高血压、脑梗等疾病，在西安看病花费了 8 万多元，没被定为贫困户。张世唐的母亲和父亲都 70 多岁了，没有任何收入，也没被定为贫困户……张现良激动地说："精准扶贫，但是我不知道是怎么回事，问包村干部啥叫精准扶贫，包村干部说按照一年的收入来计算。我说你看他家的房子都这样了（马上就要坍塌），村委会主任却说没有把人塌死在里面，于是就给了两根木头和15根椽子，这还是通过村委会包村干部给协调来的。”

村里现在被定为建档立卡的贫困户存在很大的问题（见表6－2）。他随便列举出几个例子，本来不是贫困户但由于是村干部或村干部的亲戚而被定为建档立卡贫困户。

表6－2　河村问题建档立卡贫困户名单

姓名	家庭基本情况	不该评为贫困户的原因
李子鹏	六口人，退休教师	楼房五间两层，写的是其妻子的名字
李志明	五口人，村支书	新区有两套楼房
李保全	三口人，村支书弟弟	新区有一套楼房
李国忠	五口人，村支书三弟	户主是在外承包工程的小老板
董明	三口人，生产队队长	楼房四间两层，灶房三间
董振兴	四口人，儿子残疾	孙子在外打工，挣钱较多
王喜之	四口人，村委会主任	新区有两套楼房
王占许	五口人，村委会主任的亲戚	新区有一套楼房
王是中	五口人，村委会委员	楼房四间

所以张现良质疑的主要是：相比之下，到底符合什么样的标准才算是贫困户？按照政策要求和收入计算是一方面，但是村干部利用政策操作空间，使自己和身边的人被定为贫困户。他气愤地说：“精准扶贫达不到精准，该享受的享受不到，不该享受的却享受到了，我感到不平衡。”他还反映目前担任村里的公益岗位的是村委会主任的老婆。“我是矿上退休工人，每月只有2000元，那个退休老师是贫困户，为啥我不行?”

从以上这个案例我们可以看出，河村在贫困户建档立卡精准识别的过程中出现了问题，有很多与村干部有亲属、朋友关系但并不是真正贫困的家庭却被确定为贫困户，对于精准识别的不精准问题的原因主要可以归结为以下两点。首先，在技术层面，建档立卡贫困户指标的确定有一整套的复杂技术程序，主要是在统计抽样的基础上测算而得，再自上而下进行分配。但是在很多的情况下，自上而下分配的贫困户指标数量会多于真正贫困户的数量。由于村庄是“熟人社会”，村民的情况大家非常熟悉，贫困户指标给村内最贫困的家庭，村民没有意见。问题是在完成上级任务的压力下，要将其他指标也分配下去，这样贫困户的名额就外溢到了非贫困人群，而这一部分贫困户指标的分配往往最容易引发争议和纠纷。其次，每个村庄的权力结构既定，资源、利益是按照权力结构进行分配，贫困户在这个结构中处于最边缘的位置，不仅没有发言权，而且往往容易受到排斥。当市人社局要求每个贫困村设置一个公益岗位的政策传达到河村的时候，村委会并没有召开村民代表大会进行讨论，村委会主任将其妻子的材料交了上去，普通村民根本不知道这一政策。在这个案例中还有一点非常值得关注的是组织上访的张现良本身并不是贫困户，他是退休工人，每月都有退休金，经济条件在村中属于中等偏上，生活条件也比较宽裕，还经常去村口的小卖部打麻将。从他的话语中可以听出来，他上访的理由主要是“不平衡、不公平”，尤其是村里跟他条件差不多的一个退休老师的妻子被定为贫困户，从他内心来讲，如果按照那个标准他也应该是贫困户，心理层面的相对剥夺感是引发争贫和扶贫冲突的重要原因。

（三）历史遗留问题的“再问题化”

在大量精准扶贫资源下乡的背景下，大量的扶贫资源和扶贫项目进入贫困村，贫困户享受到了很多政策优惠，与此同时，随着扶贫资源的输入，很多村庄的历史矛盾被激活。这种原因的上访户的某些历史遗留问题由于时间久远、取证不足早已无望解决，但是在精准扶贫后国家越来越重视作为边缘人的贫困户的生活问题的情况下，这让他们看到了希望，对政策的期待增加。他们采取“问题化”（应星、晋军，2000）的上访策略，通过“缠”“闹”等具体方法向上反映问题，运用宏大、抽象的政治话语论证自己上访的“政治正确”（狄金华，2015），但最终所追求的是自身的利益。面对这种类型的上访，地方政府感到非常困扰，历史遗留问题由于时间久远很难再按照现在的政策进行处理，但是在巨大的上访压力下，地方政府往往倾向于通过解决上访户的具体生活困难或者给予其政策优惠来达到消除上访、维持社会稳定的目的。

案例 6－5：桃村谌小富上访事件

谌小富是茶乡桃村二组人，今年 56 岁。家中有四口人，目前他的妻子、儿子均在长沙打工。谌小富在 2015 年、2016 年多次到省城上访，还扬言到北京上访。他上访的原因是其父亲谌立喜（2013 年元月去世）曾经是 A 县人民医院职工，1956 年被精简回乡，他坚持说当时其父亲的工作是被别人顶替的，所以要求地方政府让他和妻子享受退休人员待遇，并让他们的女儿到县人民医院顶班。

为此，谌小富还专门写了一封很长的上访举报信四处散发，他原本是为了解决自己家庭的历史遗留问题，但是在这封上访信中他并没有谈及自身具体情况，反而采用了“问题化”的策略，将上访的原因归结为 A 县县政府领导没有认真落实中央的相关政策规定，大搞“形式主义”“形象工程”，没有坚持“群众路线”等。他的上访材料没有任何真凭实据，对于当地政府来讲，大家对他的真实目的都心知肚明，他其实是想通过上访给 A 县县政府施压，最终目的还是要解决自己的问题，获得利益。

谌小富的上访引起了县领导林部长及其他县级领导的高度重视，林部长责成乡综治办与县卫生局对接。经与县卫生局多次协调，县卫生局明确答复：谌立喜（其已故父亲）的事情由于时间久远，早已过了追诉时效，所以他的要求不能应允。但对于其家庭的困难表示同情，每月给予 280 元补助（至今）。乡政府为谌立喜遗孀（农业户口）解决了农村低保，为谌小富（非农户口）解决了城镇低保，并对谌小富的其他要求做了反复的解释和政策说明，违反政策原则的诉求予以回绝。

（四）贫困话语的自我建构

因为贫困本身就是一个不断变化、难以统一化和标准化的概念，所以不同的人对于贫困会有不同的理解。政府对于“贫困户”是用数量化的货币收入进行严格意义上的界定，但是农民站在自身的角度对于贫困有着自己独特的理解。国家视角下的扶贫政策只应该帮助真正的穷人，但是在村庄视角中“帮亲”“帮能”“帮弱”“帮需”更能够体现伦理上的正当性（王雨磊，2017）。这类上访的原因是原本并不贫困的家庭在上访的过程中用各种话语将自己建构成“贫困户”，他们站在社群伦理和自身角度认为自己应该获得国家帮扶，并与地方政府讨价还价来谋求政策优惠。这与景军（2013）所分析的西北移民利用集体建构出“政府欠我们的”逻辑来与政府谈判的情况有着类似之处。上访人会策略性地夸大自己某一方面的劣势地位或者强调自身符合国家相关政策扶持的规定，想方设法通过各种话语建构自己符合国家帮助的“贫困户”身份。

案例 6－6：申请种养基地补贴不成而上访

茶乡百园村的村民毛谷研 2004 年出了车祸，之后看病花了不少钱。在建档立卡精准识别中由于家里盖有二层楼房，妻子有劳动能力，所以没有被评选为贫困户。精准扶贫政策实施后他看到村内的贫困户都可以申请 5 万元的无息贷款用来发展产业，毛谷研也十分想得到扶贫贷款和其他的扶贫资源，于是他就写了一份综合种养殖基地的申请报告多次向县乡政府和有关部门反映情况，他将自己包装成“贫困户”，希望得到政府资金的支持，还扬言如不解决问题他就会到市里、省里反映情况。

毛谷研反映情况的时候采取了两种具体策略：一方面利用遭遇“车祸”、“残疾人”、负有“债务”、住在“穷山区”等话语将自己建构成符合政策帮扶条件的贫困户；另一方面展示自己的致富意愿和能力以及所在村庄有充分的资源和条件发展种养殖基地，在申请的时候打着“生态”“绿色”的旗号进行包装，迎合了目前产业扶贫中对新兴农业经营主体照顾的政策。在多次到县政府反映问题后，县扶贫局为了平息上访还专门出钱送他到湖南农业大学学习农业技术。但是由于没有得到直接的资金帮扶，他目前仍有继续上访的想法。

案例 6－7：因灾受损上访事件

另外一个案例是茶乡百园村村民刘志虹，2013 年 9 月 18 日晚上的一场大暴雨将村内河堤冲毁，刘志虹家住村水电站渠道的对面，由于当时她家正在盖新房，因为河堤被毁，她家的木料被冲走，田地也受到很大损失，因此要求水利局赔偿 5 万—7 万元。但是根据水利和乡镇部门的调查走访，对拦河坝以上部分受灾群众的田地进行了补偿，刘志虹家的田地在河坝以下部分，所以按道理并不应该进行赔偿。刘志虹不答应，多次到水利局和水电站纠缠，还说自己家庭条件非常差，如果不赔偿就继续到县政府上访。

在维稳压力下，茶乡乡政府干部多次上门走访做工作，最终与刘志虹达成一致意见，通过救助金的方式赔偿一部分即22000元，最后这笔赔偿金实际上是以民政救助资金的名义发放，并不是因大坝质量问题而导致洪灾的政府赔偿。这样做既达到了受灾户理赔的要求，又坚持了政策的原则性，在原则与上访户要求之间达成了某种程度的“平衡”。刘志虹写下保证书，保证自己以后不再找水电站、水利局纠缠该类问题，也不再去各级信访部门上访。

詹姆斯·C. 斯科特认为“忽略农民反抗中的自利性质就会忽略农民政治”。他在考察了东南亚农民的抗争之后指出，农民很少进行公开的集体抗争，反而是通过“纵火、怠工、联合抵抗、私下抗议、偷窃，以及穷人之间的互相支持”这种“日常的镇压形式”进行反抗（斯科特，2011）。由上述案例我们可以看出，中国贫困地区的农民通过反映政策问题、对扶贫资源分配不公表示不满、将历史遗留的问题“再问题化”以及贫困话语的自我建构等策略与地方政府部门进行博弈，以期获得自身利益。以上的诸多案例可以归结为“资源输入—分配—基层冲突”模式。上访在这里并不是为了维护自身权益的表达，反而成为工具性的手段和策略。而恰恰也正是近年来精准扶贫政策实施之后，这种由于资源输入而引发的基层社会的矛盾冲突越来越多，消解了普遍主义的价值基础和合法性，并且在很大程度上加剧了地方政府的治理困境。

四 精准管理过程中的动态调整与村民评议

对于信息的掌握是政策执行的基础，关于贫困户的信息管理是精准管理中一项非常重要的内容。它主要指的是通过给贫困户建档立卡建立起贫困户信息网络系统，将扶贫对象的基本资料、动态情况输入系统，根据贫困户基本状况的变化对相应数据信息实施动态管理。每年政府根据扶贫对象的发展实际，对扶贫对象进行调整，将不符合条件的贫困户移出扶贫名单，将符合条件的及时纳入进来，从而保证扶贫信息的真实、可靠。也正是由于在最初的建档立卡贫困户识别过程中，没有准确地识别出真正的贫困人口以及贫困人口本身的变化，所以要对贫困信息进行动态调整与管理。

在政策执行过程中如何才能准确瞄准贫困户？西方参与式发展理论认

为，应该让当地人参与到决策制定、政策实行以及利益共享中。为了推动地方民众的参与，政府需要意识到已经存在的参与动机或者建立新的基层组织来推动瞄准性政策的施行（Ribot，2007）。而参与式发展理论的核心也正是对于当地人的赋权（empower），并使他们最终获益（Chambers，1983）。与之类似，20 世纪 90 年代以来世界银行推行的“社区主导的发展”（Community-driven Development）倡导的也是这种非集权化和参与式的方法，追求在社会下层实现良好的治理（Wong，2010）。但是调查发现，如果我们完全依靠这种自下而上的识别贫困户的方法进行动态管理的话并不能准确识别出真正的贫困户，在熟人社会“谁也不敢得罪谁”的逻辑下，采取这种参与式赋权的方法很容易出现识别困局，最终还是需要地方政府和工作队的介入。这一部分将以茶乡贫困户数据动态调整与村民民主评议作为案例进行详细说明。

（一）上级督查与动态调整的背景

陈家建（2015）认为地方政府的督查机制能够将科层化治理与运动式治理两种模式联结起来，通过科层运动化来有效实现基层的治理目标。他认为督查机构本身具有围绕党委领导层工作目标开展督促检查的职能特点。在扶贫领域工作的开展更是如此，在 2020 年脱贫摘帽的总体任务和巨大压力下，各省份以及各个地方纷纷立下军令状，表示会提前完成任务。在压力型体制下，仅仅依靠地方政府的自我加压或是省际、市际、县际的竞争难以完成超常规的扶贫目标，所以上级政府在扶贫领域采用了极为严格的检查和督查方式，对可能以及已经出现的问题进行及时的调整与纠正，以确保各地能够如期完成扶贫任务。

精准扶贫遵循的是“中央统筹、省负总责、市县抓落实”的管理体制，国务院主管扶贫的相关领导明确表示：“要切实落实脱贫攻坚责任制，实施最严格的评估考核，加强脱贫攻坚督查巡查，严肃查处不实脱贫现象，推动各地以问题为导向改进工作，确保脱贫得到群众认可、经得起历史检验。”① 于是扶贫督查工作在全国各地纷纷开展起来。

① 《汪洋在国务院扶贫开发领导小组全体会议上强调稳中求进 深化脱贫攻坚》，http://hnsfpb.hunan.gov.cn/xxgk_71121/gzdt/fpyw/201703/t20170322_4110522.html，2017 年 3 月 22 日。

早在2016年7—8月，茶乡就在全乡镇范围内进行了一次建档立卡“回头看”，主要是对建档立卡贫困户进行动态调整与数据清洗工作。2017年4月，茶乡所在的H省在脱贫攻坚成效省际交叉考核中排名比较落后，在这样的情况下，H省领导在全省范围内对精准扶贫工作提出了整改要求。4月17日全省扶贫办主任会议下发了整改方案，集中整改的六方面问题包括：脱贫质量不高、贫困识别不准、资金项目监管不严、帮扶工作不实、内生动力不足、工作落实不力。从5月上旬开始，省委督查室、省政府督查室、省扶贫办抽调专门力量对整改工作开展督查巡查。5月在茶乡蹲点调研的时候我们正好遇到了本次督查与整改工作，参与了茶乡文村的贫困户动态调整，并协助乡镇扶贫站进行了数据重新录入工作，对此进行了深度参与式的观察。

（二）对脱贫攻坚中的突出问题进行整改

公共政策在农村的执行并不是“一竿子插到底”，而是需要在实践过程中不断地调整以适应基层千变万化的情况，精准扶贫政策的实施也不例外，往往是一边实行一边整改。从上级政策要求来看，本次脱贫攻坚中的突出问题主要包括精准识别不准、脱贫质量过低、结对帮扶政策落实不够、产业扶持收益不足、易地搬迁资金管理不完善以及贫困户的内生动力不足。此次整改主要分为以下两个阶段。2017年4月19—25日为全面部署动员阶段，各村、各单位主要的工作是传达上级精神，认真分析研究，对照清单查找问题，及时部署整改工作，明确工作职责，按时间点、按工作要求完成整改任务。4月26日至6月15日为全面排查整改阶段，主要集中力量对本区域、本部门脱贫攻坚突出问题开展全面摸底排查，建立工作台账，确保底子清、情况明。对摸底排查出来的问题进行认真梳理，逐条逐项形成问题清单，对症下药，制定切实可行的整改措施。巡查小组全方位加强指导督导，盯紧制度安排、全力调配，扎实推进精准识别“回头看”，要确保驻村帮扶成效、资金使用监督、产业帮扶等重点环节和重点工作能够整改到位。

虽然此次整改包括的方面很多，但是基层最主要的工作还是在精准识别方面。一方面是因为上级政府对于精准识别的要求最多，考核也最为严格；另一方面是因为精准识别是精准扶贫的第一步和前提，也是最早完成的工作，其他扶贫措施与手段都是在准确识别贫困户的基础上得以有效开展。之前精准识别已经连续搞了两轮，属于已经完成了的工作。而其他的考核内容诸如产业扶贫、易地搬迁以及提高脱贫质量等都是正在进行的工作。由于难以对没有完成的项目的实施结果进行量化的考核，所以只能对其实施过程进行监督。所以，基层工作人员在此次的脱贫攻坚问题整改过程中将主要精力放在了对精准识别的整改方面。

（三）精准识别“回头看”与村民评议

建档立卡、精准识别并不是一开始就十分精准，其实2014年A县在第一次精准识别时除了按照收入标准之外，其他执行标准也比较模糊，所以导致最终结果的不准确。这次精准识别“回头看”主要采用的是排除法，在精准识别方面存在的主要问题是对建档立卡贫困户对象D类人员名单的删除不到位，对四类人员的清理不彻底，拆户、并户现象以及真正的贫困户未被纳入。政策规定有财政供养的、有购买小汽车的、在城镇购买商品房或在城镇自建住房的、个体工商户或有经营公司的“四类人”不得被纳入建档立卡贫困户，原来被纳入建档立卡的贫困户必须坚决清除。

上级政策文件要求必须按照以下三步进行。首先，入户走访和调查。由联村领导带队，组织扶贫工作队队员、结对帮扶责任人逐户上门，对照户口本核对信息（姓名、身份证是否准确，是否存在拼户、拆户现象等），查看贫困户家庭情况，根据实际情况该退就退，该进就进，并填好入户摸排表格。其次，开会评议。在入户调查的基础上，组织扶贫工作队队员、村干部、村议事会和监事会成员以及村民代表召开民主评议会议，根据入户摸排结果对现有贫困户提出整改方案，并评议出应进未进系统的贫困户。最后，入户核实和上报审核。对评议出的新增贫困户，联村领导要组织人员进行入户核实，严格把好进入关口，将核实结果反馈给各村，上报乡镇政府并向社会公示，接受监督。

具体的工作步骤如图6－2所示。

1. 入户走访调查

在前期走访调查获取信息阶段一般没有问题，只不过是以联村领导和扶贫工作队的队员为主体进行走访调查，而每个贫困户的结对帮扶责任人的走访目的并不是甄别该户是不是贫困户，而是了解贫困户家庭的具体困

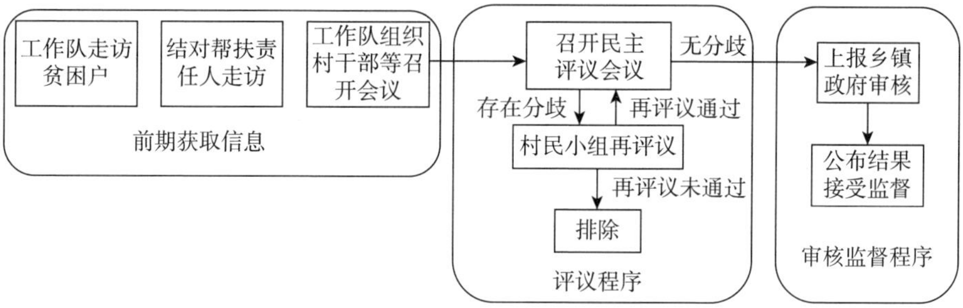

工作队走访贫困户
结对帮扶责任人走访
工作队组织村干部等召开会议
前期获取信息
召开民主评议会议
无分歧
存在分歧
再评议通过
村民小组再评议
再评议未通过
排除
评议程序
上报乡镇政府审核
公布结果接受监督
审核监督程序

图 6－2 村民评议总体步骤

资料来源：根据茶乡《扶贫攻坚突出问题集中整改工作方案》整理。

难，并想办法解决。每个贫困户的门上都张贴红色显眼的“结对帮扶明白卡”，上面有贫困户的基本家庭情况、致贫原因、结对帮扶责任人的基本情况、帮扶措施、帮扶成效和预脱贫时间。名义上，作为帮扶责任人，与贫困户“结对子”之后需要经常联系，但实际的情况是这些帮扶任务都是由扶贫工作队分配下来的，也只有在上级督查之前扶贫工作队通知相关帮扶单位后，帮扶责任人才会上门走访贫困户，所以结对帮扶责任人的上门走访更多地表现为一种“政治关怀”。对于结对帮扶责任人来讲，其形式上的意义远远大于实际的作用。而相对于结对帮扶责任人的走访，扶贫工作队的走访调研则显得更有实际意义，这是因为扶贫工作队承担了实际的走访调查和信息收集的任务。

在贫困户识别方面，扶贫工作队首先会将之前建档立卡的贫困户走访一遍，一方面了解贫困户的实际情况，通过上门走访一般就能够判断出该户家庭的实际生活水平；另一方面对贫困户进行政策宣讲和政策解释。很多贫困户都对上级政府有很高的期待，在扶贫资金不能直接发放的情况下，很多贫困户认为自己没有得到帮扶，所以就需要对其进行政策宣讲和解释。在走访贫困户的同时，由于扶贫工作队队员都是外来人，即使长时间驻村工作也不可能对每个农户都熟悉，在村庄这个熟人社会中，他们要向村干部了解情况。第一次走访调查往往都会有当地的村干部参与，在熟悉村庄情况后扶贫工作队队员就可以独立开展工作了。

民主评议前每一个贫困户都要走访到，由于时间紧、任务重，对每个贫困户的走访时间就不可能太长。扶贫工作队队员走访调查贫困户主要看三个方面：一是贫困户的房屋状况，拥有房子是当地农民生活中一项极其重要的人生任务（陈靖，2017），家庭状况的好坏，一般都可以从居住房屋的情况以及房屋装修、家具、家用电器等看出来；二是贫困户家庭成员的结构，从家庭成员老、中、青的比例以及身体好坏来看家庭人口结构是否合理；三是家庭的生产经营情况，即家庭劳动力强不强以及分别从事什么产业，再就是从事经营活动的是以老年人为主还是以青年人为主。

> 以盖房为例，你没有条件的话你这个盖出来也不行。为什么这么讲，你盖房假如你有一定的基础和一定的发展条件，我贷点款、借点钱去盖房，我欠二三十万块（钱），但是两三年之内我有能力去还清。这个是一种良性循环，如果是你霸蛮，这三种情况下，你建房欠了钱，还是在勉强的情况下欠了钱。盖了房子以后你再两三年甚至三五年内都还不清，说明你这个家庭结构有问题。你这个就要综合了解情况，这个因素就很多啦，一个是你家庭成员文化水平、经商能力不行啊，或者说家里出现了特殊情况啊，这个都有的啊，这个东西一句话很难说清楚啊。这个家庭不能够一概而论，要综合分析。我讲的这三个方面都要综合分析。比如说他房子条件为什么这么差，有的他在外面买房子家里他就不修房子啦。所以呢，你就要综合分析，这是一种情况。他这个劳力强，通过自己努力把家里搞得好，这是第二种情况。第三种情况，就是产业发展、经营情况（家庭发展情况）。打个比方，我们做黑茶，一个家庭有两亩、十亩的茶园，茶叶价格好，几年就会起来。一亩能够产两万斤，20 亩就是 40 万斤。这个产业有个两三年就发展起来了，农村一年能收入 20 万块是很不错的。所以这个东西要综合考虑，各个家庭有各个家庭的情况，你不能够（只看）单独一个方面。（访谈编号 20160520LGL）

所以，把这三个方面综合起来才能够对贫困户情况形成基本判断。这也只是一个大体的分析，每个方面还有很多指标需要具体分析，并不能单纯将收入标准以及问卷的要求套在贫困户身上。扶贫工作队队员经过三天的入户走访调研，了解了贫困户的基本生活状况，这就为之后的工作打下了基础。经过走访调研，他们认为百园村目前 86 户贫困户中有 23 户不符合标准，应该剔除出去。

2. 第一次民主评议会议

民主评议是建档立卡、精准识别的一个关键环节，《关于建立贫困退出机制的意见》明确指出，对贫困人口的退出必须进行民主评议。根据《H省扶贫开发条例》第三条的要求，“农村扶贫开发遵循政府主导、社会参与、发挥扶贫对象主体作用的原则”；第十条则明确了村民评议在精准识别程序中的作用，“经村民代表大会推荐的评议小组组织评议”是确定贫困户的法定程序。通过前期的走访调研获取了贫困户的基本信息后，扶贫工作队队员心里就有了底，对哪户应该退出、哪户应该进入有了一个基本的判断。在以上程序完成后，他们再组织扶贫工作队队员、村干部、村议事会和监事会成员以及村民代表召开民主评议会议。

民主评议会议并不是仅仅召开一次，而是作为一项村民参与的制度贯穿精准识别与“回头看”的整个过程。以这次动态调整的民主评议会议为例，百园村一共召开了两次会议。在完成前期的贫困户走访调查与信息搜集后，百园村召开第一次民主评议会议。在这次会议上，先是主管该村的乡镇包村领导（乡镇人大主席 H）讲话，说明此次开会的目的；然后是扶贫工作队队长 LY 进行政策宣传，将贫困户的评选标准以及不符合贫困户评选标准的条件重新强调一遍。

之后就将“贫困户识别民主评议表”发放给参会的各个代表进行投票，“贫困户识别民主评议表”分为两部分：第一部分是所有贫困户的名单，评议方法是对所有贫困户进行投票，在“是否纳入贫困户”栏内打钩或打叉；第二部分是认为村上还有哪些符合条件的贫困户需要纳入进来，可以添加。发放“贫困户识别民主评议表”之后，这些代表进行了非常激烈的讨论，争论了一个下午也没有确定新的贫困户名单。

参会的村民代表和各个小组长之所以发生争论而难以投票，主要有以下三方面的原因。第一，该村的贫困识别从建档立卡一开始的出发点就是错误的。其中三组的小组长反映：

> 刚开始不是真正解决贫困问题，而是为了得到上面的一些好处。这些好处不是少数某些人的，而是大家都要得，这个总的指导思想和出发点是错误的。所以在这种利益触动的情况下，真正的贫困户不一定就能进来，不是贫困户的（可能）就会进来。这个是主要原因。在

百园村就是这个原因。这个不是怕得罪人，而是利益上的问题。（访谈编号 201170511LGL）

负责扶贫工作的乡镇人大主席也说：

之前做的时候可能是政策领悟方面的问题，也可能是最初我讲的观点，对扶贫政策领悟得不够啊。扶贫资金来了以后要用于一个地方的建设，说得不好听一点，有钱大家都分一点啊。反正是从这种观点出发的话，他就搞了好多家庭条件比较好的，在当地群众认可度比较高的，但是实际上并不贫困的。有一部分人家庭条件一般，但是群众认可度很高，在建档立卡的时候，就把他们作为户主。一户里面可能牵涉几个户的人进来，这叫作“并户现象”。（访谈编号 20170323HZX）

百园村在 2014 年 6 月第一次建档立卡进行贫困户识别的时候，村民以为评上贫困户就会有大量扶贫资金分下来，当时“不是谁困难就把谁定了，也不是谁过得好就定谁，而是主要看谁忠厚老实一点，这个钱到了他的账上他能够拿出来的，他可以拿出来给组上的，人比较没有公心的就没有选出来”（访谈编号 20170511SZZ）。开始的时候，村干部和村民对于精准扶贫政策理解不到位，与以往的资源分配一样，他们希望资金分配下来以后可以集中到组上和村上使用，当时大家将扶贫资源作为一般公共物品来看待。

第二，这与乡镇政府、村两委平时的政策执行、治理水平和能力有关。在农村社会，老百姓往往有一种平均主义的心态[①]，村民之间“不患寡，而患不均”。但是平时在政策执行和利益分配的时候地方政府很难做到所谓的绝对公平。

利益的分配不可能都公正公平，举个例子啊，每个组贫困户的评定没有十分准确的人员标准，基本上差不多的人都有，或者我们村内，

① 应星认为，一方面，均平思想是中国小农社会的一个固有传统；另一方面，受到革命影响，“翻身”之后，小农之中均平思想意识上升明显，而且民众之间相互攀比、凝视、较劲，稍有不慎，就可能招惹来是非。人们为了眼前，不再顾及明天；为了自己，不再考虑子孙；为了利益，不再看重面子，村庄中常常弥漫着一股乖戾之气（参见应星，2011）。

四、五组和二、三组评出来的贫困户是有区别的，在这个有区别的情况下，你怎么去平衡？这个很难做的。但是他们自己去对比，我觉得不公平、不服气。（访谈编号 201170511LGL）

对于村干部来讲，精准扶贫工作的好坏也与他们的权威、能力以及平时的基础工作有很大的关系。

再打个比方，我这个村委在一、二、三组搞的建设多一点，四、五组少一点，四、五组就会有意见，这个东西你不可能平衡。因为国家的政策在实施的时候你不可能面面俱到，这就造成四、五组村民对你有意见。你在实施扶贫政策的过程中他就会有想法了，心理不平衡啦。按道理，我这里应该多安排贫困户，你在那里得了好处，我就应该在这里得到好处。（访谈编号 201170511LGL）

据了解，百园村之前的村干部在执行政策的过程中没有做到公平公正，很多情况下会优先考虑自己所在的小组和自己的亲戚朋友，引发了群众的不满。

第三，这与具体所采取的手段和方法有关，利用民主选举的办法并不能选出真正的贫困户。通过民主选举往往选出来的都是各方面条件比较好的强者，容易出现“民主的失效”。因为贫困户在村庄内部是弱势群体，用当地话来讲属于“做不起人”的那一少部分人。“做不起人”就是指在村内没有地位，在家族势力、经济水平、文化程度和身体素质方面都处于弱势状态，这导致这部分人往往“讲不起话”，即没有话语权，更不能动员和吸引其他人来给自己投票。以所调研的茶乡为例，近年来农村中的人情支出越来越大，当地村民反映“在湾子里的人情一般是一百的比较多，关系好的也有两三百的，亲戚的话则是五百至一千”。在一个村庄中，一般家庭每年的人情支出少则几千元，多则上万元。而真正的贫困户由于负担不起沉重的人情支出，所以每个村庄都有一些贫困的家庭主动或者被动地不去参与村庄的人情往来，这样他们往往会被排斥在人际交往圈子之外，在选贫困户的时候自然不会得到大多数村民的支持。

3. 策略调整与第二次民主评议

就这样，第一次民主评议争论僵持了一个下午，采取民主投票的方法并没有剔除不符合条件的贫困户，新的贫困户也没有加入进来。扶贫工作队的副队长 LGL 认为这样下去也不是办法，于是在会议期间把两名主要村干部——村委会主任和会计叫了出去，他们反映了各方面的情况——小组长和村民代表各有各的想法。村会计 SXL 认为发的“贫困户识别民主评议表”本身就有问题，首先，因为最开始建档立卡的时候就没有按照这个标准来识别，也没有按照实际情况来搞，所以现在整改的时候再拿出一整套的标准并不能选出真正的贫困户；其次，实际上各种各样的情况都有，而问卷不可能涵盖所有情况，问卷设置的不同条件和标准内部也可能产生矛盾。农村的个体工商户很难界定，在农村社会中很多农户在农业经营之外做点小生意补贴家用，有的生活也很困难。所以在用完全量化和规则化的标准来衡量模糊和不规则的农民生活与乡土社会的时候，精准识别的困境就开始凸显出来。

在第一次民主评议的过程中，很多村民并没有按照要求填写“贫困户识别民主评议表”，有的没有在应该打钩的地方打钩，有的没有填写“调整增加贫困户”一栏，甚至还出现了“交白卷”的现象。由上可以发现，采用完全依靠村民自下而上民主填表与投票的方式并不能选出真正的贫困户，因此扶贫工作队和乡镇干部立即调整了工作策略，他们采取权力下放的办法，将贫困户名单给了各个村小组的小组长，让小组长分别召开各个小组的民主评议会，以小组为单位对自己组内的贫困户名单进行民主评议，将不符合条件的贫困户从名单中剔除，同时将真正的贫困户纳入建档立卡贫困户名单。由于时间比较紧，扶贫工作队和乡镇干部要求各个小组长第二天就召开小组民主评议会，第三天再以小组评议记录为基础开会，确定村庄最终的贫困户名单。扶贫工作队队长私下说：

> 农民的觉悟有高有低，需要政府工作人员去做工作、去引导。当时韩主席在那个情况下，搞不动了。你看每个人选的情况，就是说没有参考价值，他们乱选的，就没有用。我说不行，这个东西，只能把权力放到下面，转个弯，目的是放到下面，再下到组，这是一种策略。你们按照政策选对了，就按照你们的搞；你没有选对，就只能按照我们的搞（严格按照政策搞）。（访谈编号 201170511LGL）

第三天，在村民服务中心继续召开民主评议会议，当各个小组长把各自小组开会评选出的贫困户名单上报以后，新的问题出现了：名单里面几乎没有被剔除的贫困户，反而重新加入的贫困户非常多。以四组为例，原有的贫困户名单中一个贫困户都没有剔除，却增加了15户。所以将权力下放到小组，通过小组内的民主评议并不能选出真正的贫困户。小组内的自然村属于面对面的熟人社会，虽然大家彼此非常熟悉，但是往往在这种熟人社会中大家又有自己的交往准则，其中很重要的一条就是遵循“情面原则”（陈柏峰，2011），追求的是在人情与面子下的平衡，不能够得罪人。所以在这种不得罪人的“情面原则”下，只能把新的贫困户增加进来而不能剔除名单中原有的贫困户，在一个小组内大家抬头不见低头见，将谁剔除出名单就是不给谁面子，就会得罪谁。所以，即使其中有很多贫困户不符合贫困标准的情况，也难以通过小组民主评议的方式剔除，权力下放后村民小组内部的评议出现了“只进不出”的奇怪现象。

当第二次权力下放到小组但民主评议仍然没有形成一个有效的贫困户名单的时候，扶贫工作队队长LY发火了：

> 根据这个情况呢，那我们就说，昨天当着这么多群众代表我就讲清楚了。第一，先民主后集中。第二，你们要是严格按照政策来搞的，就你们自己搞；你们搞不好的，那就由我们严格按照政策来搞。中央的电视上、文件上都讲得很清楚，就是四种情况那是坚决要退出，我们水村还有一种情况就是贫困户中竟然还有村干部，这个是其他地方没有的。第三，今天我们就一户一户地过一遍。60户名单，根据我们前段时间掌握的情况，根据我们参考群众代表和其他群众给我们提供的情况来定。特别是近两天群众代表推荐了一些，昨天推荐的表还是勉勉强强，我们三番五次地讲，一定要按照政策来，搞得好的我们就依你们的，搞得不好那就必须我们来把关！所以今天第一步把退出的必须按照政策来搞。（访谈编号20170513LY）

就这样，扶贫工作队根据之前走访入户调研搜集到的信息，将贫困户的名单进行逐户审核，最终动态调整清除了23户75人，新增了9户36人，其中有拆户25户42人，自然减少28人，这样调整下来总共人数减少14户

25 人。对新增加的 9 户之所以没有进行走访调查，原因有两点：一是基于扶贫工作队平时的驻村工作，了解一定的情况；二是依据村干部的反映及村里提供的名单，村干部与乡镇驻村干部都了解相关情况。新增的这 9 户贫困户完全是按照“五种情况”来评定的。扶贫工作队副队长认为，虽然经过两次民主评议没有选出来贫困户，但是也一定要发扬民主精神，也要走程序。这一方面是政策的要求，贫困户的退出和进入必须召开民主评议会议；另一方面是如果不经过民主评议程序的话，即使扶贫工作队做的是对的，群众也不认可。

> 你没有民主嘛，你不走民主，对的也是错的！群众是这样的，你这个干部没有来过我家里，你怎么知道我的情况？所以在这种情况下，先走程序，他们不配合的情况下再走一次民主（小组），不行的话再集中。这个前提是严格按照政策搞的，这样给你机会了你没有珍惜，你去上访也没有理由。给了你权利你没有行使，你再讲话也没有用，让你开会讲你讲不出来。(访谈编号 201170511LGL)

当然，这个工作办法主要是针对情况复杂、矛盾比较突出的贫困村，在村民参与民主评议的过程中，完全依靠自下而上的民主投票并不能确定真正的贫困户，而是需要上级政府和干部监督、指导才能顺利完成，精准管理的过程离不开行政力量的干预。

在开完会确定了最终的贫困户名单之后，扶贫工作队队长还是认为这次他们的工作是比较被动的，因为在确定最终名单之后乡镇应该立即张榜公示，尤其是对被清除出去的贫困户没有立即公示，这样缺少一个程序就容易引发部分村民的不满，更有甚者可能有村民会向上级举报。所以动态调整的各个环节都非常重要，漏掉一个环节都容易发生问题。

4. 从整改到继续整改：发现问题与应对策略

上文主要介绍了茶乡百园村扶贫工作队围绕以精准识别、动态调整为中心的脱贫攻坚问题整改的过程，也就是在扶贫工作队完成问题整改后，百园村连续接受了多次来自不同层级的检查和督查。首先是县委宣传部黄部长带队检查，然后是主管扶贫的副县长入村检查，紧接着是其所属的 Y 市扶贫办专门下派工作人员入户督查，并提出继续整改要求。对这三次检查与督查发现的问题可以总结为以下五个方面。

第一是基础性的问题，也就是扶贫最基本的工作没有做到位。首先，虽然每个贫困户都发了一个扶贫手册，里面记录了贫困户的基本信息、致贫原因、帮扶责任人以及上门走访情况、帮扶措施以及脱贫成效等基本情况，上级检查看到这个扶贫手册就会一目了然，但是扶贫手册目前只放在贫困户家里，一户一档里面并没有，需要将贫困户的扶贫手册再做一份归档处理。其次，扶贫工作队在每户贫困户家门口张贴的“结对帮扶明白卡”有一部分没有标出脱贫年份，需要在上门的时候按照档案里预脱贫年份填好，并让贫困户知道自己哪一年脱贫。再次，并村之后，扶贫工作队需要将另一个村的规划纳入总体规划，并制定新的村庄扶贫规划。最后，驻村干部以及村干部对精准扶贫政策熟悉程度不够，只有他们掌握和吃透扶贫政策后才能将贫困户宣传工作做到位。

> 我们的驻村干部、村干部对扶贫常识的掌握要能够说出个一二三，像最基本的概念、“一超过两不愁三保障”、四类人员、五类对象，这些基本的常识我们要说得出来。不要等上面督查的时候只有支书晓得，其他村干部不知道不行，实际上我们也有这个要求，我们要把政策宣传到农户。这是黄部长反映的几个问题。市纪委工作组督查重点是我们驻村工作队在村上开展工作情况，当然，驻村工作队覆盖了全村的精准扶贫工作。（访谈编号 20170513LY）

第二是技术层面的问题以及政策之间相矛盾的问题。此类问题并不是扶贫工作队工作不到位导致的，主要是政策设计之初并没有考虑到基层社会的实际情况，政策设计不够合理以及政策之间相矛盾。首先，关于将低保户纳入贫困户名单的问题。现在清理贫困户的同时也要进行低保户的清理，关于将低保户纳入贫困户名单的情况之前是分开的，但这次整改的要求是将符合条件的低保户也纳入进来。在具体操作的过程中，扶贫工作队认为家里条件确实困难的只有一两个人的家庭可以纳入进来，家庭中只有一两个成员有低保，但是其他家庭成员条件还可以的，就不把他们纳入进来。扶贫工作队在将低保户纳入贫困户名单上坚持的工作原则是与之前的数据出入不能太大。其次，关于扶贫“回头看”的问题。有的家庭是在被评为贫困户后再盖房、买车的，如果按照现在“回头看”的标准应当剔除出去，但是贫困户的这些行为又都是在第一次精准识别之后发生的。所以用现在的标准来“回头看”之前评选出的贫困户就会有很多问题。

> 我们以2014年这个年限为基础进行识别，就是说2015年、2016年修了房、买了车的我们都可以把它作为扶贫成效。当然这个思路是对的，我们现在正在清理贫困户，我的观点是这样的：在我们现在清理的这个基础上，我们不去翻回头账，原文村[①]不去动它，89户就是89户。水村，通过我们现在的基础性工作，后来一两户要进来的，把他搞进来就行了。我们的工作队队员一定要有这个思想，这次工作虽然是在2014年的基础上进行清理，但我们说的时候是要以2017年的标准进行清理，你不需要跟下面的群众去做很多的解释性工作，你解释多了发现最后就会搞不清楚。（访谈编号20170524LZB）

第三是动态调整可能会产生的连带问题，也就是政策的连带影响，这对正在实施的项目影响最大。

> 所有实施的项目都有关系，只是有些问题影响小一点。比如说小额扶贫贷款，你如果清理出去，你是去年贷的款，今年就不补了。它这个影响小一点。你申报像助学补贴、雨露计划，这些东西倒没有太大的影响，反正是我补贴完一年，我接下来不去补贴不就完了吗？无非是国家多花了一些钱。影响最大的无非是正在实施的还没有结束的项目。你像易地搬迁政策，严格来讲它是要卡人数的，你动态调整对它影响就很大。易地搬迁、危房改造，正在实施、需要一定周期的，这个能够产生很大的矛盾。其他的影响都不怎么大，关键是有一个很大的问题。当下一轮的帮扶力度越来越大的时候，还是会有矛盾的。因为说实在话，精准识别你说百分之百这是不太可能的。（访谈编号20170525HZX）

---

① 原文村指的是合并为百园村之前的文村，第一次精准识别在并村之前就已经完成。扶贫工作队认为并村后的精准识别以原来工作为基础，并不应该完全重新识别，这样做工作量太大。

第四是贫困户对扶贫资金的使用问题。在很多贫困户那儿，扶贫资金的用途发生了改变，比如，把产业扶贫资金用来建房，也就是常说的“把打酱油的钱用来买醋了”，这种扶贫资金用途的内部调整也是不被允许的。

> 今天督查反映的情况，小额信贷产业资金117万元只能用来发展产业，但是好多贫困户用这笔钱来建房，基本上都是用来建房了。产业扶持，我们上面针对农户的每户发展2亩茶园，进行奖补。易地搬迁，实事求是地讲，我们文村89户贫困户都被纳入了易地搬迁，向国家争取这一笔资金。按照人均17000元的标准进行配套，自己贴3000元。也就是说20000块钱一个人的标准，但是村上实际上有一部分贫困户没有修房子，而且这个贫困户都可以说得出来。这个问题怎么办，这个是很头疼的问题。刚才我跟扶贫办的沟通了一下。6月全市小额信贷进行督查，刚才我说了三个问题，各个问题都是要命的！是这样，从2017年用来发展产业，2016年用来建房。当时我们解释，这个易地搬迁的资金到现在为止，我们这个农户本身就是贫困户，没有钱，他只能够借用这笔钱来盖房，2017年他用来发展产业就是发展产业，我们工作队队员一定要统一这个口径。另外，真担心的是你们村上的平分，搞这个大锅饭。一旦哪个时候捅出来了，不光你们村干部脱不了身，我们工作队队员也脱不了干系。既然发现了这个问题，你现在为什么没有纠正？你跟贫困户承诺了要修房的，但是到时候你钱不给他分过去。所以在这一方面，我们还要加大政策的宣传力度，要挨家挨户的走访，都要上门，所有的贫困户都要走访到！（访谈编号20170524LZB）

第五是主要是村庄治理对精准扶贫工作的影响问题。一是合并之前的白村，村干部平时工作不到位，也就是基础工作没有做好。该村平时的政策落实没有严格按照程序，是由几名主要村干部讨论内定的，导致村民普遍对村干部不信任，担心村干部执行扶贫政策时为了自身利益和自己所在小组的利益分配资源不均衡。二是之前政策的执行连带作用，在农村社会中，村干部经常将类似扶贫资源、低保名额等福利性政策作为自己治理工具的一部分，也就是倾向于将其分配给平时比较配合自己工作的村民，而那些违反政策、不服从管理的村民则不会被分配这些资源。三是精准扶贫政策实施的隐性风险。比如易地搬迁面临两方面问题：一是政策要求搬迁之后必须拆掉之前的老房子，国家收回土地并在宅基地上复垦，这与农村实际情况不相符，相当于断了贫困户的后路，造成很大的政策隐患；二是当时易地搬迁资金是根据户数平均发放，并没有按照每个家庭的实际情况分配。所以扶贫工作队队长发现以上两个问题后说：

> 你不应该把这个贫困户的房子都收回，适合发展生产的你就不要收，让他发展点生产，将来搞旅游，让游客在他这木房子里住上一晚也是可以的。这个你一搞易地搬迁，木房子都要拆掉，都不能留。第一，贫困户的这个房子你必须改造，不是贫困户的可以缓一缓；第二，检查验收的时候，这89户享受到什么政策，我告诉他该怎么讲。这个事情要统一讲，这个不能够靠运气。检查验收的时候发现问题能解释清楚的就解释清楚，不能够解释清楚的就承担责任。他们89户贫困户，每一户的位置要指定清楚。村子贫困户是选出来的，我是严格按照国家的政策来进行的，账也是这么做的。村上的资金发放我没有违规，安置点选出来的代表你集中到我这里来领钱，不是我直接发给农户，这个最后怎么发我是不管的！89户贫困户267人，安置267人，要1000多万块。你自己修800块钱一个平方，三个人就是18万块钱。易地搬迁应该是不让贫困户负担太大，但实际上不是这个样子。（访谈编号20170513LY）

尤其是扶贫工作队队长再三强调，在易地搬迁资金分配上是村庄自己分配，与扶贫工作队没有关系，这算是扶贫工作队应对检查的一种策略。

其实，这种由于资源分配而引发的竞争与攀比不仅发生在村庄内部村民与村民之间、村民小组与小组之间，贫困村与贫困村之间、非贫困村与贫困村之间的这种竞争与攀比也非常激烈。对那些获取资源较少或者没有获取资源的村庄而言，村民由此产生了很强的相对剥夺感，就会对本村的村干部不满，村干部则承受了很大的压力，被村民认为是没有能力、水平不行。

> 我跟你讲，一旦你这个地方搞了一个扶贫，把你这个村子方方面

面搞起来了，但是像我们Y市，你一个乡镇几十个村庄。我那个没有扶贫的，没有资金来源，没有人扶持你，好多事情就办不下来了。这个事情你怎么办？那就激起老百姓的气愤来了。一个就是说你这个村干部没有能力，影响很大，他那里搞得这么好，他能力强，其实他能力不强，而是扶贫组帮助、国家扶持的。还是我讲的那句话，村支书是不会去搞的，他要出去发展，没有风险。剩下来的人你也搞不下来。你如果是搞了一个好的扶贫组，把那里搞得轰轰烈烈，周边的村干部就会说的你一塌糊涂，说你没有能力。这个事情是很不公平的，这个应该怎么搞？应该把这个资金放到当地政府，当地政府搞，要做到基本平衡。不平衡是最大的问题，我们村平常危房改造，一般平常数字分下来，上半年有四五个指标，下半年有四五个指标。我们是原来四个村合并的，本来指标就非常少。把我们的扶贫资源全部都调到了BF村，现在我们村的指标每年只有一两个。所以老百姓气啊，说我们无能。人家搞了这么多，他不知道那是市里面的点。（访谈编号20170512XYZ）

所以我们可以看出，上级的扶贫考核与基层的治理逻辑之间存在很大的张力。按照上级的要求，扶贫考核不仅要对扶贫数据整理、扶贫项目建设、扶贫资金分配等硬指标进行重点考察，而且要对群众对项目实施的看法以及贫困户对扶贫干部的满意程度等软指标进行测评和打分。如果扶贫政策没有很好地实施，在退出考核与第三方评估的时候肯定不能顺利过关；但是如果扶贫资源和扶贫力度继续增加，也会出现治理问题。当地干部反映："如果扶贫力度一大的话，就会让没有享受到优惠政策和扶持的这部分群体产生攀比心理。"也就是说，在短时期内扶贫资源的投入突然增加并且分配不好，在某种程度上会激发村庄内部隐藏的社会矛盾，致使地方政府和基层干部遭遇治理困境。

5. 参与式方法在精准扶贫中失效

现在精准识别方面又搞"三审四答""一事一议""四议两公开"。村民参与贫困户的识别和退出，让过程透明，这在形式上看虽然是民主的，但实际上却受到了熟人社会、家族势力、人际关系等多方面因素的制约，从而影响到了精准识别。以百园村的低保为例，有个真正贫困的低保户在村子里没有亲戚，势单力孤，民主评议的时候没有一个人选他，反倒是村内的大姓家族所推出的低保户能直接通过。用参与式方法进行贫困户的评选，最终的结果往往是“最该推出来的却推不出来”。这主要是因为贫困户在村庄中往往处于边缘和劣势地位，没有足够的话语权，在农村固有的权力结构中受到了挤压与排斥，即使给贫困户赋权，他们也不能改变固有的结构。除了人际关系、家族网络之外，这个过程还受到了村庄精英的影响。在每个村庄都有一些这样的人，他们没有担任村干部，但是凭借自己的一技之长或者会手艺活，或者社会交往范围比较广。他们在村庄中以及各种会议上有很大的话语权。往往由这些民间势力提名的人选，一般人不敢去反对。参与、赋权和民主等看似科学化、标准化的方法以及规范化的程序，被运用到农村精准扶贫的过程中却出现了民主失效，真正的贫困户被排斥在外，最终选出来的也都是人际关系比较好或者家族比较大、亲属比较多的非贫困户。

民主的参与制度在遭遇中国乡土社会的特性的时候容易失效，因为乡村社会是熟人社会。农民的人际交往嵌入网络结构之中，贫困人口在农村受到结构性的排斥，这也是造成他们贫困的原因之一。所以用民主评议方法选贫困户会失败，但是如果最贫困的几户没有被选上，为了维护最基本的公平和社会的稳定，扶贫工作队会直接介入，贫困户不用通过选举直接进入名单，比如经济困难的低保户可以直接成为建档立卡贫困户。

在农村发展过程中，发展机构和援助者一般把当地民众的参与、提升基层治理水平等看成推动减贫的重要条件，但是实际的情况往往相反。民众自下而上的参与只有在政府充分履行职责的前提下才能有助于提高扶贫资源传递的瞄准性（Jüttinget al.，2004）。理论上讲，社区自治并不是不受任何约束的纯粹自由民主，一方面，社区自治过程中需要国家对作为基层社会组织的村民委员会加强管理；另一方面，国家也要加强对社会自主性力量的规范和吸纳，确保他们的行为不发生偏差（林尚立，2009：230）。

正如上文所分析的那样，纯粹的自下而上的参与方法难以选出真正的贫困户，但是在民主评议实在搞不下去、与真实的情况偏差太大的时候，一般情况下工作组会介入，确保最贫困的那一部分人能够被评为低保户或贫困户。这种行政手段的干预也是应对精准扶贫民主评议失效而采取的必要措施，有效防止了精准识别的偏差。

五 资源输入下的分配政治与道德农民的理性化

这种由于精准扶贫资源下乡而带来的基层矛盾冲突以及农民上访增多的现象，用西方传统的农民权利意识增强"维权范式"的理论并不能解释，这是因为这种类型上访行为不是农民简单的"利益受损-维权抗争"，上访农民的自身利益没有受到侵占与损害；用税费改革之后地方政府对乡村治权弱化而引发农民上访行为变迁的"治权范式"（申端锋，2009）解释的话，精准扶贫之后，在大量资源向农村反哺以及国家权力向农村社会渗透的情况下，农村社会的冲突与上访行为按道理应该随之减少，但是出现了不减反增的吊诡现象，"治权范式"的解释力在这里也受到了挑战。

华中乡土派的部分学者提出了"分利秩序"的概念，主要用来解释国家资源向农村输入的过程中多元主体之间相互勾结形成固化的利益结构，排斥普通民众，导致乡村治理的内卷化（陈锋，2015）。但是"分利秩序"的解释有两方面的不足：第一，过分强调固化的基层社会结构，而缺乏对农民主体的分析；第二，将农民的上访动机归结为机会主义的谋利行为，有过度简化解释之嫌。

我们可以沿着"治权"的框架继续讨论农民上访增多的问题。近些年尤其是精准扶贫政策实施以来，随着国家对贫困地区农村进行大量的资源反哺和输入，国家权力再一次向基层社会渗透，使税费改革之后国家在基层权力真空的现象得到了很大的改善。但是这种基层社会的冲突大多并不是村庄与家庭内部的原因引发的，更多的是资源分配所致。

传统中国的行政治理过程遵循的是"双轨治理"的原则，即国家治理与社会治理之间有着明显的界限。县以下的广大农村社会呈现的是一种"自治"状态，村民依靠村规民约、道德伦理等与熟人社会相适应的规范维持着这个"小共同体"的秩序。但是近代以来，随着国家政权建设步伐的加快，国家权力逐渐向基层社会渗透，国家正式机构下移到乡镇一级，与此同时国家正式的治理规则和法律规范逐渐被村民不同程度地接受。

于是，国家政权建设的各种实践也在形塑农民自身。在著名的"斯科特-波普金争论"中，围绕农民是"道德小农"还是"理性小农"的问题，学术界展开了持久的讨论。① 精准扶贫政策实施以来，以精细化方式识别出每一个贫困个体，然后根据所确定的指标进行自上而下的分配。这种瞄准性的政策，利用政府行政干预的方式绕开了传统社区的社会结构以及伦理规范，直接瞄准贫困个体，对于贫困户的识别、帮扶、管理完全依靠量化的指标。对于农村社会来讲，这有利于打破社区内的权力 - 利益结构，使边缘群体（贫困户）能够享受到政策带来的好处；对农民个体来讲，这种十分标准化、量化的政策执行原则似乎又是那么不近人情，拥有贫困户的身份不仅意味着能直接获得扶贫政策所带来的种种利益，而且在教育、医疗等方面都能享受各种隐性的捆绑性福利。这种依靠行政力量干预的扶贫政策的实施，不仅打破了熟人社会既有的互惠性福利分配原则，而且使贫困地区农民身上的“理性”特征被激发出来，也就是增加了农民对这种自上而下的政策实施能给自己带来的直接利益的期待。在这样的背景下，“理性农民”战胜了“道德农民”，可以说这也是精准扶贫政策实施过程中农村纠纷、冲突以及上访增多的重要原因之一。

在精准扶贫政策实施的过程中，特别强调用技术化、公开化的方式找到贫困个体，然后将扶贫资源直接瞄准贫困户，从而减少资源传递过程中的跑偏漏失。但是中国农村社会基于差序格局建立的占核心地位的家庭伦理原则（周飞舟，2015）与精准扶贫所坚持的瞄准到人的个体化政策准则之间存在结构性的张力，而这种张力是导致精准扶贫政策的实施在乡土社会出现困境的原因。非规则化的乡土社会与现代社会比较起来，不仅仅在社会结构层面有很大差异，在所遵循的治理规则上也表现出与现代法律规则的不一致。比如在农村社会中，谁是贫困户、低保户以及谁得到了国家补贴等一般被看作一种极为私密性的话题，但是精准识别的过程中要将谁是贫困户用公开化、参与式方法进行确定，这就是在缺乏行政干预下第一次、第二次民主评议选不出真正贫困户的原因。

在思想观念层面，精准扶贫政策实施以来，国家对贫困地区农村进行

① 在解释东南亚农业社会的重要特征时，下列哪一方面分量相对更重：（1）道德价值观与群体团结；（2）个体理性与竞争。斯科特认为，使农民成为一个整体的是作为一种道义经济的生存伦理，正是这种道义经济满足了农民的生存需要。波普金则认为，越南农民主要是在关系到家庭安全和福利时是理性的决策者，而“搭便车”现象和竞争会迅速瓦解群体团结，参见李丹（2009：4—5）。

了大量的资源输入和反哺，而这种自上而下的资源分配的原则是建立在指标化、量化的数字与现代规则基础上的。在某种程度上讲，一方面，这种资源输入和分配对农村社会长期以来建立在互惠原则基础上的公平观念造成了很大的冲击，农民视角下的差序正义（赵旭东，2003）观念遭到了来自法律规则的绝对正义的挑战；另一方面，农民的性质也发生了转变，呈现与集体主义时代不同的特征。扶贫对于国家来讲是一种高度道德化与政治化的行动，当这种行动在乡土社会中遭遇到只谈个人权利而忽视义务的无公德个人（阎云翔，2009）的时候，地方政府就会面临越来越多的治理困境。所以今后在政策实施的过程中地方政府需要考虑政策执行的伦理维度。

我们不能否认的是，在经济社会发展过程中，即便是处在农村最边缘的贫困户也应当被纳入国家治理与政策影响的范围内。而围绕贫困资源分配以及精准扶贫政策实施产生的冲突与上访并不能仅仅被看作不稳定因素，我们需要将其放到历史与社会情境之中进行理解。事实上，中国由家庭亲属纽带维系的宗族社会结构、相对稳定的以社会关系中的差序格局为核心的“强国家与强家庭功能并重”的社会制度的维持依靠的是以家庭为核心、具有生产功能的差序格局的社会结构。这样的社会结构有利于发挥国家的强势作用，也有利于社会成员之间的相互帮助，通过亲属纽带来缓解贫困所带来的社会失控风险（李小云，2010）。从这方面来看，我们传统农村的社会结构、文化惯习等在扶贫方面也发挥了很强大的正功能，只不过近年来它们与现代化的治理理念产生了矛盾与冲突。所以在今后的政策制定与执行的过程中，需要学会对这些传统资源加以利用和改造，而不应该站在对立的角度将其完全铲除与抛弃。如果能够妥善利用和改造这些传统资源，不仅能够有效维持农村社会秩序，而且有助于提高国家的治理能力。

第七章
结论与讨论

经过第二章对中国贫困治理转型的历史梳理以及第三章至第五章关于茶乡行政治理扶贫实践的呈现与剖析，本章首先对第一章的研究问题予以必要的回答与总结，即从理论上概括当前以精准扶贫政策为代表的行政治理扶贫模式在基层实践的具体机制与内在逻辑。其次，本部分内容还将把中国行政治理扶贫的理论与实践放在国家治理的大框架下进行讨论，贫困治理作为国家治理的一部分，对于国家行政主导下精准扶贫的研究也势必会进一步完善国家治理的相关假设，将国家治理理论向前推进。再次，中国行政治理扶贫模式迥异于西方社会的反贫困战略，而中国在扶贫领域所取得的成绩举世瞩目，对行政主导下精准扶贫的研究势必会构成中国经验的一部分，呈现溢出于西方反贫困理论之外的独特实践。最后，任何一种理论都有其不足之处，行政治理扶贫也不例外，本章亦会指出行政治理扶贫所产生的负面影响以及存在的局限之处。

一 研究的主要发现和结论

不同于西方新自由主义思想影响下强调将“分权”、“善治”、“参与”、“自由市场化”和“去国家化”等方法作为主导的反贫困战略，中国的贫困治理主要是在国家主导下进行的，政府扮演主要角色。尤其是精准扶贫的开展，行政力量的干预发挥了关键作用。

通过对扶贫历史的梳理我们发现，中国的贫困治理经历了几次转型。改革开放前国家层面并没有专门的贫困治理行动，革命年代对于农村贫困农民的关注往往是与阶级动员相联系，逐渐生成了我党在基层一系列常规化的工作机制与方法，并成为革命成功的有力保证。中华人民共和国成立后主要是在经济上打下了坚实的基础，在政治方面消除了不平等的剥削结构，在社会方面建立起了初步的医疗、卫生与教育体系等，在宏观上为之后的贫困治理做了准备。1978—1985 年可被称为制度变革与经济增长背景下的减贫阶段；1986—2000 年可被概括为政府主导下的农村开发式贫困治理阶段；2001—2010 年可被归纳为开发式扶贫与保护式扶贫共同发挥作用的综合性贫困治理阶段；2011—2020 年可被总结为全面建成小康社会背景下的脱贫攻坚阶段。我们可以看出：第一，以上不同的贫困治理阶段虽然都有各自的特征和不同的扶贫战略，但是总的来看，中国的贫困治理具有整体上的连续性，每个阶段都是在之前阶段的基础上发展而来，尤其是革命年代的工作方法和机制贯穿贫困治理的始终；第二，纵观中国贫困治理的历史，行政主导的贫困治理手段在反贫困的过程中始终处于最为重要的位置，在某种程度上讲，在全面建成小康社会与脱贫攻坚的背景下，行政治理扶贫呈现逐渐强化的趋势；第三，从技术层面来讲，扶贫瞄准的单位逐步向下缩小与精确，从最初的贫困县到贫困村，再到精准扶贫的到户到人，治理手段与治理技术越来越精细化，精准扶贫的过程遵循技术治理的逻辑。

笔者通过对武陵山连片特困地区中 A 县茶乡精准扶贫实践的调研，以乡域为中心，而又不局限于乡域。以精准扶贫政策的实施为例，在乡镇的基础上，向上探究科层制内部的贫困治理机制，向下延伸至村庄与农民层面，考察在扶贫场域中地方政府如何与村庄和村民进行微观互动。本书的研究结论主要可以归纳为以下几点。

首先，行政治理扶贫体现在行政力量对科层制的突破上。在上层，不同于西方科层制的治理逻辑倾向于将政治问题行政化，在中国国家治理中往往会把有关行政管理问题转化为政治问题来解决（周雪光，2017）。在中层，精准扶贫政策实施以来，在全面建成小康社会、消除绝对贫困人口的压力下，脱贫攻坚作为一项政治任务开始上升为贫困地区地方政府的中心工作，随之开始自上而下设置临时性的扶贫机构，并由部门负责人挂帅进行“高位推进”，打破科层制下各个部门之间的界限，动员更多的部门投入扶贫攻坚活动。在下层，行政力量以包村干部、扶贫工作队、“第一书记”等为主嵌入和渗透到村庄社会，并与村干部合作进行精准扶贫；与此同时，为了承接扶贫资源和完成扶贫任务，在村级实行了村干部轮流坐班制度、全程代办制度与结对联系制度等工作机制，促进了村庄层面的治理向正式化与科层化转型。但我们要认识到，在村庄层面的精准扶贫工作，尤其是精准识别与资源分配的环节很大程度上受到了作为逆科层化力量的乡土逻辑的反作用，并影响着政策执行的最终效果。为了确保政策目标与实践之间不发生偏离，采用高度政治化的“党建－扶贫”双重推进做法，在两者的相互作用下形成合力，为政权合法性和行政有效性提供了基础，最终形成了耦合性的治理效果。

中国特色的产业扶贫方式是伴随着20世纪80年代农村市场经济的发展，以及90年代初农业产业化政策的实施而生成的一种特有的扶贫方式。不同于新自由主义所倡导的完全自由、自发的市场原则，中国政府对于市场整合的本质是一种行政工具化的表达，具体表现如下：在产业扶贫过程中，地方政府在主导产业的选择、典型产业的打造以及产业项目的引进方面发挥了主导作用，各级政府采用“行政发包”的治理模式逐级完成上级的目标任务。在目标责任制扶贫考核压力增大的情况下，地方政府采用通过行政干预建立贫困户与企业/合作社的利益联结机制、“打包”综合发展与示范带动机制等来保障贫困户在市场中的收益。在地方政府的要求下，合作社、公司等农业经营组织也参与到精准扶贫的工作中。地方政府一方面为他们提供了很多项目资金支持，另一方面也建立了“利益捆绑、责任连带”的运作机制。在国家行政干预下，产业扶贫过程中扶贫济困的社会功能越来越凸显，并超过了产业发展的经济功能。我们通过多案例的比较发现，资本内生内向型的合作社/新型经营主体参与精准扶贫更容易凸显扶贫效果。所以在进行国家行政干预市场主体参与精准扶贫的同时，地方政府也要注意对参与主体类型的选择。

最后，行政治理扶贫体现在行政力量对社会的有效治理上。作为一种资源分配的精准扶贫向贫困地区的农村输入了大量的扶贫项目和资金，打破了村庄原有的社会秩序，对这些资源的管理问题已经上升为社会治理问题。从宏观层面来讲，基层治理结构影响精准扶贫资源的分配，不利的基层治理状况甚至会消解精准扶贫的最终效果；从微观层面来讲，自上而下输入的扶贫资源进入村庄社会后面临分配难题，处理不好可能会使农民上访行为增多，地方政府遭遇治理困境。不同于传统意义上“压迫－抗争”的冲突模式，这里我们将其归结为“资源输入—分配—基层冲突”模式。农民去上访不是为了维护自身权益，而是其工具性的手段和策略。其背后的原因是社会转型背景下农民自身性质的变化与农村社会伦理道德的变迁，乡土社会公平观念的转变、道德农民的理性化以及家庭伦理原则与标准化、数字化政策目标之间的张力等都影响了精准扶贫政策的实施效果。如果忽略中国农村特有性质和背景，采用自下而上民主的参与式方法，由村庄社会主导来确定贫困户与资源的分配，就会受到熟人社会人情原则的影响并不能实现最终的目标。所以，在精准管理、动态调整的民主评议中，应该充分发挥民主集中制优势，在行政干预下，保证调整后贫困户信息的准确性、有效性。

以精准扶贫政策为代表的行政治理扶贫通过科层化与逆科层化、行政整合市场、行政治理社会等措施，在贫困治理方面妥善处理了科层内部各部门之间、政府与市场、国家与社会的关系，在使国家行政统合能力提升的同时也实现了扶贫领域的有效治理，有助于在国家、市场和社会三者的互动中实现国家治理现代化。

二　精准扶贫与国家治理能力的提升

最近，有学者通过实证研究发现，贫困的减少与全球范围内对联合国千年发展目标的接受和国家能力这两方面因素有关。从不同国家之间的比较来看，那些更有能力对其领土进行有效管理的国家的减贫速度更快，同时也更容易实现联合国千年发展目标（Asadullah & Gash，2018）。弗朗西斯·福山（2017）认为，对大多数发展中国家来说，国家并不是太强，而是太弱。用功能、能力以及合法性依据理解国家可能更加具有解释力。由此，我们可以看出国家治理能力与减贫二者之间的密切关系。

亨廷顿（2008）指出，国家与国家之间最大的区别不在于政体形式，而在于国家的统治能力。斯考切波（Skocpol，1985）提出，国家能力指的就是国家通过施行政策而实现其目标的能力。而米格代尔（2013）则指出，国家能力的本质就是支配和社会控制，并将国家能力操作化为提取、渗透、规制和分配。

迈克尔·曼（Mann，1984）区分了两种权力：专制性权力（despotic power）和基础性权力（infrastructural power）。前者指的是“国家精英所享有的、不必与市民社会团体进行日常的制度化磋商的行动范围”；后者指的是“国家能实际穿透市民社会并依靠后勤支持在其统治的疆域内实施其政治决策的能力”。王绍光（2014）在迈克尔·曼权力划分的基础上，将基础性权力细分为强制能力、汲取能力、濡化能力、国家认证能力、规管能力、统领能力、再分配能力、吸纳和整合能力。基础性权力的增强才是国家治理体系与治理能力现代化的根本所在，而行政主导型贫困治理的过程中伴随着国家基础性权力的增强。

中国30多年来的贫困治理很大程度上是在国家政权建设与市场经济发展的双重变奏中不断演进的。作为国家治理一部分的贫困治理工作的推进也促进了国家治理能力的提升。党的十八届三中全会提出，“全面深化改革的总目标是完善和发展中国特色社会主义制度，推进国家治理体系和治理能力现代化”。一方面，精准扶贫正是国家治理能力现代化在扶贫领域的表现；另一方面，精准扶贫政策的实施也使国家治理能力得到了很大的提升。精准扶贫是国家治理体系与治理能力现代化在扶贫领域的体现，是推进贫困治理体系现代化的一个重要“抓手”，在实现扶贫目标的同时，国家基础性权力也得到了强化、治理能力得到了很大提升。

到目前为止，精准扶贫已经不仅仅是单纯的瞄准机制，而且逐渐发展为一项包括社会动员、项目管理、群众参与以及制度建构在内的综合性贫困治理战略（许汉泽、李小云，2018）。行政治理扶贫是国家治理在扶贫领域的结构性动态调适，虽然政策实施过程中出现了一些问题，但是在应对问题的同时也有效地实现了国家、市场和社会三者之间的互动。行政力量的主导和干预一方面使市场中的贫困群体得到了保护，另一方面也实现了对社会秩序的维持。

具体来看，精准扶贫在推进国家治理体系与治理能力现代化过程中发挥的主要作用体现在以下四个方面。

第一，国家动员能力提高，治理效率得到了直接提升。以往的动员能力主要是国家对社会的动员能力，这里所说的动员能力主要指的是政府行政科层内部的动员能力。从行政体制本身来讲，科层化与逆科层化将扶贫上升为一项重要的政治任务，各级政府对脱贫攻坚高度重视。采用“五级书记挂帅抓扶贫”高位推进的方法，打破了科层内部各个部门之间的条块界限，克服了科层制的弊端，再造了贫困治理体系，有效地动员了科层内外有限的资源与人力投入精准扶贫工作中，有利于提升国家在扶贫领域的治理绩效。

第二，提高了对基层农村的渗透能力，实现了国家权力在农村社会的“在场”及对农村社会的有效治理。2006 年税费改革之后，国家不再从农村社会汲取资源的同时也带来了基层治理弱化的意外后果。由于国家失去了与农民之间的联结纽带，所以在很多农村地区出现了权力的真空与基层组织的涣散。之后，国家开始对广大农村进行财政转移支付，尤其是精准扶贫政策实施之后，国家对贫困地区农村的资源反哺数量达到了前所未有的高度。“这次国家权力对于乡村社会的回归具有高度制度化、技术化和程序化的特征。”（景跃进，2018）国家在实现扶贫目标的同时也建强了基层组织、培育了农村工作队伍、转变了政府职能、加强了党的领导等，实现了国家对广大农村社会的有效治理。

第三，国家对市场的整合能力得到提升。在精准扶贫的过程中，不能仅依靠政府转移支付和地方有限的财政资金，还需要借助市场的力量。国家整合市场从本质上来讲是行政力量工具化的表达。一方面，地方政府为市场经营主体创造良好的经营环境并给予各种优惠政策；另一方面，经营主体则需要在市场经营的过程中带动贫困户脱贫，建立利益关联机制。地方政府在利用市场的同时也实现了对资本的规制，有效地整合了市场力量参与到精准扶贫中。

第四，国家再分配能力提高。精准扶贫可以说是国家基于社会公平的原则运用行政力量对资源的一次再分配。在城乡二元体制的基础上，农村为工业化与城市发展提供了大量廉价物资和劳动力却享受不到相应的福利政策，社会不平等程度逐渐加剧。从宏观角度来讲，再分配的重要目的就是要缩小收入和财富分配的差距（王绍光，2014）；从微观角度来看，国家通过财政转移支付的方式对贫困地区农村进行资源反哺，尤其是资源在村庄一级的分配，在很大程度上考验着地方政府的政策执行能力。地方政府只有依靠民众的广泛参与，才能在打破农村社会利益结构的同时实现扶贫资源的有效分配，减少基层社会的矛盾冲突，使得政府的执政合法性得到提升。

三 贫困治理与反贫困的中国经验

虽然学术界在关于西方的贫困问题是从什么时候开始正式出现和以什

么方式对其进行治理上有不同观点，但大部分学者认为作为社会问题存在的贫困现象是伴随着现代资本主义社会的工业化、城市化和资本主义市场经济的兴起而出现的。波兰尼认为英国工业革命导致社会的解体与对工人的剥削，因此以保护工人权利为目标的《斯皮纳姆兰法案》出台。西方社会的反贫困战略主要建立在“国家－社会”二元对立的基础上，特别强调社会群体的参与以及贫困人口自身的权利。特别是 1989 年的“华盛顿共识”认为，市场导向的经济成长是解决贫困最主要的方法，政府角色与反贫困政策则沦为次要方法（许台滢，2007）。

概括起来，西方意义上的扶贫主要沿着以下两条路径进行：对于有能力的贫困人口，应该完全交给市场，通过自由市场自发的调节作用，经济的增长能够为他们提供就业机会，提高收入；对于那些完全没有能力的贫困人口，国家应该给他们提供充分的福利保障，进行政府兜底，这也是“福利国家”思想的来源。Sachs（2006）认为贫穷并非与生俱来，私人市场力量可以与公共政策相互补充，加上更为和谐的全球治理体系，人类完全有能力在 2025 年消灭极端贫困，使贫困问题走向终结。但是，正如联合国社会发展研究所（2011）报告中说的：“当前国家建设的方法大多集中于关于善治、管理主义（或新公共管理）和权力下放的市场增进策略。它们中的许多策略是所有国家都想要实现的目标。但他们不应当与产生维持增长的制度和产生社会平等结果所需的制度相混淆。”阿马蒂亚·森（2002）认为，贫困人口之所以贫困，主要是因为可行能力的被剥夺或缺失。所以他指出反贫困过程中民主的重要性，要对贫困人口赋权并对个人自由进行拓展。

相比之下，中国贫困地区的千千万万个村庄，过去和现在都还没有或者很少直接受到工业化与城市化的影响，也就是说，中国农村的贫困与西方社会的贫困有很大的差异。中国农村的贫困最初并不是资本主义社会工业化与城市化的发展导致的，而之后贫困户家庭收入的提高等多方面的变化是由国家的社会改造计划和政策推动带来的。而这些计划与政策的目的，主要是在社会公平原则的基础上对社会主义共同富裕的追求，而不是将贫困人口作为一种问题化的个体进行对待。

不同于西方工业化国家在其本土基于个人创新和市场发育所形成的“小政府－大社会”的发展模式与贫困治理模式，中国的经验凸显出政府作为经济发展和减贫的主导力量的重要性（李小云、汪三贵，2017）。中国的贫困治理，尤其是在当下的精准扶贫阶段，被看作一种国家战略和政治议程，并迅速上升到国家治理的高度。精准扶贫并不仅仅是针对贫困人口本身，作为国家治理体系与治理能力现代化的一部分，在贫困地区的农村已经与村庄发展、社会建设等联系起来，体现了更强的整合性。

尽管在扶贫政策的实施过程中仍面临不少问题和困境，但是不得不承认中国在扶贫领域所取得的巨大成就，尤其是精准扶贫政策实施以来我国的贫困人口年均减少量都在1000万以上，从目前的情况来看，我国到2020年实现现行标准下农村贫困人口脱贫、贫困县全部摘帽、解决区域性整体贫困已经基本不成问题，全面建成小康社会也指日可待。中国的精准扶贫与脱贫攻坚创造了世界反贫困历史上的奇迹，而中国政府在贫困治理方面的实践和方法也为世界其他国家提供了很好的借鉴，为全球贫困治理贡献了中国方案和中国经验（黄承伟，2017；李小云、汪三贵，2017）。

如果进行理论总结的话，目前中国扶贫领域的治理实践典型地体现出了“三江汇流”① 之势。第一，中国贫困治理过程与治理方法在很大程度上受到革命传统的影响，是对我党在革命时期成功经验的继承与发扬。精准扶贫也是发扬我党“走群众路线”传统的突出表现，表现出“为人民服务”和“共同富裕”并不是停留在口号式的政治宣传上，而是真正进入了实践层面。精准扶贫政策实施过程中对农村社会的详细调查与把握、对农村贫困人口的关注，进行“扶贫工作队”“第一书记”“东西协作”“对口帮扶”“定点扶贫”等制度创新，采用“五级书记挂帅抓扶贫”高位推进的工作机制，以及超常规的“攻坚治理”强动员模式等，都是我党革命成功的经验在扶贫领域的呈现与延续。第二，传统治理资源是国家治理的宝贵财富，在国家治理现代化的过程中不应该将其完全抛弃；相反，在国家治理的过程中应该对其加以改造利用。中国贫困治理实践过程中体现了对传统治理资源的重视与利用。比如，扶贫政策实施过程中对非科层化乡土逻辑的重视、对非理性化的农民生存伦理的重视以及对乡村精英的吸纳等。第三，对于国际上国家治理与贫困治理领域先进理念的借鉴，在扶贫领域自上而

① “三江汇流”即执政党革命成功的经验、中国传统治理资源和国际先进治理理念的汇合，最早由清华大学政治学系张小劲教授在2014年在人民论坛主办的“第五个现代化”启程专家圆桌会议上提出（参见景跃进等，2014）。

下建立起科层化、高效的运作体制，在西方参与式发展理念的基础上提出了参与式扶贫的方法，在贫困人口识别、动态调整的过程中让当地村民参与进来，在国家主导的基础上保证了贫困人口自身意见的表达，以及利用市场机制提升贫困人口的致富能力与增加资本积累等。“三江汇流”使中国行政主导型贫困治理实践走出了一条独具特色的发展道路。

四　研究不足与延展讨论

由于理论水平与篇幅和调查材料的限制，本书的研究还存在很多不足之处，在此特别做出说明。

第一，在研究单位的选取上，笔者是在一个贫困乡镇做的调研，主要是通过扶贫政策在乡域内的实施过程来透视贫困治理的机制。虽然笔者也通过对市级扶贫工作队的参与式观察以及对部分县级、市级干部的访谈材料进行了补充，但是由于田野本身的局限，政府方面的材料不充分。尽管笔者也尝试通过其他资料进行补充，但是由于本研究缺乏乡镇以上层级政府的材料，所以对县级、市级及以上层级政府的贫困治理逻辑缺乏理解和解释。随着研究单位的扩大与研究视角向上转移，与之不同的科层制内部更多的治理逻辑可能会呈现出来。

第二，由于调查资料有限，笔者仅仅是对A县茶乡精准扶贫政策实施后所带来的种种影响进行分析，缺乏历史视角的比较。如果能够将茶乡的扶贫实践放在长时段的历史中进行分析，可能会有更加深入的讨论与分析。另外，精准扶贫本身有一个政策周期，对于全国来讲2020年政策实施才能告一段落，所以对于政策后期尤其是在精准考核、脱贫退出部分内容欠缺，没有形成对于整个政策链的完整考察。

第三，需要指出的是，任何一种治理模式的实施都是一体两面的，既有其合理性和优势，也存在自身的不足与缺陷。本书着重分析论证的是行政治理扶贫的优势所在，缺乏对此种治理模式在实施中存在缺点与不足的分析。虽然在各个章节的叙事中也穿插了对政策实施过程中种种困境和负面治理后果的描述，但是整体来看，这方面的论述还是有很大的不足。在行政治理扶贫模式下，如果国家干预过度或者采取了不恰当的干预方法，可能会带来社会问题和政策风险，本书对这一方面缺乏深入分析和讨论。

贫困治理一直是社会科学研究的重要议题之一，随着精准扶贫在全国的推进，近年来对于贫困治理的研究又掀起了一个小高潮。但是在贫困治理研究的范式和角度上，大部分研究还是停留在对贫困与扶贫本身的研究上。在今后的贫困治理研究中，我们需要对以下几个方面进行更加深入的研究和拓展。

第一，贫困治理是一项整体性综合工程，扶贫并不仅仅是经济层面的帮扶，同时还意味着政治、文化、社会领域的变革。以往的研究更多地将精准扶贫看作技术层面的瞄准行为和经济层面的收入提高，往往忽视了扶贫制度层面建设与扶贫政策的社会影响。其实扶贫不仅仅是一个技术问题和经济问题，我们应该超越贫困本身来谈扶贫，更多地关注其经济维度之外的国家治理逻辑，需要将贫困治理纳入国家治理这个大的框架进行分析与研究。

第二，以精准扶贫为代表的资源输入与反哺型政策对于基层治理将会产生怎样的后续影响？随着城乡资源配置关系的逆转，中国乡村治理正在经历历史性的转换（景跃进，2018）。而这种治理逻辑的转换对乡村治理的影响是方方面面的。对于国家来讲，国家权力开始向农村社会渗透，这种资源输入型的权力渗透更多地体现在农村社会建设方面。对于村级组织和农村社会来讲，一方面，村干部与村级组织开始向行政化的方向转型；另一方面，对于资源的分配又在某种程度上激活了农村自治，使很多农民参与进来。农村社会的治理也不再“悬浮”，伴随外来资源的输入与国家权力的回归，农村社会也出现了资源分配的难题及农村基层组织的重构等诸多意外的后果。

第三，目前针对精准扶贫与贫困治理的研究多数还停留在政策执行层面，除了经济维度、政治维度外，还要重视乡土社会的特殊语境，将政策实施的伦理维度纳入进来。对于国家对扶贫领域的治理，不仅仅可以从政治维度和经济维度进行考量，同时还可以将其看作一种“施政伦理”（王雨磊，2017b）来理解。从微观层面来看，中国家庭的含义与西方家户（household）概念也存在很大的差异。家庭在中国的乡土社会中是被放在差序格局的社会结构中去理解的，本身勾连了作为集体的家族；而西方意义上的家户概念则意味着作为个体化的核心家庭本身。所以，精准扶贫瞄准到户到人的政策执行需要考虑中国农村社会的结构、乡土社会的伦理以及农民的正义观念等诸多政治、经济维度以外的伦理维度。

第四，在理论上，大多研究还是借用“国家－社会”的分析视角，目前中国的政策执行是一种高度政治化的过程，在很大程度上超出了国家－社会的二分框架。在贫困治理中，无论是“五级书记挂帅抓扶贫”还是“扶贫与党建的双重推进”，都说明我党在基层治理中的引领作用变得越来越重要。如果将党在基层治理中的引领作用放在“政治－行政”框架中去理解未免会遮蔽不少内容。本书对于党在贫困治理中所发挥的功能和重要性的分析也远远不够。中国共产党的领导是理解当代中国基层治理的关键，这就有必要将党作为独立变量单独进行分析，可能要建立“政党－国家－社会”的三维分析框架，对于党在贫困治理过程中所发挥的重要作用进行深入分析。

参考文献

阿马蒂亚·森，2002，《以自由看待发展》，任赜、于真译，中国人民大学出版社。

布劳、梅耶，2001，《现代社会中的科层制》，马戎译，学林出版社。

蔡昉、陈凡、张车伟，2001，《政府开发式扶贫资金政策与投资效率》，《中国青年政治学院学报》第20期。

蔡斯敏，2012，《乡村治理变迁下的农村社会组织功能研究——基于甘肃省Z县X村扶贫互助合作组织的个案》，《华中农业大学学报》（社会科学版）第3期。

查尔斯·蒂利，2007，《强制、资本和欧洲国家（公元990—1992年）》，魏洪钟译，上海人民出版社。

常亮，2016，《中国农村五保供养：制度回顾与文化反思》，《中国农业大学学报》（社会科学版）第3期。

陈柏峰，2011，《熟人社会：村庄秩序机制的理想型探究》，《社会》第31期。

陈锋，2015，《分利秩序与基层治理内卷化资源输入背景下的乡村治理逻辑》，《社会》第3期。

陈家建，2015，《督查机制：科层运动化的实践渠道》，《公共行政评论》第2期。

陈靖，2017，《从“人生任务”看农民的生命价值》，《西北农林科技大学学报》（社会科学版）第17期。

陈诺，2015，《全国驻村帮扶工作队基本实现对贫困村的全覆盖》，新华网，http://news.xinhuanet.com/politics/2015-10/21/c_1116897176.htm，10月21日。

陈天翔、高锋，2014，《中国国家治理结构演进路径解析》，《华南师范大学学报》第4期。

陈玮、耿曙，2017，《发展型国家的兴与衰：国家能力、产业政策与发展阶段》，《经济社会体制比较》第2期。

陈武，2020，《高质量完成脱贫攻坚目标任务》，《人民日报》6月5日第9版。

程国强，2005，《我国农业增长与结构性变化》，人民网，http://theory.people.com.cn/GB/40557/49139/49143/3650460.html，8月29日。

崔建平，2012，《农村社区党建：农村基层党建的新路径》，《科学社会主义》第2期。

邓衡山、王文烂，2014，《合作社的本质规定与现实检视——中国到底有没有真正的农民合作社?》，《中国农村经济》第7期。

邓维杰，2014，《精准扶贫的难点、对策与路径选择》，《农村经济》第6期。

狄金华，2009，《中国农村田野研究单位的选择——兼论中国农村研究的分析范式》，《中国农村观察》第6期。

狄金华，2015，《被困的治理》，上海三联书店。

丁煌，2011，《西方行政学理论概要》，中国人民大学出版社。

杜赞奇，2010，《文化、权力与国家：1990—1942年的华北农村》，王福明译，江苏人民出版社。

范小建，2008，《扶贫开发形势和政策》，中国财政经济出版社。

方劲，2014，《中国农村扶贫工作"内卷化"困境及其治理》，《社会建设》第2期。

费孝通，2006，《乡土中国》，上海人民出版社。

风笑天，2009，《社会学研究方法》，中国人民大学出版社。

冯猛，2009，《后农业税费时代乡镇政府的项目包装行为以东北特拉河镇为例》，《社会》第4期。

冯猛，2014，《基层政府与地方产业选择——基于四东县的调查》，《社会学研究》第2期。

冯仕政，2003，《典型：一个政治社会学的研究》，《学海》第3期。

冯小，2014，《农民专业合作社制度异化的乡土逻辑——以"合作社包装下乡资本"为例》，《中国农村观察》第2期。

弗兰克·J. 古德诺，1987，《政治与行政》，王元、杨百朋译，华夏出版社。

弗朗西斯·福山，2017，《国家建构：21世纪的国家治理与世界秩序》，郭华译，学林出版社。

付伟、焦长权，2015，《“协调型”政权：项目制运作下的乡镇政府》，《社会学研究》第2期。

冈纳·缪尔达尔，2001，《亚洲的戏剧：南亚国家贫困问题研究》，方福前译，首都经济贸易大学出版社。

葛志军、邢成举，2015，《精准扶贫：内涵、实践困境及其原因阐释——基于宁夏银川两个村庄的调查》，《贵州社会科学》第5期。

耿曙、庞保庆、钟灵娜，2016，《中国地方领导任期与政府行为模式：官员任期的政治经济学》，《经济学（季刊）》第2期。

古学斌、张和清、杨锡聪，2004，《地方国家、经济干预和农村贫困：一个中国西南村落的个案分析》，《社会学研究》第2期。

郭烁，2011，《反对贫困与不平等——结构变迁、社会政策与政治》，《清华大学学报》（哲学社会科学版）第4期。

郭于华、孙立平，2002，《诉苦：一种农民国家观念形成的中介机制》，《中国学术》第4期。

郭占锋，2010，《走出参与式发展的“表象”——发展人类学视角下的国际发展项目》，《开放时代》第1期。

国家统计局农村社会经济调查总队，2000，《中国农村贫困监测报告2000》，中国统计出版社。

国家统计局逐户调查办公室编，2012，《中国农村2011贫困监测报告》，中国统计出版社。

韩庆龄，2018，《精准扶贫实践的关联性冲突及其治理》，《华南农业大学学报》（社会科学版）第3期。

韩伟，2008，《中国的参与式扶贫：回顾与展望》，载郑易生主编《中国西部减贫与可持续发展》，社会科学文献出版社。

何艳玲、汪广龙，2012，《“政府”在中国：一个比较与反思》，《开放时代》第6期。

贺东航、孔繁斌，2011，《公共政策执行的中国经验》，《中国社会科学》第5期。

贺雪峰，2017，《产业扶贫切莫一扶了之》，《北京日报》9月25日。

亨利·伯恩斯坦，2011，《农政变迁的阶级动力》，汪淳玉译，社会科学文献出版社。

洪名勇，2009，《开发扶贫瞄准机制的调整与完善》，《农业经济问题》第5期。

胡联、王唤明、王艳等，2017，《政治关联与扶贫项目瞄准》，《财经研究》第9期。

胡续平、邢燕芬，1995，《论市场经济条件下的扶贫工作》，《经济问题》第1期。

黄承伟，2016，《中国扶贫开发道路研究：评述与展望》，《中国农业大学学报》（社会科学版）第5期。

黄承伟，2017，《为全球贫困治理贡献中国方案》，《中国扶贫》第17期。

黄承伟，2020，《中国减贫理论新发展对马克思主义反贫困理论的原创性贡献及其历史世界意义》，《西安交通大学学报》（社会科学版）第1期。

黄承伟、王猛，2017，《“五个一批”精准扶贫思想视阈下多维贫困治理研究》，《河海大学学报》（哲学社会科学版）第5期。

黄晓春，2010，《技术治理的运作机制研究：以上海市L街道一门式电子政务中心为案例》，《社会》第4期。

黄宗智，2008，《集权的简约治理——中国以准官员和纠纷解决为主的半正式基层行政》，《开放时代》第2期。

姜德华、张耀光、侯绍范、杨柳，1989，《中国的贫困地区类型及开发》，旅游教育出版社。

姜晓萍，2014，《国家治理现代化进程中的社会治理体制创新》，《中国行政管理》第2期。

金观涛、刘青峰，1992，《兴盛与危机：论中国社会超稳定结构》，香港：香港中文大学出版社。

景跃进，2005，《党、国家与社会：三者维度的关系——从基层实践看中国政治的特点》，《华中师范大学学报》第2期。

景军，2013，《神堂记忆：一个中国乡村的历史、权力与道德》，福建教育出版社。

景跃进，2018，《中国农村基层治理的逻辑转换：国家与乡村社会关系的再思考》，《治理研究》第1期。

景跃进、陈明明、肖斌，2016，《当代中国政府与政治》，中国人民大学出版社。

景跃进、孙柏瑛、何增科、张小劲等，2014，《专家圆桌：“第五个现代化”启程》，《人民论坛》第10期。

卡尔·波兰尼，2013，《巨变：当代政治与经济的起源》，黄树民译，社会科学文献出版社。

康晓光，1995a，《90年代我国的贫困与反贫困问题分析》，《战略与管理》第4期。

康晓光，1995b，《中国贫困与反贫困理论》，广西人民出版社。

康晓光，1997，《论中国反贫困的制度创新》，《云南社会科学》第2期。

雷望红，2017，《论精准扶贫政策的不精准执行》，《西北农林科技大学学报》（社会科学版）第17期。

李博，2016，《项目制扶贫的运作逻辑与地方性实践——以精准扶贫视角看A县竞争性扶贫项目》，《北京社会科学》第3期。

李博，2017，《村庄合并、精准扶贫及其目标靶向的精准度研究——以秦巴山区为例》，《华中农业大学学报》（社会科学版）第5期。

李丹，2009，《理解农民中国》，张胜波、张洪云、张天虹译，江苏人民出版社。

李放春，2010，《苦、革命教化与思想权力——北方土改期间的“翻心”实践》，《开放时代》第10期。

李飞、曾福生，2015，《市场参与与贫困缓解》，《农业技术经济》第8期。

李怀印，2008，《华北村治：晚清和民国时期的国家与乡村》，中华书局。

李里峰，2010，《工作队：一种国家权力的非常规运作机制——以华北土改运动为中心的历史考察》，《江苏社会科学》第3期。

李棉管，2017，《技术难题、政治过程与文化结果——“瞄准偏差”的三种研究视角及其对中国“精准扶贫”的启示》，《社会学研究》第1期。

李如春、陈绍军，2017，《农民合作社在精准扶贫中的作用机制研究》，《河海大学学报》（哲学社会科学版）第19期。

李小云，1995，《农村社区发展规划导论》，人民出版社。

李小云，1998，《反贫困中的制度创新——有关贫困社区及群体的参与问题》，《中国贫困地区》第6期。

李小云，2010a，《坦桑尼亚以农业带动增长与减贫——从中国的农业发展中学到的经验和教训》，中国国际扶贫中心报告。

李小云，2010b，《中国和非洲的发展与缓贫：多元视角的比较》，中国财政经济出版社。

李小云等，2006，《中国财政扶贫资金的瞄准与偏离》，社会科学文献出版社。

李小云，2013，《我国农村扶贫战略实施的治理问题》，《贵州社会科学》第7期。

李小云，2016，《“三农”问题的解体，“后三农”时代的来临》，http://sike.news.cn/statics/sike/posts/2016/06/219500304.html，6月。

李小云，2018，《贫困发生率已低于5%，如何“精准扶贫”》，《文汇报》3月8日。

李小云、马洁文、唐丽霞等，2016，《关于中国减贫经验国际化的讨论》，《中国农业大学学报》(社会科学版) 第33期。

李小云、唐丽霞、许汉泽，2015，《论我国的贫困治理：基于扶贫资源瞄准和传递的分析》，《吉林大学社会科学学报》第4期。

李小云、汪三贵，2017，《宣战2020——中国扶贫报告》，凤凰国际智库。

李小云、于乐荣、齐顾波，2010，《2000～2008年中国经济增长对贫困减少的作用：一个全国和分区域的实证分析》，《中国农村经济》第4期。

李周，2016，《社会扶贫的经验、问题与进路》，《求索》第11期。

梁晨，2015，《产业扶贫项目的运作机制与地方政府的角色》，《北京工业大学学报》(社会科学版) 第5期。

林尚立，2009，《中国共产党与国家建设》，天津人民出版社。

林雪霏，2014，《扶贫场域内科层组织的制度弹性——基于广西L县扶贫实践的研究》，《公共管理学报》第1期。

林毅夫，2017，《充分发挥我国制度优势坚决打赢脱贫攻坚战》，《人民政协报》11月2日。

刘坚等，2009，《中国农村减贫研究》，中国财政经济出版社。

刘军强、鲁宇、李振，2017，《积极的惰性——基层政府产业结构调整的运作机制分析》，《社会学研究》第5期。

刘永富，2016，《全面实施精准扶贫、精准脱贫方略　坚决打赢脱贫攻坚战》，《中国青年报》4月27日，第6版。

刘永富，2018，《习近平扶贫思想的形成过程、科学内涵及历史贡献》，《行政管理改革》第9期。

卢晖临、李雪，2007，《如何走出个案——从个案研究到扩展个案研究》，《中国社会科学》第1期。

吕方，2013，《治理情境分析：风险约束下的地方政府行为——基于武陵市扶贫办“申诉”个案的研究》，《社会学研究》第2期。

吕方，2017，《精准扶贫与国家减贫治理体系现代化》，《中国农业大学学报》（社会科学版）第5期。

吕方、梅琳，2017，《“复杂政策”与国家治理——基于国家连片开发扶贫项目的讨论》，《社会学研究》第3期。

马克斯·韦伯，2010，《经济与社会》（第2卷），阎克文译，人民出版社。

马良灿，2014，《农村产业化项目扶贫运作逻辑与机制的完善》，《湖南农业大学学报》（社会科学版）第3期。

马良灿、哈洪颖，2017，《项目扶贫的基层遭遇：结构化困境与治理图景》，《中国农村观察》第1期。

毛绵逵、李小云、齐顾波，2010，《参与式发展：科学还是神化?》，《南京工业大学学报》（社会科学版）第9期。

毛泽东，1982，《毛泽东农村调查文集》，人民出版社。

毛泽东，1983，《毛泽东农村调查文集》，人民出版社。

《毛泽东文集》第六卷，1999，人民出版社。

孟天广、田栋，2016，《群众路线与国家治理现代化——理论分析与经验发现》，《政治学研究》第3期。

明亮，2009，《参与式发展的中国困境》，《乐山师范学院学报》第9期。

欧文·E. 休斯，2007，《公共管理导论》（第3版），张成福等译，中国人民大学出版社。

欧阳静，2010，《村级组织的官僚化及其逻辑》，《南京农业大学学报》（社会科学版）第10期。

欧阳静，2011，《策略主义：桔镇运作的逻辑》，中国政法大学出版社。

裴峰，2004，《行政改革视野中的官僚制与新公共管理》，《上海交通大学学报》（哲学社会科学版）第12期。

齐顾波、李小云，2000，《扶贫实践中妇女性别需求变化的研究》，《妇女研究论丛》第 4 期。

乔尔·S. 米格代尔，2013，《社会中的国家：国家与社会如何相互改变与相互构成》，李杨、郭一聪译，江苏人民出版社。

乔榛、焦方义、李楠，2006，《中国农村经济制度变迁与农业增长——对 1978—2004 年中国农业增长的实证分析》，《经济研究》第 7 期。

渠敬东、周飞舟、应星，2009，《从总体支配到技术治理——基于中国 30 年改革经验的社会学分析》，《中国社会科学》第 6 期。

饶静，2007，《杨乡政权：依附型行动者——后税费时期我国农业乡镇政权的角色和行为分析》，中国农业大学博士学位论文。

任守云、叶敬忠，2011，《市场化背景下李村的换工与雇工现象分析——兼与禄村之比较》，《中国农村经济》第 6 期。

任燕顺，2007，《对整村推进扶贫开发模式的实践探索与理论思考——以甘肃省为例》，《农业经济问题》第 8 期。

荣敬本、崔之元，1998，《从压力型体制向民主合作体制的转变：县乡两级政治体制改革》，中央编译出版社。

阮池茵，2017，《农业产业化发展与凉山彝族农民的贫穷——对凉山州苦荞产业发展的考察》，《开放时代》第 2 期。

山东大学政治经济学系教研室、资料室合编，1979，《马克思主义关于无产阶级贫困化理论的部分论述》（内部资料）。

塞缪尔·亨廷顿，2008，《变化社会中的政治秩序》，王冠华、刘为译，上海人民出版社。

申端锋，2009，《治权与维权：和平乡农民上访与乡村治理 1978—2008》，华中科技大学博士学位论文。

沈红、周黎安等，1992，《边缘地带的小农——中国贫困的微观解理》，人民出版社。

宋士云，2007，《新中国农村五保供养制度的变迁》，《当代中国史研究》第 1 期。

孙立平，2002，《我们在开始面对一个断裂的社会?》，《战略与管理》第 2 期。

孙立平，2004，《转型与断裂：改革以来中国社会结构的变迁》，清华大学出版社。

孙立平、郭于华，2000，《“软硬兼施”：正式权力非正式运作的过程分析——华北B镇定购粮收购的个案研究》，载清华大学社会学系主编《清华社会学评论：特辑1》，鹭江出版社。

孙睿昕、叶敬忠，2013，《由斯皮瓦克命题到福柯命题——中国参与式发展话语的国家化》，《华中科技大学学报》（社会科学版）第6期。

孙兆霞，2015，《脱嵌的产业扶贫——以贵州为案例》，《中共福建省委党校学报》第3期。

谭畅、柯言，2016，《中国扶贫三十年演进史，精准扶贫为什么?》，《南方周末》2月25日。

唐皇凤，2007，《常态社会与运动式治理——中国社会治安治理中的“严打”政策研究》，《开放时代》第3期。

田改伟，2015，《新形势下基层党建工作创新研究》，《中国特色社会主义研究》第1期。

托马斯·海贝勒、舒耕德、刘承礼，2013，《作为战略性群体的县乡干部——透视中国地方政府战略能动性的一种新方法》，《经济社会体制比较》第2期。

万江红、苏运勋，2016，《精准扶贫基层实践困境及其解释——村民自治的视角》，《贵州社会科学》第8期。

万江红、孙枭雄，2017，《权威缺失：精准扶贫实践困境的一个社会学解释——基于我国中部地区花村的调查》，《华中农业大学学报》（社会科学版）第2期。

汪三贵，2001，《反贫困与政府干预》，《中国扶贫论文精粹》，中国经济出版社。

汪三贵，2008，《在发展中战胜贫困——对中国30年大规模减贫经验的总结与评价》，《管理世界》第11期。

汪三贵，2016，《创新机制提高产业扶贫效率》，《农民日报》11月3日，第6版。

汪三贵、Albert Park，2010，《中国农村贫困人口的估计与瞄准问题》，《贵州社会科学》第2期。

汪三贵、Albert Park、Shubham Chaudhuri等，2007，《中国新时期农村扶贫

与村级贫困瞄准》，《管理世界》第1期。

汪三贵、郭子豪，2015，《论中国的精准扶贫》，《贵州社会科学》第5期。

汪三贵、殷浩栋、王瑜，2017，《中国扶贫开发的实践、挑战与政策展望》，《华南师范大学学报》（社会科学版）第4期。

王爱云，2017，《1978—1985年的农村扶贫开发》，《当代中国史研究》第3期。

王朝明，2008，《中国农村30年开发式扶贫：政策实践与理论反思》，《贵州财经大学学报》第6期。

王春光，2014，《扶贫开发与村庄团结关系之研究》，《浙江社会科学》第3期。

王春光，2015，《社会治理视角下的农村开发扶贫问题研究》，《中共福建省委党校学报》第3期。

王春光，2018，《政策执行与农村精准扶贫的实践逻辑》，《江苏行政学院学报》第1期。

王春萍、郑烨，2017，《21世纪以来中国产业扶贫研究脉络与主题谱系》，《中国人口资源与环境》第6期。

王富伟，2012，《个案研究的意义和限度：基于知识的增长》，《社会学研究》第5期。

王汉生、王一鸽，2009，《目标管理责任制：农村基层政权的实践逻辑》，《社会学研究》第2期。

王宁，2002，《代表性还是典型性？——个案的属性与个案研究方法的逻辑基础》，《社会学研究》第5期。

王绍光，2014，《国家治理与基础性国家能力》，《华中科技大学学报》（社会科学版）第3期。

王绍光，2018，《治理研究：正本清源》，《开放时代》第2期。

王文龙，2015，《中国包村运动的异化与扶贫体制转型》，《江西财经大学学报》第2期。

王小强、白南风，1986，《富饶的贫困：中国落后地区的经济考察》，四川人民出版社。

王晓毅，2016，《精准扶贫与驻村帮扶》，《国家行政学院学报》第3期。

王雨磊，2016，《数字下乡：农村精准扶贫中的技术治理》，《社会学研究》

第 6 期。

王雨磊，2017a，《技术何以失准？——国家精准扶贫与基层施政伦理》，《政治学研究》第 5 期。

王雨磊，2017b，《精准扶贫何以“瞄不准”？——扶贫政策落地的三重对焦》，《国家行政学院学报》第 1 期。

文建龙，2015，《毛泽东共同富裕思想与 20 世纪 50—70 年代的中国扶贫实践》，《佳木斯大学社会科学学报》第 33 期。

吴国宝、汪三贵、李小云，2010，《中国式扶贫：战略调整正当其时》，《人民论坛》第 1 期。

吴毅，2002，《双重边缘化：村干部角色与行为的类型学分析》，《管理世界》第 11 期。

吴毅，2007，《小镇喧嚣：一个乡镇政治运作的演绎与阐释》，上海三联书店。

习近平，2001，《中国农村市场化研究》，清华大学博士学位论文。

习近平，2013，《切实把思想统一到党的十八届三中全会精神上来》，人民网，http://politics.people.com.cn/n/2013/1231/c1024 - 23993818.html，12 月 31 日。

习近平，2014，《摆脱贫困》，福建人民出版社。

肖斌、郭明，2013，《以“治权改革”创新地方治理模式——2009 年以来顺德综合改革的理论分析》，《公共行政评论》第 4 期。

邢成举，2016，《压力型体制下的“扶贫军令状”与贫困治理中的政府失灵》，《南京农业大学学报》（社会科学版）第 5 期。

邢成举、李小云，2013，《精英俘获与财政扶贫项目目标偏离的研究》，《中国行政管理》第 9 期。

熊万胜，2009，《合作社：作为制度化进程的意外后果》，《社会学研究》第 5 期。

熊万胜、石梅静，2011，《企业“带动”农户的可能与限度》，《开放时代》第 4 期。

徐琳、樊友凯，2017，《乡村善治视角下精准扶贫的政治效应与路径选择》，《学习与实践》第 6 期。

徐卫华，2012，《仪式、关系与基层治理中的政治信任机制建构——以“万名干部进村入户”为例》，《甘肃行政学院学报》第2期。

许汉泽，2015，《扶贫瞄准困境与乡村治理转型》，《农村经济》第9期。

许汉泽，2016，《贫困治理转型与“治理型贫困”的兴起——以滇南南县调查为讨论中心》，《中国延安干部学院学报》第9期。

许汉泽、李小云，2016a，《“精准扶贫”的地方实践困境及乡土逻辑——以云南玉村实地调查为讨论中心》，《河北学刊》第6期。

许汉泽、李小云，2016b，《精准扶贫视角下扶贫项目的运作困境及其解释——以华北W县的竞争性项目为例》，《中国农业大学学报》（社会科学版）第4期。

许汉泽、李小云，2017，《精准扶贫背景下农村产业扶贫的实践困境——对华北李村产业扶贫项目的考察》，《西北农林科技大学学报》（社会科学版）第1期。

许汉泽、李小云，2018，《精准扶贫：理论基础、实践困境及其路径选择——基于云南两大贫困县的调研》，《探索与争鸣》第2期。

许思阳、赵萌青，2010，《贫困村集体经济发展之探讨》，《农村经济与科技》第21期。

许台滢，2007，《中国的扶贫政策：发展理论的观点》，《非政府组织学刊》第3期。

许源源、苏中英，2007，《和谐理念的缺失：农村扶贫瞄准偏离的重要原因》，《贵州社会科学》第5期。

荀丽丽，2016，《悬置的“贫困”：扶贫资金资本化运作的逻辑与问题》，《文化纵横》第6期。

荀丽丽，2017，《从“资源传递”到“在地治理”：精准扶贫与乡村重建》，《文化纵横》第12期。

闫坤、刘轶芳、刘新波，2013，《我国经济增长的减贫效果测算——基于1981~2005年的数据分析》，《中国社会科学院研究生院学报》第3期。

阎云翔，2009，《私人生活的变革：一个中国村庄里的爱情、家庭与亲密关系：1949—1999》，上海书店出版社。

杨念群，2001，《中层理论：东西方思想会通下的中国史研究》，江西教育出版社。

杨胜利，2005，《农村党员老龄化情况十分严重》，《乡镇论坛》第11期。

杨小柳，2009，《地方性知识与扶贫策略——以四川凉山美姑县为例》，《中南民族大学学报》（人文社会科学版）第3期。

杨小柳，2010，《参与式扶贫的中国实践和学术反思——基于西南少数民族贫困地区的调查》，《思想战线》第3期。

杨雪，2016，《农村扶贫的核心是产业扶贫——专访中国人民大学反贫困问题研究中心主任汪三贵》，《农经》第7期。

叶初升、邹欣，2012，《扶贫瞄准的绩效评估与机制设计》，《华中农业大学学报》（社会科学版）第1期。

叶敏、李宽，2014，《资源下乡、项目制与村庄间分化》，《甘肃行政学院学报》第2期。

叶敏、熊万胜，2013，《"示范"：中国式政策执行的一种核心机制——以XZ区的新农村建设过程为例》，《公共管理学报》第4期。

叶兴庆，2016，《产业扶贫要注意平台选择》，《农经》第8期。

殷浩栋，2016，《产业扶贫：从"输血"到"造血"》，《农经》第10期。

殷浩栋、汪三贵、郭子豪，2017，《精准扶贫与基层治理理性——对于A省D县扶贫项目库建设的解构》，《社会学研究》第6期。

尹利民、项晓华，2017，《精准扶贫中的半官僚化：基于Y县扶贫实践的组织学分析》，《贵州社会科学》第9期。

应星，2011，《"气"与抗争政治——当代中国乡村社会稳定问题研究》，社会科学文献出版社。

应星，2016，《质性研究的方法论再反思》，《广西民族大学学报》（哲学社会科学版）第4期。

应星，2017，《事件社会学脉络下的阶级政治与国家自主性——马克思〈路易·波拿巴的雾月十八日〉新释》，《社会学研究》第2期。

应星、晋军，2000，《集体上访中的"问题化"过程》，载清华大学社会学系主编《清华社会学评论：特辑1》，鹭江出版社。

应星、周飞舟、渠敬东，2011，《中国社会学文选》，中国人民大学出版社。

于乐荣、李小云，2013，《中国农村居民收入增长和分配与贫困减少——兼论农村内部收入不平等》，《经济问题探索》第1期。

余军华、袁文艺，2013，《公共治理：概念与内涵》，《中国行政管理》第12期。

俞可平，1995，《治理与善治引论》，《马克思主义与现实》第5期。

俞可平，2018，《中国的治理改革（1978—2018）》，《武汉大学学报》（哲学社会科学版）第3期。

郁建兴、高翔，2013，《地方发展型政府的行为逻辑及制度基础》，载托马斯·海贝勒、舒耕德、杨雪冬主编《“主动的”地方政治：作为战略群体的县乡干部》，中央编译出版社。

詹姆斯·C. 斯科特，2001，《农民的道义经济学：东南亚的反叛与生存》，程立显、刘建译，译林出版社。

詹姆斯·C. 斯科特，2011，《弱者的武器》，郑广怀、张敏、何江穗译，译林出版社。

张德元，2004，《中国农村义务教育发展历史评述》，《光明观察》11月9日。

张康之，2001，《对政治与行政二分原则的审查》，《国家行政学院学报》第4期。

张磊主编，2007，《中国扶贫开发政策演变：1949—2005》，中国财政经济出版社。

张瑞敏、张晓婵，2014，《新中国成立初期毛泽东反贫困路径选择探析》，《中南民族大学学报》（人文社会科学版）第5期。

张研，2001，《试论十九世纪中期战乱之前安徽双重统治的格局》，《清史研究》第4期。

张翼，2016，《当前中国精准扶贫工作存在的主要问题及改进措施》，《国际经济评论》第6期。

张有春，2014，《贫困、发展与文化》，民族出版社。

章有义编，1957，《中国近代农业史资料》，上海三联书店。

赵慧，2017，《我国乡村治理中的“包村制”》，《徐州工程学院学报》（社会科学版）第3期。

赵树凯，2010，《乡镇治理与政府制度化》，商务印书馆。

赵晓峰、邢成举，2016，《农民合作社与精准扶贫协同发展机制构建：理论逻辑与实践路径》，《农业经济问题》第4期。

赵旭东，2003，《权力与公正——乡土社会的纠纷解决与权威多元》，天津古籍出版社。

郑宝华、陈晓未、崔江红，2013，《中国农村扶贫开发的实践与理论思考：基于云南农村扶贫开发的长期研究》，中国书籍出版社。
郑易生，2008，《中国西部减贫与可持续发展》，社会科学文献出版社。
郑永年，2019，《大趋势：中国下一步》，东方出版社。
中国发展研究基金会，2007，《中国发展报告（2007）：在发展中消除贫困》，中国发展出版社。
周彬彬，1992，《人民公社时期的贫困问题》，《经济研究参考》Z1 期。
周发全，2010，《浅析直线职能制组织结构下的归口管理》，《江苏商论》第 23 期。
周飞舟，2006，《从汲取型政权到"悬浮型"政权——税费改革对国家与农民关系之影响》，《社会学研究》第 3 期。
周飞舟，2009，《锦标赛体制》《社会学研究》第 3 期。
周飞舟，2015，《差序格局和伦理本位从丧服制度看中国社会结构的基本原则》，《社会》第 35 期。
周黎安，2007，《中国地方官员的晋升锦标赛模式研究》，《经济研究》第 7 期。
周黎安，2014，《行政发包制》，《社会》第 6 期。
周圣坤，2012，《"参与式"的本土化》，《人与生物圈》第 6 期。
周雪光，2008，《基层政府间的"共谋现象"——一个政府行为的制度逻辑》，《社会学研究》第 6 期。
周雪光，2017，《中国国家治理的制度逻辑：一个组织学研究》，上海三联书店。
朱小玲、陈俊，2011，《新中国成立以来中国共产党农村扶贫的历史回顾与现实启示》，载江苏省中共党史学会编《总结经验继往开来纪念中国共产党成立 90 周年理论研讨会论文集》，中共党史出版社。
朱晓阳，2004，《反贫困的新战略：从"不可能完成的使命"到管理穷人》，《社会学研究》第 2 期。
朱晓阳，2005，《在参与式时代谈建构"性别主体"的困境》，《开放时代》第 1 期。
朱晓阳、谭颖，2010，《对中国"发展"和"发展干预"研究的反思》，《社会学研究》第 4 期。

邹谠，1994，《二十世纪中国政治：从宏观历史和微观行动的角度看》，牛津大学出版社香港有限公司。

左停，2015，《精准扶贫战略的多层面解读》，《国家治理》第36期。

左停、杨雨鑫、钟玲，2015，《精准扶贫：技术靶向、理论解析和现实挑战》，《贵州社会科学》第8期。

Ang, Y. Y. (2016). *How China Escaped the Poverty Trap*. Cornell University Press.

Ansell, C., & Gash, A. (2008). "Collaborative Governance in Theory and Practice." *Journal of Public Administration Research and Theory* 18 (4): 543 - 571.

Asadullah, M. N., & Savoia, A. (2018). "Poverty Reduction during 1990 - 2013: Did Millennium Development Goals Adoption and State Capacity Matter?" *World Development* 105: 70 - 82.

Bass, B. M., & Steidlmeier, P. (1999). "Ethics, Character, and Authentic Transformational Leadership Behavior." *The Leadership Quarterly* 10 (2): 181 - 217.

Bevir, M. (2010). "Rethinking Governmentality: Towards Genealogies of Governance." *European Journal of Social Theory* 13 (4): 423 - 441.

Blecher, M. (1991). "Developmental State, Entrepreneurial State: The Political Economy of Socialist Reform in Xinju Municipality and Guanghan County." In Gordon White, ed., *The Chinese State in the Era of Economic Reform: The Road to Crisis*. M. E. Sharpe.

Capano, G., Howlett, M., & Ramesh, M. (2015). Bringing Governments Back in: Governance and Governing in Comparative Policy Analysis. *Journal of Comparative Policy Analysis* 17 (4), 311 - 321.

Chambers, R. 1983. *Rural Development: Putting the Last First*. London: Longman.

Chayanov, A. V. (1991). *The Theory of Peasant Co-Operatives*. Columbus: Ohio State University Press.

Colebatch, H. K. (2014). "Making Sense of Governance." *Policy and Society* 33 (4): 307 - 316.

Craig, D. A., & Porter, D. (2006). *Development beyond Neoliberalism?: Gov-*

ernance, Poverty Reduction and Political Economy. Routledge.

Crook, R. C. (2003). "Decentralisation and Poverty Reduction in Africa: The Politics of Local-central Relations." *Public Administration and Development* 23 (1): 77-88.

Huang, P. C. C. (1993). "Between Informal Mediation and Formal Adjudication: The Third Realm of Qing Civil Justice." *Modern China*, 19 (3), 251-298.

Jütting, J. P., Kauffmann, C., McDonnell, I., Osterrieder, H., Pinaud, N., & Wegner, L. (2004). Decentralization and Poverty in Developing Countries: Exploring the Impact. *SSRN Electronic Journal*.

Mann, M. (1984). "The Autonomous Power of the State: Its Origins, Mechanisms and Results." *European Journal of Sociology/Archives Européennes de Sociologie* 25 (2): 185-213.

Moyo, D. (2009). *Dead Aid: Why Aid is not Working and How there is a Better Way for Africa*. Macmillan.

Nanda, V. P. (2006). "The 'Good Governance' Concept Revisited." *The ANNALS of the American Academy of Political and Social Science* 603 (1): 269-283.

O'Brien, K. J., & Li, L. (1999). "Selective Policy Implementation in Rural China." *Comparative Politics* 31 (2): 167-186.

Oi, J. C. (1995). "The Role of the Local State in China's Transitional Economy." *The China Quarterly* 144: 1132-1149.

Oi, J. C. (1999). *Rural China Takes off: Institutional Foundations of Economic Reform*. Berkeley: University of California.

Ostrom, E. (2000). "Collective Action and the Evolution of Social Norms." *Journal of Economic Perspectives* 14 (3): 137-158.

Park, A., & Wang, S. (2010). "Community-based Development and Poverty Alleviation: An Evaluation of China's Poor Village Investment Program." *Journal of Public Economics* 94 (9-10): 790-799.

Qian, Y., & Weingast, B. R. (1997). "Federalism as a Commitment to Reserving Market Incentives." *Journal of Economic Perspectives* 11 (4): 83-92.

Ribot, J. C. (2007). "Representation, Citizenship and the Public Domain in

Democratic Decentralization." *Development* 50 (1): 43 - 49.

Rogers, S. (2014). "Betting on the Strong: Local Government Resource Allocation in China's Poverty Counties." *Journal of Rural Studies* 36: 197 - 206.

Sachs, J. D. (2006). *The End of Poverty: Economic Possibilities for Our Time.* Penguin.

Sartori, G. (1970). "Concept Misformation in Comparative Politics." *American Political Pcience review* 64 (4): 1033 - 1053.

Sartori, G. (1991). "Comparing and Miscomparing." *Journal of Theoretical Politics* 3 (3): 243 - 257.

Skocpol, T. (1985). "Bringing the State Back in: Strategies of Analysis in Current Research." In Rueschemeyer, D., Evans, P. B., & Skocpol, T. (Eds.), *Bringing the State Back in.* Cambridge: Cambridge University Press.

UNDP. (1997). "Governance for Sustainable Human Development." UNDP.

Wong, S. (2010). "Elite Capture or Capture Elites? Lessons from the 'Counter-elite' and 'Co-opt-elite' Approaches in Bangladesh and Ghana." Working paper//World Institute for Development Economics Research.

附　录

驻村帮扶单位及驻村工作队责任考核表

附表 1　市本级驻村帮扶单位责任考核表

单位（盖章）：　　　　分管领导：　　　　填表时间：　　年　　月　　日

序号	考核项目	考核内容	评分方式	自评分	考核组评分
1	领导重视（30 分）	1. 驻村帮扶单位是否明确分管领导？（5 分）	查看资料。有则计 5 分，无则扣 5 分。		
		2. 驻村帮扶单位是否明确责任科室？（5 分）	查看资料。有则计 5 分，无则扣 5 分。		
		3. 单位党组（党委）是否开会研究并审批了年度驻村帮扶工作计划？（10 分）	查看资料。有则计 10 分，无则扣 10 分。		
		4. 是否落实驻村帮扶牵头单位对帮扶村的资金投入？每年不得少于 8 万元，成员单位每年不得少于 5 万元。（10 分）	查看资料。有则计 10 分，无则扣 10 分。		
2	调研指导（20 分）	5. 主要领导是否开展调研指导、帮助解决实际问题？（10 分）	查看资料。实地调查，酌情记分。		
		6. 分管领导是否开展调研指导、帮助解决实际问题？（10 分）	查看资料。实地调查，酌情记分。		

续表

序号	考核项目	考核内容	评分方式	自评分	考核组评分
3	结对帮扶（10分）	7. 本单位领导干部是否参与结对帮扶？每人结对帮扶户数不得超过5户。（5分）	查看资料，询问当事人。每发现一例没有结对帮扶责任人员或结对帮扶户数超过5户的扣1分。		
		8. 结对帮扶是否有明确的帮扶措施？（5分）	查看资料，询问当事人。每发现一例无帮扶措施的扣1分。		
4	保障措施（20分）	9. 是否落实驻村帮扶工作队队员生活食宿补贴？（5分）	查看资料，询问当事人。有则计5分，无则扣5分。		
		10. 是否落实驻村帮扶工作队队员交通、差旅补贴等经费？（5分）	查看资料，询问当事人。有则计5分，无则扣5分。		
		11. 是否为驻村工作队安排不少于5000元办公经费（5分）和工作经费？（5分）	询问当事人；有则计相应分，无则扣相应分。		
5	规范管理（20分）	12. 驻村帮扶工作队是否保持相对稳定？（5分）	查看资料，询问当事人。调整队队长未向市驻村办报告批准扣3分，调整队队员未向市驻村办报告批准扣2分。		
		13. 驻村干部党组织关系是否转至驻点村？（5分）	查看资料。已转计5分，未转扣5分。		
		14. 干部群众对工作队有意见？是否及时调查处理？（5分）	查看资料，询问当事人。酌情记分。		
		15. 工作队是否由3名以上干部组成？（5分）	查看资料，询问当事人。每少1人扣2分。		
合计					

附表 2　市本级驻村帮扶工作队驻村帮扶工作考核表

______（单位）驻______县______乡（镇）______村　　队长：______ 日期：______年______月______日

序号	考核项目	考核内容	评分方式	自评分	考核组评分
1	基层党建（20 分）	1. 村“两委”班子是否配齐配强？是否培养了村级后备干部？（3 分）	查阅资料、调查询问。分项记分。		
		2. 软弱涣散党组织突出问题是否整改到位？（2 分）	查阅资料，调查询问。未整改的，扣 2 分；整改不到位的扣 1 分。		
		3. 党员教育管理工作情况，包括：入党积极分子培养，党员量化积分管理和设岗定责，流动党员台账，落实联系汇报制度，“三会一课”制度落实情况。（5 分）	查阅资料，调查询问。酌情记分。		
		4. 村级民主管理制度建设情况。建立村务监督委员会并有效开展监督活动不少于 2 次；召开村民议事会并议事不少于 2 次；落实“四议两公开”、村务财务公开制度。（3 分）	查阅资料、询查询问。酌情记分。		
		5. 极级组织服务功能是否增强？（5 分）	主要采取查看现场、查阅资料、座谈走访等方式进行核实。没有村级组织活动场所的（在建的不扣分，租借的视为没有），扣 2 分；没有落实村干部值班坐班制度的，扣 1 分；村级集体经济年收入少于 2 万元的，扣 1 分。		
		6. 共青团、妇代会、民兵营、治保会等村级配套组织是否健全并发挥作用。（2 分）	主要采取查阅资料，座谈走访等方式进行核实。共青团、妇代会、民兵营、治保会等村级配套组织不健全或发挥作用不正常的，每项扣 0.5 分。		
2	基础工作（10 分）	7. 是否全面掌握村里的基本情况和贫困状况？（2 分）	查看资料，询问当事人。酌情记分。		
		8. 是否制定驻村帮扶规划（0.5 分）及年度工作计划？（0.5 分）	查看资料，分项记分。		

续表

序号	考核项目	考核内容	评分方式	自评分	考核组评分
2	基础工作（10分）	9. 是否对建档立卡贫困户进行了精准识别和“四类人员”清理、精准识别到位、动态管理到位？（4分）	查看资料，现场调查。发现一起识别不准或程序不到位的扣1分，扣完为止。		
		10. 挂图作战情况。（1分）	实地查看，5张图每少一张扣0.2分。		
		11. 资料、台账整理情况。（2分）	现场检查，酌情记分。		
3	帮扶工作（40分）	12. 是否落实每个贫困户都有帮扶责任人？（2分）	查看资料，发现有一户未落实的扣1分，扣完为止。		
		13. 是否落实每个贫困户都有帮扶措施？（3分）	查看资料，询问当事人。有则记4分，无则扣4分。		
		14. 是否完成了今年的预脱贫任务？（5分）	查看资料，询问当事人。未完成一人扣1分，扣完为止。		
		15. 是否通过多种形式宣传涉农惠农及精准扶贫政策和工作情况？（4分）	查看：政策宣传栏（1分）、制度上墙（1分）、有无扶贫手册（2分）。有则记相应分，无则扣相应分。		
		16. “六个一批”和“六大建设”实施情况。（26分）			
		（1）兜底保障一批。符合条件的做到应保尽保，并进行公示。（2分）	现场调查，查看资料。发现一例该保没保的扣1分。		
		（2）改造搬迁一批。与有关部门协调，解决贫困危房户和无房户住房问题，并进行公示。根据年度计划实施，有计划的有此项任务。（2分）	查看资料，实地察看。酌情记分，无任务的记0.5分。		
		（3）培训就业一批。积极组织贫困户参加就业培训和创业培训。（2分）	查看资料，酌情记分。		

续表

序号	考核项目	考核内容	评分方式	自评分	考核组评分
3	帮扶工作（40分）	（4）教育助学一批。加大对贫困生的资助力度，村内适龄学生“普九”入学率达100%。（2分）	现场调查，查看资料。发现一例因贫辍学扣1分。		
		（5）救助救济一批。实现城乡居民基本养老保险、城乡居民医保、大病医疗保险全覆盖，参保率达100%，落实好“五保户”政策并进行公示。（2分）	现场调查、查看资料。酌情记分。		
		（6）产业发展一批。产业发展规划制定（1分），引入或成立经济主体，并与贫困户建立起利益链接机制，产业扶贫有创新（1分）；设立金融扶贫工作站（1分）；评级率达100%，协助发放扶贫小额贷款（1分）。	发放扶贫小额贷款（　）万元。现场调查、实地察看、查看资抖。分项记分。		
		（7）交通建设。是否按计划、按要求对现有3.5米宽的农村公路进行拓宽改造？危桥和安保工程建设、渡改桥工程和连通工程建设情况。（2分）	查看资料，实地察看。酌情记分。		
		（8）水利建设。饮水安全率达到100%；农田水利设施得到改善。（2分）	查看资料，实地察看。分项记分。		
		（9）农村电网建设。完成农网升级改造，解决无电、用电不稳的问题，实现城乡同价。（2分）	查看资料，实地察看。酌情记分。		
		（10）广电设施建设。广播“村村响”、电视“户户通”和“无线数字化覆盖”、“农村公益电影放映”工程实施情况。（2分）	查看资料，实地察看。分项记分。		
		（11）网络通信建设。光网和无线基站建设情况。（2分）	查看资料，实地察看。分项记分。		
		（12）生态环境建设。村容村貌是否干净、整洁？垃圾处理是否规范？（2分）	查看资料，实地察看。酌情记分。		

续表

序号	考核项目	考核内容	评分方式	自评分	考核组评分
4	日常管理（20分）	17. 工作队是否按照要求平均每个月驻村20天？（4分）	查看资料，走访询问，驻村时间包含开会、培训时间，未按要求驻村扣4分。		
		18. 是否遵守中央“八项规定”和廉洁自律规定、按要求开展“雁过拔毛”专项整治、规范资金和项目管理？（4分）	实地走访，询问当事人。有违纪违规扣4分，无则计4分。		
		19. 是否按照规定写驻村日记？（3分）	查看资料。有计3分，无则扣3分。		
		20. 是否建立和落实了学习培训制度、工作例会制度、台账登记制度、工作报告制度、考勤登记制度？（5分）	查看资料，询问当事人。每项1分，有则计1分，无则扣1分。		
		21. 是否按规定向有关部门按要求报送年度工作计划、总结和相关数据资料、情况？是否积极向市扶贫办报送驻村帮扶工作信息和调研、经验材料？（4分）	由市扶贫办根据工作中所报材料、数据、信息计分。		
5	民意测评（10分）	22. 群众评议。（10分）	依据民意测评表得分计分。		
6	加分项目	获省级（及以上）表彰的加5分/次；调研材料、经验材料在省级（及以上）刊物发表加3分/次；工作经验获市级大力推广的加2分/次；帮扶投入（资金、项目）超过市直单位驻村工作队平均投入加2分；调研材料、经验材料在市级刊物发表加1分/次；代表市里接受省级检查验收的加1分/次，没有出现问题的再加1分/次，受到肯定和表扬的再加1分/次。	查看资抖，根据佐证资料分项记分。		
合计得分					

考核小组签名：　　　　驻村帮扶工作队队长签名：　　　　填表时间：　　年　　月　　日

后　记

时光飞逝，转瞬已经博士毕业参加工作两年有余。而此书是在我博士论文的基础之上修改而成。

回想自己不长的学术历程，首先感谢的是导师李小云教授。李老师是中国改革开放之后大陆第一个农学博士，他早年在原中共中央政策研究室跟随杜润生从事农村政策研究，并参与了20世纪80年代末的中国农村改革，之后他又回归高校从事农村发展研究。作为国内发展研究的先驱，他不仅独树一帜地创建了农村发展与管理从本科到博士的完整培养体系，而且亲自到农村一线进行实践性的行动研究。我在2014年暑假就在李老师的指导下开始进行城乡贫困关联研究，在北京周边的一个贫困村开展了相关调研。早期李老师有意让我从事中非国际发展研究，但是后来由于种种原因更换选题方向。2015年3月初，我作为第一批学生，有幸参与李老师主持的云南“河边减贫试验”。言传身教，现在仍然记忆犹新。当年在云南的田野观察给我带来的震撼与冲击，使我下决心做精准扶贫研究。之后也是在李老师的支持与指导之下，我确定了将中国特色的贫困治理模式作为研究的主要方向，并奔赴全国多个贫困地区开展社会调研。如果没有李老师的悉心指导与帮助，就没有基本框架以及行政治理扶贫这一概念。李老师是我不断学习的榜样，他知行合一的治学精神、对贫困人口的内在关怀以及坦荡磊落的为人态度都对我产生了深远的影响。

感谢中国农业大学人文与发展学院的培养。独立之精神、自由之思想在人发学院并不是一个口号，而是每个老师都在践行的行为准则。学院给我提供了宽松、自由的学术环境，使我能够全身心投入研究。

有幸能够在农大遇到很多良师益友，其中就有我的硕士生导师朱启臻教授。在我读硕期间，朱老师就带我调研，将我拉进学术的大门，一直到现在还关心我的学习、生活；叶敬忠教授不仅非常认真地给我传授了发展研究方法的课程知识，课下还在与我们学生的交流中慷慨地将他多年整理的书单与我们分享，而他也多次向我赠书并鼓励我；梁永佳教授虽然现在已经调离农大，但非常感谢和怀念他精彩的人类学理论与方法课；左停教授、齐顾波教授、孙庆忠教授、徐秀丽教授、吴惠芳教授、熊春文教授、陆继霞教授……感谢一直到现在还关心和鼓励我的本科阶段的老师们，他们是刘敏老师、李林艳老师、何志宁老师、聂春雷老师，感谢他们在我找工作阶段的全力帮助和推荐。感谢预答辩、答辩时王春光研究员、赵旭东教授、马九杰教授、高鹏怀教授、任大鹏教授、陆继霞教授、饶静教授所给出的宝贵意见和指导。

进入博士阶段从事农村研究之后，我深刻地意识到自己的不足，无论是在理论方面还是在实践方面都与周围同学有很大差距。我虽然出生在农村，但是后来由于求学的原因一直在外，对于中国农村的认识、了解极为不够。而且我的研究方向是农村发展与管理，这就让我不能停留于书本，而是要深入农村去了解实际。在博士一年级课程结束之后，我就下决心一定多到基层调研。我先后与同学一起赴河北、河南、云南、陕西、浙江、湖南等多个省份的农村开展驻村调研。感谢我的“战友”李博、徐加玉，我们几个人组成的非正式团队经常在一起调研、讨论，这令我收获很大、成长很快。还记得 2015 年元旦我们还坚守在豫中的一个贫困村中；在重感冒的时候一边擦鼻涕一边访谈；曾与乡镇干部聊到深夜 12 点以至于被锁在乡政府大院……与你们并肩作战一起调研的时光令我永远怀念！

感谢博士同学田牧野、周太东、曾艳、王振、钱道客、董欣悦、孔德帅、韩振国、王山、刘光辉等同学；感谢师门“云社”的成员——高明、马洁文、孙兴斌、苑军军、肖瑾、陈邦炼、吴一凡、王大中等；感谢我的师兄郭占锋、毛绵逵、邢成举、杨瑞玲、杨亮承、刘升等；感谢我的师弟覃文俊、李卓、徐卫周等。

感谢我在清华大学社会科学学院的朋友徐明强、肖齐家；感谢我的室友周英思，他的理工科思维也使我受到很大启发；感谢曾经参加过的“质性研读小组”，多次参与小组的活动令我收获很大。感谢我曾经调研过的农村基层干部和农民！没有他们的配合和支持，我不可能完成此项研究，其实很多文章的真实作者是他们，而我仅仅是一个记录者。感谢博士论文调研期间同意我访谈的扶贫干部、乡镇领导、村干部以及那些淳朴的村民，虽然在这里不能说出他们的名字，但是他们的帮助让我终生难忘。感谢我工作的单位——南京航空航天大学人文与社会科学学院的领导和同事们，在这个宽松、自由的学术环境中，我也希望自己能够更快地成长。

这里要特别感谢香港中文大学（深圳）全球与当代中国高等研究院院长郑永年教授、中国人民大学经济学院院长刘守英教授、中国社会科学院社会学所副所长王春光研究员、中国人民大学人类学研究所所长赵旭东教授，他们在百忙之中还专门为拙作写推介语，感谢以上诸位学术前辈对我这个后学的提携与帮助。

最后感谢我的父母，他们为我创造了无忧的家庭环境和物质环境；感谢妻子在背后的全力支持，让我得以全身心投入学术研究之中而没有任何羁绊。你们对我的爱是无私的，这令我无以为报。

专家推介

精准扶贫可以说是人类历史上的一场伟大的试验，此项战略具有极其重要的研究价值。虽然2020年脱贫攻坚的任务即将完成，但是扶贫政策的连续性需要我们进行深入研究，对于本土化扶贫理论的探索才刚刚开始。许汉泽博士通过扎实的田野调查、翔实的经验材料给我们呈现了这种国家主导的扶贫政策在基层的运行机制与实践逻辑。他将精准扶贫放在贫困治理和国家治理的宏观脉络下进行分析，提出了“行政治理扶贫”的概念。此书不失为扶贫研究、农村研究领域的优秀著作，特此向大家推荐！

——刘守英，中国人民大学经济学院党委书记兼院长，教授

放眼全球，我们就会发现，精准扶贫是独树一帜的反贫困实践。那么，这一实践怎么会出现在中国？它又是如何运行以及有什么样的效果？许汉泽博士的大作《行政治理扶贫：对精准扶贫实践逻辑的案例考察》将会给你一些有启发意义的解答。该书基于对贫困地区开展的精准扶贫实践的深度调查，采用行政治理视角，深入、系统地探索了精准扶贫实践的运行机制和逻辑，道出了其在短时间内取得反贫困效果的原因，同时也客观地探讨其存在的一些不足。该书既做到了理论思考与实践探索相结合，又能进行中外、古今、宏观与微观的纵横比较，提出了一些独特的创见，不失为一部有理论和现实价值的学术著作。

——王春光，中国社会科学院社会学研究所副所长，研究员

贫困被看成中国迈向小康社会的一个真正阻碍，尤其是面对问题严重的乡村的贫困。而贫困问题的解决也为中国未来的发展道路提供了一个最有说服力的合法性依据，因此，精准扶贫在这方面将面临真正的挑战，也具有重大意义。许汉泽博士的研究基于对中国乡村扶贫经验的积累及深入

细致的研究，从行政治理角度深入发掘。书中不仅有扎实的田野经验，也不乏对一些问题的深度反思，可作为21世纪中国扶贫开展的案例研究，为学术界提供一些有益的启示和贡献。

——赵旭东，中国人民大学人类学研究所所长，教授

图书在版编目（CIP）数据

行政治理扶贫：对精准扶贫实践逻辑的案例考察 / 许汉泽著. -- 北京：社会科学文献出版社，2020.9
（中国减贫研究书系. 案例研究）
ISBN 978 - 7 - 5201 - 6652 - 2

Ⅰ. ①行… Ⅱ. ①许… Ⅲ. ①扶贫 - 研究 - 中国 Ⅳ. ①F126

中国版本图书馆 CIP 数据核字（2020）第 078413 号

中国减贫研究书系/案例研究
行政治理扶贫：对精准扶贫实践逻辑的案例考察

著　　者 / 许汉泽

出 版 人 / 谢寿光
责任编辑 / 杨桂凤
文稿编辑 / 马甜甜

出　　版 / 社会科学文献出版社 · 群学出版分社（010）59366453
地址：北京市北三环中路甲 29 号院华龙大厦　邮编：100029
网址：www. ssap. com. cn
发　　行 / 市场营销中心（010）59367081　59367083
印　　装 / 三河市尚艺印装有限公司

规　　格 / 开 本：787mm × 1092mm　1/16
印 张：16. 5　字 数：267 千字
版　　次 / 2020 年 9 月第 1 版　2020 年 9 月第 1 次印刷
书　　号 / ISBN 978 - 7 - 5201 - 6652 - 2
定　　价 / 108. 00 元

本书如有印装质量问题，请与读者服务中心（010 - 59367028）联系

南京航空航天大学基本科研业务费“学术著作出版基金”
（项目批准号：NR201940）特别资助